離島

りとう

島語 03
Isle Talk

海的彼端，
日本的未來

Island Leaving,
Island Living

庫索 著

離島：海的彼端，日本的未來

在遊客的認知裡，離島是城市生活的正反面，當生活在城市的人們想要逃跑的時候，他們總是去離島喘一口氣。離島是世外桃源。

農村生活與文藝想像甚遠，艱苦程度超乎預期。並且，殘酷的社會關係根深蒂固。在五島的當地農家裡，男人從傍晚開始醉倒，女人生活不堪重負，隨著他們成為高齡者，生活不可避免地走向衰敗。

薪能

前不久，京都的一位能劇表演者問起我最近有沒有去看演出，我竟然有些慚愧，從佐渡島回來之後，我就對會館裡正襟危坐觀看能劇徹底失去了興趣。我無時無刻不在懷念佐渡，夏夜的神社點起篝火，人們席地而坐，至精采處，齊齊鼓掌。而在台上演出的那位，也許就是隔壁鄰居家的大嬸。

從 Entô 的落地窗望出去的海士町港灣，一位少女正沿著防波堤走過。我不能忘記這座小島上的年輕人們。他們熱愛交流、充滿熱情、對建立自己的生活環境躍躍欲試，我在城市已經很少遇見這樣的人了。

下五島下村家養的烏骨雞。烏骨雞不能成為這個農業家庭的經濟來源，卻是下村阿姨為數不多的生活樂趣。這天，我一大早被叫起來去雞舍撿雞蛋，而後吃到了一碗熱騰騰的生烏骨雞蛋拌飯。

位於隱岐群島中的小鎮海士町，來自世界各地的年輕人定居此處，令它成為地域振興的榜樣。移住者們來到島上多數會生孩子，至少生兩個，平均生三個。少子化問題似乎在這裡根本不存在，幻覺一般的人類樂園景象。

目錄

推薦序——

比「裏日本」更裏層的日本

Hally Chen ◎作家、設計師

我喜歡讀旅記，尤其報導文學風格。一般旅記大多是作者旅行中所見所聞的隨筆，透過自身品味與見解，找到異地的魅力特色。就算旅途中沒有積極與人互動，只要行前功課做足，透過美麗照片和優雅文字，寫得出當地值得一看的事物，也能吸引讀者找到上路的理由。報導文學就不一樣了，文字上需要新聞專業，目的並非說服你做相同的旅行，而是帶你一起探索不同的人文社會，引領你見到不曾見過的世界。過程透過深入訪談與調查，融入觀點與分析，運用提問與敍事技巧緊咬題目的核心。作者帶領讀者一起在陌生的土地上冒險，找到有趣且令人省思的提問。這樣的寫作方式在出發前，對於旅行的輪廓與目的已有確切計劃。與其說是旅行，更像是一場田野調查的拉力賽，比起單純隨性的旅記，需要更多的熱情與專注力。如果是不喜歡觀察人、不愛與人互動，只能在高級飯店的床才睡得著的人，是做不來的。

職業病使然，讀這本《離島》的書稿之前，我想知道書封設計的模樣，於是在網路上找到這本書原文版的網頁。上面寫著一句「當生活在城市裡的人們想要逃跑的時候，他們總是要去離島喘一口氣。」讓我想起了小林紀晴。一九九八年由集英社出版的《日本之路》，原版書名為《Japanese Road》，是過去這類報導文學中我讀過印象最深刻的一本。我讀的是二〇〇一年台灣發行的繁體中文版，整本書影像比重幾乎多過文字，算是一本攝影散文集。新聞攝影記者出身的小林紀晴，長年不斷在東南亞與日本各地旅行，出版好幾本這類的攝影散文集。他把自己置身在大量陌生人群中，透過不停地邂逅，從中拍下想拍的照片，找到某種自身尋求的意義。書封文案上寫著：「想要離開這裡，想要到某處去」，吸引我買下讀它。後來因為太常翻讀，整本書脫頁解體，又買了第二本。

不同的是，《離島》的作者不是日本人，書中想逃離原來生活的不是作者而是受訪者，感興趣的事物與提問，更接近我們這些非日本人的讀者。只是我原以為這是一本描寫人們如何遠離城市喧囂，去到風景如詩的小島得到安逸生活的參考書，想不到大錯特錯。作者庫索為新聞系出身，記者的專業讓《離島》的文字比小林的書來得更深入更厚實，讀起來非但不沉悶，不時還帶著一點幽默。她先後拜訪了長崎縣包括福江島、久賀島、奈留島、若松島、中通島的五島列島，新潟縣的佐渡島，以及島根縣的隱岐島，這些位於日本地圖邊陲地帶，外國遊客鮮少會去的小島，深入比所謂「裏日本」更裏層的日本。

這幾年就算沒有去日本旅行的人，多少也從傳播媒體聽聞，日本政府正積極推廣年輕人移居鄉下，爲地方人口老化尋求再生的契機。大約十多年前，日本剛吹起移居鄉下的風潮，我鍾情一本名爲《自休自足》的雜誌，該雜誌在二〇一二年夏季更名爲《TURNS》，主要針對那些希望從城市搬到鄉間定居的人，分享移居經驗與生活DIY，並提供移居所需的資料。照片拍得美，版面設計也優雅，雜誌裡甚至還有各地區土地交易的資訊，展示移居鄉下後「精緻生活」的樣貌。只是在閱讀時，我時常會有過度美化移居的疑慮。畢竟拋下原本熟悉的環境，把自己丟入一個完全陌生又遙遠、甚至原始的地方，光想像就不像雜誌封面那般輕快美妙。

誠如這本書的英文書名「Island leaving, Island living」，寫人們移居離島的生活，也寫人們離開的原因。作者積極與新舊島民對談，試著探索他們留下與離開的理由，以及觀光手冊上永遠不會提及的生活困境。過去我對於日本離島旅行的想像，和旅行社網頁上的宣傳廣告相去不遠，像是侏羅紀公園的原始森林，還有用甜美仍不足以形容的乾淨空氣，以及回家後可以拿來炫耀旅行世界遺產的經驗。但我不曾認眞想過，島民爲何死守孤島不離開，或外地人爲何要跑到不方便的偏遠小島居住。書中的離島雖然皆位處邊陲，比鄉下還鄉下，情形卻不盡相同。有些離島彷彿看不見未來，有些卻可能成爲將來人們生活的一種新選項。共同點是無論哪種離島，都不像地方創生刊物的照片那般悠閒美好。相反地，爲了適應離島生活的現實與自給自足，無論原住民或移居者，每個人都有自己的事要忙，活得甚至比城市裡忙碌，卻也似乎更有人性。

不只在日本，台灣年輕人移居偏鄉的趨勢近年逐步增長，這與城市生活壓力大和追求更平衡的生活方式有關。讀完此書我忍不住想，我們這代人追求的進步生活是什麼？是家裡有光纖網路、電子指紋門鎖、用手機點餐叫外賣、買東西多元支付不用現金？還是住宅不鎖門，玄關時常有鄰居送來自栽的無毒蔬菜。不用買礦泉水，打開水龍頭就有美味天然水可喝？或是採門前的野果就能自己做果醬，躺下就能看到滿天星斗？這些看似天秤兩端的生活，是否存有妥協兼得的交集？

由於推薦序必須提前在書稿付梓前一個月完成，我讀的是編輯先給我的初稿，沒有照片。爲了對書中描寫有更多的共感，我在Google Maps上找出這些離島，讓自己對它們的地理位置有概念，一面讀著生動的文字，一面逐步探索這些島上的景色和建築。隨著滑鼠移動，旅行愈走愈遠，我逐漸萌生敬意。我沒有像庫索這樣的勇氣，主動把自己丟入離島的冒險，縱使讀完精采的文字，她的離島生活對我仍有段距離，但是看著書中那些人離開原本的居住地，遠赴物質缺乏的離島，尋求不同可能的生活。某個程度，我好像能理解那樣的動機。

移居離島的人們，無非是想找喘息的機會，出於本能遠離生活上的痛苦。目前我雖然沒有去離島生活的欲望，每逢日子鬱悶或是遇到一時無解的困難，想離開眼皮下的日常，我就會跳上火車或長途巴士，往居住地以外的遠方而去。透過窗外不斷向後消逝的風景，聽著耳機裡的音樂，心情往往逐漸得到釋放。那當下移動的車上，哪怕只是一兩小時，也是我的離島。

推薦序——有瞭解、有愛，才有地方

董淨瑋◎《地味手帖》主編

這是一本完全無法抽離自己的書，跟著庫索走訪五島列島、佐渡島和隱岐群島的文字，有好多段經歷與抽屜中的記憶疊合。

當她描述在五島列島透過觀光協會預約的農家民泊，跟著農家生活、從事農事的過程時，勾起的是我曾在待業的空白時期，到果農親戚家短居，每天跟著他們上山採收水梨、聽他們透過農村網絡找幫工、到農友家拿資材和交換情報、在果園等著行口收貨、學著為燃火添柴保持水溫、分級裝箱送果菜交易市場、預定下一期嫁接枝苗……所有的實體勞作和人際互動，都被記憶封箱並與大安溪旁的公路嵌合，喔，其中還去友人家抱回米克斯小狗當家中看門狗，參與命名的討論。

那是我第一次意識到，果農村落有著與公教、商業體系，截然不同的人際網絡、工作時區和運作秩序。

而當看到上五島的福本爸爸，提及四十年前去過一次東京的經驗：「那麼擁擠！根本不是適合人類居住的地方！」同樣的看法和語氣，也完全出現在某次帶著難得北上的家人，搭乘捷運穿梭各景點時，他們看著車內車外、來往的人群時說出同樣的感言和厭惡。當時，對認為捷運等同便利交通的我，無異像是劈下一道閃電，讓我重新回想地方的交通模式，察覺到「地方」與「城市」的空間感和身體感的殊異，也隱隱喚起交通自主和公眾便利的辯思。

以及，看到所有離島的孩子因就學離開之後，「出去後不會再回來」，回來島上的理想路線是考上島內的公教職缺、有穩定收入和生活，這種出去和回來的「理想模式」與自身經驗完全疊合，也與許許多多從地方離開的人們相同，家鄉地對每個游子來說是離散地，很難成為歸屬地。

於是，整本書的離島生活觀察，對我來說，幾乎直接等同於「地方」。

而抱著想瞭解「地域振興協力隊」制度前來的庫索，自然不只看見地方的困境，也透過住宿、遊程、交通等等一個外人進入島上可用的途徑，與在地人大量交談、主動拜訪和參與家庭生活的方式，微觀又深刻的記述移住政策推行下，離島產生的變化和活力。

其中，對於全書經常提及的《離島振興法》幕後推手、民俗學家宮本常一，探討「自身的文化」時深有所感。他留給佐渡島民的信念，是「不要通過發展和觀光化來『趕上城市』，而要珍視自己的生活，通過改善自己的生活方式來發展。他並不依賴城市的標準或權威，而是認為人們應該瞭解自己的生活……自身的生活和文化，不應該被他人的價值觀貶低，而應該由自己來決定。」

珍視自己的生活，不輕易貶低、不輕言放棄，背後代表的是足夠瞭解，也全心喜愛。這樣的認知，比起意義宏大的政策和未來，更真實和難得。我也深深希望所有的政策，都應以此為目的，讓每個地方的人都能珍視地方，才有意義。

「島之所以落後，是因為不瞭解島。」我私自將島抽換成地方，希望透過瞭解擁有、瞭解缺乏，地方才有前行的方向，地方也才有珍視自我的機會

推薦序——

找到自己的離島

張維中◎作家

新冠疫情爆發的頭兩年，任天堂Switch的遊戲軟體《集合啦！動物森友會》瘋狂熱賣，連我這個平常不打電動的人都爲了「登島」而搶購一台，想當然耳，當時有多少人深陷在開墾島嶼的世界中。從日本到台灣，那時候最熱門的話題就是《動森會》。「我什麼時候可以去你的島玩呢？」成爲那段日子，大家最常掛在耳邊的一句話。

在《動森會》裡，每個人都擁有一座島。如果現實生活是「本土」的話，那座島，就是之於本土以外的一座虛擬「離島」，而且還是座荒島。在島上，衆人從零開始，努力建造出一個屬於自己獨特風格的世界。在國境封鎖的疫情年代，擁有一座虛擬離島，儼然是一種無法出國旅遊的精神救贖。每個人打造出來的島嶼風格迥異，結交的朋友（也就是各種動物）也不盡相同，因此跟玩家連線，去別人的島上觀光探奇，便成爲新鮮的樂事。遠距工作、隔離生活、社交距離和攀升的確診人數，每一天，種種的壓力讓日子變得沉悶，而一座線上離島的存在，忽然成爲逃離現實生活的出口，爲許多人提供了紓壓的途徑。

一晃眼，開墾那座虛擬小島，已經將近是四年前的事了。我從沒想到那時候，正當我苦思著如何經營離島，跟島上動物打好關係，並去參觀見習別人的「離島生活」之際，在京都有一個作家，她也正在思索登上離島的事。只不過，她準備去的離島是眞正的島——在日本本土周圍的離島。這個作家的筆名叫做庫索，住在京都的她，原本計劃展開一場離島採訪之旅，卻不巧碰上疫情因而延宕。在不方便旅行的當下，起初想寫離島遊記的她，因爲研究了大量的資料，忽然對離島滋生了另一種層次的興趣，於是決定改變寫作的方向。終於，在疫情緩和以後，她出發登島，展開幾座離島的採訪行程，寫成了這本《離島》之書。《離島》從一本原本可能是觀光氣味濃郁的遊記，變成一本以人物訪談爲主軸，當地風土民情爲輔線的紀實文學。比起分享離島的觀光資源，庫索更在乎的是介紹離島上的「人」，包括原鄉人與異鄉人，以及這些人和島的依存意義。

庫索尤其想探求那些從本土城市或國外移居到離島上的人，究竟在想些什麼？他們是何時、為何又如何來到離島的呢？是抱著「移居」或是「旅居」的心態而來呢？前者「移居」會認真的把異鄉當作新家鄉，扎根認同離島文化的程度甚至比當地人還要投入；後者「旅居」則終究只是旅途上的暫停而已，其中有不少人是因為不適應城市生活，對離島生活有著過度夢幻的憧憬，但是真正來到離島生活以後，骨子卻仍帶著本土觀點來看待離島的一切，只是過客，無法久留。在庫索親身訪談的筆下，我們閱讀著形形色色的「島民」排列出一張明亮不一的光譜，為離島生活定義出各種可能性。透過庫索與島民的互動和觀察，讀者看見的不僅是日本當下的社會狀態，其實也同時在反思自我的生活目標。

日本是一個島國，在地理用語上常說的「日本列島」以五座大島——北海道、本州、四國、九州和沖繩為主，其他散落在海上，圍繞著上述這五座大島周圍的小島，統稱為「離島」。根據二〇二三年日本國土地理院公布的資料，日本離島的數量超乎想像的多，扣除五大島以外，竟有超過一萬四千多座以上的離島，而其中多為無人島，而有人居住的離島，約有四百一十七座。在《離島》這本書裡，庫索走訪了其中幾座離島，依照目次排列，同時也是她到訪的先後順序，分別為長崎縣的「五島列島」、新潟縣的「佐渡島」和島根縣的「隱岐島」。庫索選擇去的離島，其中有不少，其實就連日本人可能一輩子都不會去（但或許他們會去夏威夷或關島），身為外國人的庫索卻傾注了她的心力去認識這些地方，著實難得，即使是對日本人來說，這本書都是非常特別的存在。我覺得假使《離島》是一本日文翻譯書的話，在日本作家的筆下，必定會有一些視爲理所當然的盲點，但是很幸運的，這本書交由外國人來操刀撰寫，對於我們所喜愛的日本，切入點就有了更多層次的視角。就如同庫索在書裡曾寫到的：「傳統文化的未來希望，終將藉由外人新鮮的視線得以重生。」

我原本有些擔心，庫索來自於新聞從業人士的背景，是否會讓這本標榜爲紀實文學的書讀起來過於生硬？所幸在翻讀之後，感覺到作者的理性與感性。庫索的筆調時而犀利，時而幽默，讓她的訪談與觀察，有新聞時事的分析感，亦不失抒情散文般的情調。此外，庫索的女性視角，我覺得也是本書特別之處。例如，從她的眼中反思離島女人的自我認同，這部分我想是男性作家容易忽略的地方。離島居民緊湊登場，各自帶著豐厚的故事，一氣呵成讀下來固然精采，但情報量也過於龐大，建議有如旅行的步調，上路與休息並進的閱讀爲佳。

身爲台灣讀者來看《離島》，因爲立場的不同，其實又多了另一層意味。庫索的成長環境，讓她對於「島」的概念是很陌生的，直到她居住在日本時，才終於意識到「島／離島」的存在性。可是，對於台灣人來說，島，就是我們的生活。台灣跟日本一樣，對海並不陌生。無論是本島或離島，我們四周環海，更易於理解日本的「島國根性」。日本有離島，台灣也有，我不免在閱讀中開始思考，之於台灣本島的金門、馬祖、澎湖或蘭嶼……等離島，在那些島上又會流轉著多少故事？

我喜歡庫索曾在書裡寫到這段話：「海是一種聯結，將外來的文化帶來，令這片土地開化……海是一種逃離，讓內心有信仰的人得到保護。海充滿寓意，無所不能。」又說：「它（離島）有契機接受到外來事物，又使它在此後漫長的時間裡得到封閉的庇護，完好地將這種融合文化保存至今。在我看來，這便是離島的魅力。」

離島（或者更廣泛地說，是一個你喜歡的異鄉）確實充滿魅力，尤其對於日復一日被城市生活壓得喘不過氣的上班族來說，彷彿有新生的可能性。不過，旅行和移居究竟是不同的，如果只是爲了逃離現實生活，而以爲跑去離島（或某個異鄉）就能獲得新生，那最終只是徒勞而已。人生的問題不會因此消失，反而可能變得更複雜。

離島是一座眞正的島，也是一個虛擬的存在。就像是疫情期間《集合啦！動物森友會》

裡的小島一樣，離島可以是某種精神的寄託。在生活的主線之外，爲自己開創一條副線，在「離島」上做著讓自己有成就感的事，那麼即使大環境百無聊賴，也因此能獲得前進的力量。

就像是庫索曾在一篇訪談中這麼說過：「無論你生活在這個地球上的什麼地方。每個人的生活都是不一樣的，能建造的離島也是獨一無二的，它的存在會讓你感到生活會好很多。」

願你我都有一座來去自如的離島。

推薦序——

離島，人類不能遺忘的智慧之地

施佩吟◎馬祖西尾半島物產店創辦人

回想起來，牽起我登島馬祖開一間店的緣分，應該就是日本島根縣隱岐群島的海士町了。二〇一九年，我帶著一群來自馬祖的青年赴日本交流，行程中我們像是去朝聖一般，找到了海士汀觀光協會投資開在東京的「離島廚房」，這間店的每日菜單皆不同，相同的是菜單上都會認眞標注食材來自哪個離島。我刻意點了鮍仔魚丼飯，因爲太想知道這樣平凡無奇的食材，究竟要如何端上東京人的餐桌。隔壁離島物產區架上有個來自兵庫縣家島的牡蠣罐頭，包裝上頭寫著：「島的日常，都會的非日常」，還有海士町一款經典之作「海螺咖哩」，把島上的日常化作一份心意，充分體現了「沒有的東西就是沒有，重要的東西全在這裡」的離島精神。我也在同一趟交流旅程中，見到了海士町町長大江和彥，他除了提及爲何危機意識是挽救海士町的關鍵，也喊出了：「這是一個離島拯救世界的時代！」

幾乎被當作日本政府推動地域振興範本的海士町，在本書作者的實地考察下，爲我們揭來了許多看不見卻更重要的信息。相當於台灣的民國四十年前後，當台澎金馬還處於動盪不安的局勢下，日本卻於一九五三年就訂下《離島振興法》，有「離島振興法之父」的宮本常一，也指出「離島是日本社會的縮影」。作者在書中以三個不同區域型態的離島，闡述離島爲何可稱爲「問題的容器」，所有在日本各處發生的問題都在離島提早地、加劇地發生。分散且認同感不相隸屬的「五島列島」、日本最大的離島流放之地「佐渡島」，以及與平成町村合併體制抗衡的「隱岐群島」，他們雖都是離島，卻各自走上不同的振興之路。

離島並非什麼化外之地，也非什麼孤島，它們是一座座連接「眞實的世界」的原風景。當全世界緊抱著都市化排名的腳步前進時，由海士町開創的「島留學計畫」逆勢地將一個又一個抱持開創心態的人們移往島上，從三個月的島體驗，到至少一年的島留學、成人島留學、試移住方案，甚至爲了創業者、新創工作者、新手爸媽、園丁、商品開發研修生、農漁物產加工等島上新移民，不斷地創造新增關係人口的地域支援系統。「與風與土」出版社以海士町的風爲比喻，由風帶來種子，才能創造新的環境。整個離島不僅是一間圖書館，更是一個學習型的場域，正因爲島上的隔絕與不便利，人們用雙手開創出來的，都是最重要的東西。諸如看著波弧變知海湧，隨時預知天候變化所要進行的應變措施，島上的人們創造一切他們所需要的，「擁有隨著時間變化的、複雜多樣的生存方式。」

當國家政府已經僵化為一個官僚體制時，這本書以各種鮮活的案例點出因應人口外流、人力不足等，早已在離島提前數十年發生的問題，島民如何以「治外法權」的包容與創新作為，體現集體社會解決問題的能力，成為引領日本未來發展的前沿標竿。從事公共治理和社會體制創新的人們，把這本書當作案例參考書、工具索引書，也能快速上手，靈感泉源滿滿。

本書的另一個閱讀角度，則是旅人出發探索日本離島之前，必讀的風土旅遊書。如果將每一個點狀散布的一次離島、二次離島都逐一點列出來，它會構成群島、列島的形狀，再將地圖縮小，躍然眼前的就是在東亞島鏈下方的台灣（和周邊的澎金馬列島）。在這樣的視角投射之下，離島不只是地理位置，也是世界史觀，台灣的價值在此間也突然鮮明了起來。我也將這本書讀為脈絡知識書，在作者充滿好奇心的探索視角下，提供充分的離島觀點脈絡。

此外，這本書也是一本具有女性主義觀點的流外移民／旅人文學。作者來自中國，以一名華人作家的身分採訪日本諸多離島在地的代表性人物，不論是備受好評的中華炒飯還是兩國之間出版業的非正式交流，以及作爲獨身主義的未婚女性，她的現身所引發的話題；甚至回到了京都的家裡，脫離了離島地域現場的現實感，面對網路言論所牽扯的內心糾結，「遠離虛擬的幻境，去擁抱眞實的個體」，看了頗有置身其中的熱辣感。

離島是特殊困境下人們集體智慧的縮影，在本地化或是國際化的光譜之間，邀請大家跟著庫索這本書，加入離島關係人口開拓與探索的行列，以離島化引領世界新風。

作者序
離島是人類的困境
離島是人類的未來

二〇一五年，在一次前往沖繩的旅行中，我第一次接觸到「離島」這個概念。沖繩是深受日本年輕人歡迎的旅行目的地之一，但我發現，對他們來說，沖繩指的不是那霸（他們將那霸稱爲「沖繩本島」）。他們會直接飛到更南邊的石垣島，以這個小島爲中心的八重山群島，是他們熱愛的可以潛水和度假的「沖繩離島」。

當我把沖繩的離島全都去過一遍之後，就大概懂得了日本人對離島的浪漫想像。它意味著透明的大海、豐裕的自然、美味的海鮮以及一種與世隔絕的理想生活——悠閒緩慢，自給自足……總之，在遊客的認知裡，離島是城市生活的正反面，當生活在城市的人們想要逃跑的時候，他們總是去離島喘一口氣。離島是世外桃源。

離島，從概念上來說，是指那些遠離本土的島嶼。

今天我們談論日本的時候，通常指的是其本土由北至南的五個主島：北海道、本州、四國、九州和沖繩，即在世界地圖中一目瞭然的日本部分。事實上，日本之所以稱爲島國，是因爲它是一個由衆多島嶼組成的國家。主島之外還有更多的島。根據日本國土交通省的分類，除了上述五個主島之外，其餘的島嶼被稱爲「離島」。多數離島處於無人島狀態，但即便是少數有人居住的離島，如今也仍有四百一十七個。

前些年，日本誕生了一份名叫《離島經濟新聞》的免費報紙，專門爲已經生活在或是想要移住到離島上的人們提供生活和工作情報（可見已經有相當的用戶需求）。我在上面讀到：離島人口總數爲六十一萬餘人，占據日本總人口的百分之零點五——也即是說，每兩百個日本人中就有一個人生活在離島。我對這些人感到好奇：他們爲什麼生活在離島上？爲什麼沒有離開？爲什麼還有新的人移住？沖繩的八重山群島作爲日本最著名的離島目的地，毋庸置疑已經被高度觀光化。可是，除它之外，在那些還沒有太多遊客涉足的離島上，人們的生活又是怎樣的？

我用了幾年時間去瞭解離島。離島中較爲著名的幾個，在歷史上曾是日本天皇和貴族的流放之地，這一罪名被稱爲「流刑」。政治鬥爭中的失敗者，多數人在離島上度過了鬱鬱的餘生。離島成爲一處流放目的地，由它的地理位置而決定，如同它的名字中濃縮的意義：被隔離的島。其偏僻的特性可想而知。但也正是它們在日本國土上的邊緣性，使得這些小島成爲日本歷史上最國際化的地方：它們曾是遣唐使前往大唐時告別日本的離岸之地，也是他們歸來時登陸日本的第一站；它們曾經是亞洲海上繁盛的貿易港口，中國人和朝鮮人都在此留下了生活痕跡；它們還曾是江戶禁教時期基督教徒的藏身之地，保存著完好的教堂建築群……這些文化價值令它們在今天得到了世界範圍的認可，甚至被列入了世界遺產名錄。同時，又由於它們遠離本土的封閉性，在明治之後的漫長時間裡，較少遭受現代風潮的侵蝕，這令它們成爲日本傳統文化和傳統藝能保存得最好的地方。

離島存在著多元的價值、啓示和可能性，同時也存在著很多維持人類活動時所面臨的問題。在日本近代化的進程中，年輕人從農村湧向城市，傳統農業和漁業衰落，農村集落解體，傳統藝能因爲後繼無人而瀕臨失傳，都是離島眞實面臨的困境。人口減少是離島面臨的最大問題，有數據顯示：二戰後至今，日本離島人口減少了超過百分之六十五。今天，離島的少子高齡化狀況是全日本最嚴重的，且多數地方的財政能力指數不到全國平均水準的一半。

如果離島上的最後一個住民消失，那麼它將從此變爲無人島，再無公共交通工具前往。爲了阻止離島可預見的無人化未來，日本在一九五三年制定了《離島振興法》，針對北海道、本州、四國、九州周邊的離島，通過國家承擔大部分的交通、通信、供水、排水、電力等基礎設施建設，以及改善醫療和教育設施、幫助就業、幫助農林業和漁業等產業振興等方式，提供離島經濟和行政支援。到目前爲止，這部法律已經被延長七次，從硬體建設到軟體支持等方面，都因應時代變化而有所更新。

《離島振興法》的幕後推手，是被日本人稱爲「離島振興法之父」的日本民俗學家宮本常一。他是現代日本最早號召和投身離島振興的學者，他也是「全國離島振興協議會」的第一代事務局局長，一生游走於日本各個離島，留下了數量衆多的著作，而它們也成爲今天人們研究這些島嶼的寶貴資料。

早在半個世紀之前，宮本常一就說過：離島是日本社會的縮影。從大的趨勢上來說，這種縮影指的是在人口減少的社會中的少子化和高齡化，從更具體的方方面面來看，它也許還包括：海洋垃圾問題、氣候變化問題、食品安全問題、傳統文化破壞問題、宗教問題、教育問題、國際交流問題、貧窮和養老金不足問題、女性職場地位問題……事實上，一旦置身於離島，你就會發現，離島是一個問題的容器，所有將在日本各處遭遇的問題都正在這裡加劇發生。

最近二十年，爲了解決城市人口爆炸、資源不足，而農村卻日益高齡化和少子化、人口過疏的問題，日本政府一直在積極倡導年輕人移住到地方和農村，並爲此推行了許多優惠政策。離島成爲政府大力提倡回歸的重點目的地之一。於是，在離島上發生的，又成了代表整個日本現狀的另一幅縮圖：各個地方政府想出各種優惠政策來吸引年輕人。

多年來我一直關注著日本政府在二〇〇九年推出的「地域振興協力隊」制度，它以國家支付薪資的方式，募集在城市生活的年輕人移住到人力短缺的地方和農村，進行諸如旅遊業和農林水產業支援的振興工作。這項制度雖然期限只有三年，動機卻是讓年輕人留在當地定居——百分之六十五的參與者確實在任期結束後留了下來，找到了各自的工作或是創業方向。參與這項制度的年輕人愈來愈多，根據二〇二二年公布的數字，共有六千四百四十七名地域振興協力隊隊員在日本全國各地活動，其中不少是在離島上。

與主流價值觀背道而馳、不追求金錢與成功的年輕人，爲什麼選擇了離島？還是說，這在未來會成爲一種主流的價值觀？來到這裡的年輕人正在做什麼？他們如何建設生活？他們如何和當地人相處？世界遺產和歷史文化之類的噱頭，對他們的生活有幫助嗎？當地人又如何在這些噱頭下改變自己的生活困境？人們在理想和現實之間遭遇了什麼？帶著這些問題，我踏上了離島之旅。

在島上的日子裡，我遇到了形色各異的人，他們成爲這本書的主角。留在島上的人各有各的困境，來到島上的人也各有各的目的：有人確實是爲了美麗的大海、豐裕的自然和安全的食物，有人在三一一大地震後失去了對東京的信任，有人對城市生活的價值觀產生了巨大懷疑，有人從海外歸來、開始尋找日本傳統文化的源流，有人離開了島嶼又回來繼承家業，有人環遊世界歸來仍然在島上做一個公務員。竟然也有來自全世界的人住在這裡——一個美國人在當私人導遊，一個法國人栽培葡萄準備釀造紅酒，一個德國人種菜種得風生水起……離島比我想像中更開放也更活潑，來自外部的人們爲它找到了更現代化的世界性表達。在尋找理想生活和扎根於土地現實之間，在矛盾和衝突之後，他們的選擇尤爲有趣。

有人居住的每一個離島都有其獨特的文化、生活方式、產業和自然環境。如果把這些稱為「離島的寶藏」，那麼支持這些寶藏的主體就是「島民」。很顯然，如今的島民，不僅由原住民構成，新移民也占據著同樣的比重——這些具有創造性和國際視野、想要建設自己理想生活的人們，正讓離島上萌生新的種子。當他們對我說起「城市裡沒有生活，離島上可以建造生活」的時候，我總有個隱隱的感覺：戰後的日本就是這麼長出來的——是擁有類似心態的一群人，最終將東京建成了一座國際化大都市。

只是，今天在離島上建設生活的人們，更重視自然與自我，他們不為任何機器和系統服務，只追求自己想要的生活。離島是一個寬容的容器，讓生活長成他們想要的樣子。這同樣也體現了離島的一種主流價值觀：不僅僅是要「維持和擴大人口」，而是「即便人數很少，也要想辦法過上充實的生活」。對於人口預測將在二〇七〇年減少至八千七百萬人的日本來說，這也許將成為一種共通的價值觀：未來隱祕的線索在離島。

現代人對生活的追求，大抵是要「尋找更多可能性」；離島的人們恰恰相反，他們選擇在更少可能性、狹窄受限的環境中生活。這本書裡的一座離島，有句在全日本都很著名的口號：「沒有的東西就是沒有，重要的東西都在這裡。」這裡的人們讓我知道：在一個沒有便利商店、麥當勞、電影院的地方，「重要的東西」是與自然朝夕相處的恩賜、自給自足的生活方式、人與人之間的緊密聯繫、完全被自己想做的事情填滿的時間……對他們來說，這即是人類所需要的一切。

在城市裡，我遇見很多飄在空中的人，而在離島上，我遇見很多扎根於土地的人。他們讓我看到一種充滿養分的人生。在城市裡，人們早已默認成為機器上的一枚齒輪，並且努力獲取更多金錢和物質來適應生活，但在離島上，人們從雛形和輪廓上改變生活，他們眞的在建設一種「他們認爲是正確」的生活。

最後一次從離島回到本島的飛機上，我從空中俯瞰漂浮在瀨戶內海上的小島，突然意識到：我寫作的是日本的離島，但其實日本之於地球也是離島，而地球對於宇宙來說，又何嘗不是離島？離島不只是日本社會的縮影，也是人類社會的縮影。我們存在於宇宙的孤獨時間之中，但它如何以無限廣闊，承接我們短暫的一生？我想要藉由在離島遇見的人們，弄明白這一點。

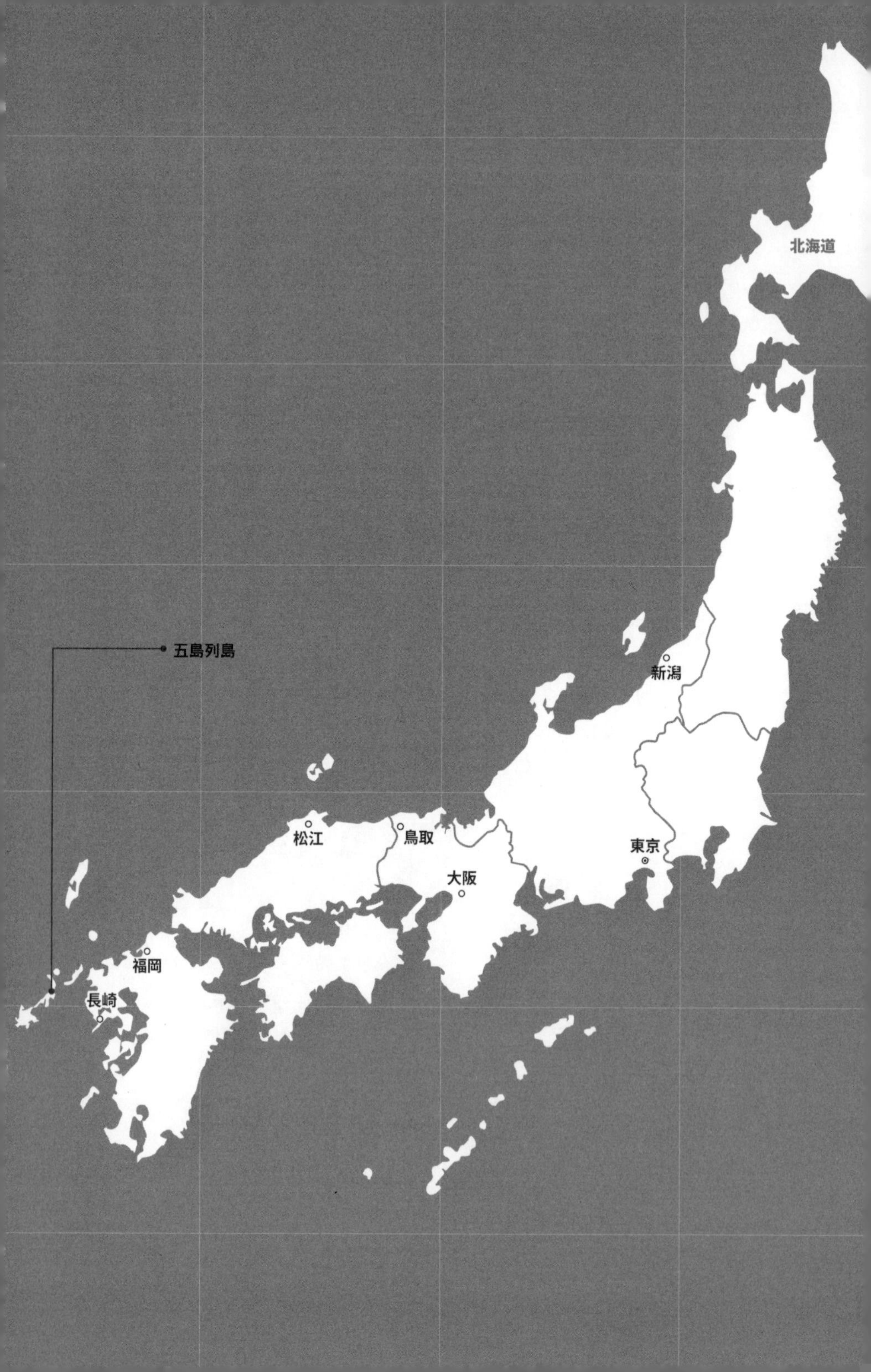
北海道
五島列島
新潟
松江
鳥取
東京
大阪
福岡
長崎

I
眾神側耳，聆聽沉默——五島淨土

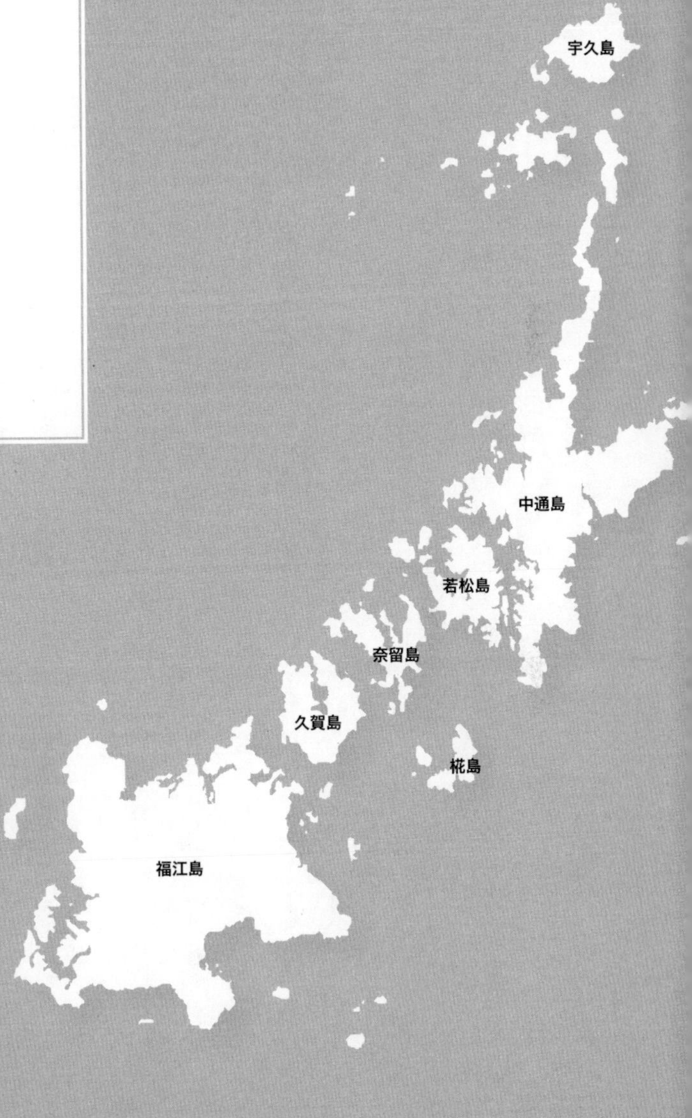

去五島列島是一個經年的願望。幾年前，有位日本電視台的攝影師從島上歸來，反覆向我表達對此地的喜愛，說它「民風淳樸，人們從來不鎖門」。我附和著點頭，心想這種現象在日本並不多新鮮，住在京都郊外的友人，外出時也從來不落鎖。「所有的人家都不鎖門，」那位攝影師接著說，「所有的車也不鎖門，有時鑰匙甚至就插在車門上。」這就有意思了。

位於九州南部長崎縣西海地區的五島列島，由大大小小一百四十個島嶼組成，其中最主要的是從北至南的幾個大島：宇久島、小值賀島、中通島、若松島、奈留島、久賀島以及福江島。數起來其實是七個島，但當地人似乎並不把最北邊的宇久島和小值賀島算在其中。他們把中通島和若松島划爲「上五島」，奈留島、久賀島和福江島則屬於「下五島」。上下兩島的島民自認風土習俗相差甚大，相互之間甚少往來。

那位攝影師向我極力推薦五島列島之時，它還是個毫無名氣的地方，我雖然好奇，卻也遲遲未動身。二〇一六年，美國導演馬丁·史柯西斯改編自日本作家遠藤周作同名小說的電影《沉默》（*Silence*）上映，五島列島作爲其中的故事發生地，突然被全世界觀衆所知。也許這部電影貢獻了部分功勞。二〇一八年，這裡又作爲「長崎與天草地方的潛伏基督徒相關遺產」的一部分，入選了日本第二十二個世界遺產名錄。

我終於決定前往五島列島。另一個原因，出於聽聞它正在成爲城市年輕人的人氣移住目的地，我從幾本地域振興雜誌上看到島上許多老舊、廢棄的街道和建築，正漸漸被流行時尚的元素刷新。上島之前，我試著聯繫了其中幾個：

一家倡導地方體驗型觀光的新生旅遊公司，總部位於東京，服務地域主要包含五島列島、島根、鹿兒島、山形、石川、北海道和沖繩等地，都是偏僻的鄉村地帶。體驗項目各有特色，下五島的最爲簡單，僅有自行車環島觀光。我給這家公司寫了封預約郵件，便有一位姓「櫛間」的男士打電話來。這並不是一個按慣例確認行程的死板電話。櫛間很隨意地和我閒聊著，中間還展示了幾句中文，他說自己過去在全日本航空公司工作了十六年，因此有過在上海的一段生活經歷。而我也通過這個電話知道了他無所事事的現狀：這家公司原本是專門針對訪日外國遊客做團體生意的，疫情來了，才勉強改向本國遊客提供個人方案。生意不太好，他甚至不用常駐東京，而是在福岡遠距工作了兩年。「我不會去下五島，由我們當地的另一位同事接待你。」他大概許久沒和客人聊天，半小時後才戀戀不捨地掛了電話。

一間經常出現在文化潮流雜誌上的圖書館。幾年前，一對東京的白領夫婦移住到島上，改造了一幢已有八十年歷史的舊民宅，成爲當地唯一的民間圖書館。館內不是什麼書都有，而是由東京藝術大學的教授或知名的漫畫家，又或是五島當地的巴士導遊和大叔大媽們捐贈的「人生中最好的三本書」。「人生的三冊」成爲受都市媒體歡迎的好噱頭。我通過 Instagram 聯繫這間圖書館，有位自稱叫「大島」的人回覆了我，告知店主夫婦常年不生活在島上，由他作爲館長在島上管理著圖書館，但未來大半個月他將前往東京，因此圖書館暫時處於關閉狀態。這讓我意識到五島移住風潮的另一面：它或許已成爲城市人「島創業」的優選目的地，但這些創業者依然生活在城市裡。我在 Instagram 上追蹤了一陣子大島館長的動態，漸漸得知四十歲的他出生於神奈川，畢業於東京一所有名的美術大學，擔任過高中美術老師，後來辭職周遊世界，二〇一六年才移住到下五島，目前正在圖書館裡嘗試販賣自己烘焙的咖啡豆。他在社群媒體上發布的內容很吸引我——並不是一味地謳歌「島生活」，恰恰相反，更多時候是一種諷刺和批判的論調。一天他說，這個封閉的島嶼，過於推崇舊的東西，又過於排斥新的東西；應該如何打破這樣的禁錮，才是值得移住者思考和實踐的課題。

儘管拜訪圖書館的計畫不能實現，我還是打算先前往它所在的福江島，這個島嶼也是五島列島之中面積最大、人口最多的一個。從長崎市前往福江島，搭乘高速船單程耗時八十五分鐘。在四月的一個工作日裡，船上幾乎沒有遊客，從膚色和裝扮能判斷出多是島民，還有幾個身穿黑西裝、手拎伴手禮的年輕男人，一看就是去島上拜訪客戶的。前往離島，只能靠船隻。我還在港口的售票窗口發現了一些有趣的優惠：「學生就職活動優惠」——島上的初三或高三學生，若是去島外找工作，可以享受船票半價優惠；同樣地，島上的小六、初三或高三生，如果去島外參加升學考試，可以享受「升學考試優惠」。此外，還有針對大學生志工的優惠——島上沒有大學，此舉是爲了吸引各地的大學生前來島上活躍經濟。

儘管大島稱這裡是「封閉的島嶼」，但從這些優惠措施來看，漂浮在茫茫大海上的離島並非孤島，它充滿了人群的往來：離開和到來，往復在每一條航線上。

1

沒有想到，我在福江島認識的第一個人竟然是個美國人，還被他帶進了洞窟。

四月的一個早晨，我從市中心搭乘公車前往南邊的海濱公園，與櫥間的同事會合，考慮到體力，我只預約了一個四小時的短途騎行路線。直達南部的公車每天僅有兩班，且在週末、節假日和學校休息日停運，可見主要面對的群體是學生。可這天沿途上車的都是些老頭老太太，熟絡地拿著老年人乘車卡「滴」的一聲。有位剛剛上車的老頭，對著已經在車廂裡坐了幾站的老太太們寒暄：「哎呀呀，又是你們三姐妹！」車廂儼然已成爲一個日常社交空間，這是我在京都的城市生活中所不能想像的風景。我大概也成爲他們意外的風景——漠然坐在公車最後一排，是個疑點重重的人物。

爲了搭上這班公車，我比約定時間提前一個小時到達了碰頭地點。春寒之時，海濱公園空蕩蕩，沿海種植著一排高大的椰子樹，被前夜過境的颱風刮下許多枝葉，還沒來得及清掃——幾十年前經濟景氣的時候，島上的人們追求「夏威夷般的度假風情」，種下了不該屬於此地的熱帶植物。如今的海濱如同日本的經濟現狀，如同周邊高齡化的集落[1]，冷清而寂寞，除了一個匆匆停下車來上廁所的大叔，我沒有遇到第二個人。我走進那間廁所巡視了一圈，牆壁上貼

① 編註：「集落」（しゅうらく），意思是「村落」或「聚落」，用來指代一群人聚居的地方，通常是規模較小的農村或鄉村社區。

著告示，表示清潔人員每週僅來打掃兩次，若遇到故障請聯繫某個電話，落款是「空屋公園管理班」。我又在公園裡來回走了幾圈，終於出現一個年輕男人的身影，騎著自行車在我身邊往返若干次，目不斜視。我確定他是在試車，走過去打了個招呼，他用不標準的日語做著自我介紹，說他名叫「Will」，是個美國人，這兩年住在福江島上。

Will 爲我準備了一輛電動變速自行車，特意換上了兩個應付泥土小道的專用車輪。他首先帶我穿過海邊集落的石垣小巷，去看一棵百年榕樹。那榕樹長得十分巨大，扎根在一戶廢棄人家的院子中，枝葉厚重，幾乎覆蓋著整條道路，人站在下面感覺十分渺小。Will 爲什麼要專程帶我看一棵樹呢？大概是他覺得日益老去的集落乏善可陳，唯有這棵榕樹，顯示出一種截然不同於人類生活狀態的強大生命力。其實就連這棵榕樹也差一點兒被砍掉，Will 說，幾年前，居住在樹下房子裡的最後一位主人去世後，留下無人繼承的空宅，當地政府便決定按照一貫措施，拆房砍樹。Will 有位美國友人，比他早幾年來到下五島，在一間英語會話教室做老師，聽聞砍樹傳言，慌忙買下這塊地，才保住了榕樹。土地是買下了，一時卻想不出該如何利用，便閒置下來——在島上，這樣廢棄的空宅並不值錢，據說那位友人只花了一百萬日圓，但若是要維修或拆除原來的廢屋，則又要另花一筆巨額費用。Will 還解答了我對沿途不見人煙的疑惑：福江島上共有兩個沿海水浴場而建的浜町集落，熱鬧的景象皆被封存在昔日時光。這一地區如今雖然仍聚居著超過三百戶人家，但高齡者是主體，老人們逐漸死去，年輕人離開後不再回來，唯有空宅連年增加——受日本社會移住風潮的影響，這幾年也有一些愛山愛海的城市人前來考察，但由於周邊缺乏便利的生活配套設施，留下來的屈指可數。後來我們短暫停留在高台上，集落風景盡收眼底，才終於看到四個老年人正在打門球[2]，是這一天見到最大規模的人群。

Will打算帶我去一些我獨自到達不了的地方。我騎車跟在他身後，時而衝向大海，時而穿行在麥田和菸草田中，又經過許多灑下陰翳陽光的林蔭道，處處都有分岔。這樣的五島風景是Will過去在美國未曾見過的，他稱之為「日本原風景」。他在這裡學會了日本人面對自然時一些奇怪的儀式感，例如對著近在眼前的一座名叫「鬼岳」的活火山鞠躬，感謝它給予這片土地恩惠、孕育了肥沃的農田——據說這座山已經兩百年沒有噴發了，島民們都在心裡默默祈禱它至少再堅持一百年。

「最後帶你去我的祕密基地，」他又浮現出那種富有儀式感的神情，「在洞窟裡我們交換

---

② 編註：門球（ゲートボール，Gateball）是一種在日本流行的球類運動，規則和玩法與西方的槌球（Croquet）有一些相似之處，但也有顯著的不同。

Instagram 吧。」

上島前我不知道，福江島上竟然有那麼多菸草田。每片田裡都撐起一個小棚子，渾身上下包裹嚴實、頭戴遮陽帽的老人坐在其中，像是舊時韓國電影中的一個片段。還有幾個月才進入收穫季節，似乎並沒有非得守在菸草田裡的理由，但 Will 說，老人們待在家裡也很無聊，土地是他們唯一能去的地方，是日常的歸宿。他來到此地短短幾年，一直在訓練自己用當地人的思維和行爲來生活。當我們經過被風刮飛的溫室塑料布時，他總是停下車，小心地撿起來放回農田中去，說是便於農民們再使用——日常總是得到他們的照顧，便要時刻留意著回饋。

農民是福江島上主要的島民群體之一。島上也有水田，但農業還是以旱地種植爲主。由於氣候溫暖，近年來以青花菜爲代表，人們開始大規模種植各種季節性蔬菜，但菸草作爲始於江戶時代的傳統產業，仍是支撐著島嶼經濟的支柱型農作物。離島四面無屏障，通風的環境造就了肥厚的菸草葉。優質的菸草在過去屢屢創下「日本第一」的單價紀錄，五島農民曾一度引以爲豪。我後來在網上找到一個採訪，有位菸草農家第三代的男人，出去闖蕩了一圈又回到島上種植菸草，他對記者說，菸草也許是島上最安定的農作物，但其實不知未來何去何從，後繼者不足是它面臨的最大問題。他想把這種能展現五島歷史的傳統作物，竭力留給後代。那篇文章中的數據顯示：至二〇一七年，五島市的菸草農家只剩下五十九戶，耕作面積約爲一百二十公頃。種植者高齡化、年輕人不願繼續從事農業固然是其衰落的一方面，日本社會的健康風潮和菸草稅的高漲導致吸菸人口銳減、對菸草的需求量減少，也是令離島上的菸草業未來不明朗的現實因素。

比起我對五島農民未來走向的好奇，Will 則顯得無所謂，他更喜歡對我說起那些浪漫的意象，例如島上的林蔭道是他心中理想的九州之路。他對日本最初的憧憬發生在五歲那年，外公在台灣的家裡爲他播放了一部中文字幕的《龍貓》，這部席捲全球的吉卜力代表作後來成爲他人生中觀看次數最多的一部動畫片。令他反覆沉迷的動畫片中的日本風景，到了五島才發現就是眞實存在的日常，於是就算在不接待客人的日子，他也總是一個人騎車穿梭其間，享受令人懷念的兒時情緒，運氣好的時候，還能開發一條新的遊客線路。

「在這樣的路上，就算什麼也不發生，生活的壓力也會隨自然消散，」他從自行車上轉頭望向我，期待一個肯定的答案，「你不覺得是這樣嗎？」

這天的風很大——儘管 Will 一再向我強調，颱風已經過境，我們身處每秒九公尺的風中，這是非常適宜騎車的環境——但我在風聲呼嘯中，仍要提高了嗓門才能與他交談。幸好周遭沒有別人，大聲說話也不必擔心會驚擾誰。於是我用在京都絕不可能放開的音量與他閒聊，得知了島上一些瑣碎祕密：例如漁師和農民的關係不佳，工作和生活方式的不同造就了他們各異的思維方式，雙方經常發生糾紛，兩者也通常聚居在不同的街區，鮮有往來，存在著厚厚的「壁」；例如福江島的中心地曾在上世紀六〇年代發生過一場大火，街市中大半建築被燒毀，唯獨福江教堂毫髮未損，當地人認爲它是一個奇蹟；例如島上鮮有高級汽車，島民們都開經濟實用的輕型車，關鍵原因是乘船最便宜，前往長崎或者福岡只需花費一萬日圓——買車前要先考慮船，是離島上才有的思維方式。

又例如，島上的公共交通不便，計程車費用昂貴，Will 來到五島之前，已經度過了五六年靠電車出行的生活。日本城市的公共交通便利，沒有車也無妨，但離島不一樣，他剛來到島上，便被迫買了輛便宜的二手車，翻出閒置已久的駕照。因此島上的駕駛培訓學校是絕對有必要的。我們路過一個簡陋的駕校練車場，看起來就是在荒地中隨意圈出一塊，但足夠寬敞，我又得知：長崎市的人經常來福江島考駕照，因爲路上車輛稀少，練車方便，並且安全。

「島上的老頭老太太，許多人一輩子沒在高速公路上開過車，」Will 感嘆說，「果然是離島啊。」這很容易理解，島上不可能存在高速公路。但島外人前來考駕照還是十分令我費解：在車輛稀少、沒有高速公路的離島上拿到了駕照，回到城市裡要怎麼上路呢？這無異於往猛禽籠子裡扔進了寵物。

我在最後一條穿過的林蔭道上得知了Will的人生經歷。他這年三十二歲，曾在美國一所大學專攻亞洲研究和政治學，由此有了學習日語的契機，先後去了東京和關西，分別度過了半年的留學生活。大學畢業後，他決定到日本生活，先在熊本縣當了兩年英語老師，又轉職到了福岡。在那裡，有人給他介紹了如今這份嚮導工作——對這家面向海外遊客的旅遊公司來說，Will符合完美的人才需求：他既擁有自行車專業資格，同時還擅長英語和日語。兩年半前，他來到五島，但也常常需要配合其他地區的路線開發。見到我的前一個星期，他在山口縣騎行了一周。

道路的盡頭，我們終於抵達了Will的祕密基地。他囑咐我在隱蔽之處停好自行車，隨即做出一個「噓」的手勢，低聲道：「這個入口，千萬不要拍照，不能向任何人暴露它。」從那個所謂的入口走進林間，依稀能看出兩條人們踩踏出來的分岔小路，一條更清晰的，Will說是漁師的路，可以通往某個釣魚場所；我們走向了反方向的另一條，不久後沿懸崖向下，抵達海邊礁石之上。確實有一個寬敞的洞窟面朝大海。在島上的老人們還年輕的時候，這裡曾是他們日常的娛樂場所，後來他們年紀大了，不能再涉足危險的山路。而島上的年輕人？年輕人再也不會對洞窟感興趣，他們把自己關在房間中，沉迷於網路世界。洞窟荒廢了幾十年，被這個從美國來的青年偶然發現了，立刻喚醒了他身上關於探險與野外生存的細胞。那之後，他常常帶著各種朋友來，也漸漸帶著客人來。Will 一腳踏進洞窟之中，熟練地從雜亂的石頭中挖出一捆劈得整齊的木材，甚至還有一套簡陋的桌板，顯然是他藏在那裡的，而我看著洞口堆積成圓錐狀的石頭小山，覺得像是在海邊神社常常見到的警示標誌，提醒著我：此地是神域，禁止進入！

「不要害怕，那些是我帶之前的客人玩的平衡遊戲，沒有什麼特殊意義。」Will 看出了我的躊躇，一揮手便招呼我進去了。

進入洞窟之後，Will 立刻忙起來。他從木材中抽出三塊，小心地把剩下的埋回去，得意地宣布：「我要生火煮咖啡了！」像在宣布一個藏了許久的祕密。他的雙肩包正是這個祕密的所在，從那裡面，他依次掏出了打火石、熱水壺、保溫杯、磨豆機、手沖咖啡器具和一袋來自長崎市的咖啡豆。還有搭配咖啡的甜點，島上一種名叫「甘古呂餅」的鄉土點心。另一件他認爲值得向我炫耀的事，是他指了指我的手機：「你計時，我可以在三分鐘之內把火點燃。」誠如他所言，篝火很快就在洞窟裡燃燒起來，而等到水煮沸、過濾出一杯咖啡、把甘古呂餅烤至微焦，又是在我們閒聊了十幾分鐘之後的事情了。那杯咖啡的味道令我十分感動，儘管只是一包平庸的咖啡豆，但在我連續幾天喝過飯店早餐裡的即溶咖啡之後，它還是擁有相當慰藉人心的功效，加之，我還從來沒有過像這樣坐在一個山洞裡，面朝大海生火煮咖啡的經歷。那個甘古呂餅是由煮至半熟的紅薯爲原材料製成的，古時曾是島上人們爲過冬而儲存的食物，如今也深受島民喜愛，家家戶戶會在正月製作，送給親戚朋友，漸漸也衍生成爲一種旅行伴手禮，在長崎縣之外很難買到。甘古呂餅的味道不予置評，它已經是 Will 能夠招待我的極限，若是帶著朋友來洞窟，他會在篝火上爲他們製作烤三明治，問題是我的身分十分特殊，我此時是一個「客人」，按照旅行公司的規定，他被禁止在行程中替客人製作料理，只能提供一些熟食或成品。其實就連在洞窟裡生火也是他偷偷帶我來的，這家純正日本血統的公司，時常提醒他不要做多餘的事，盡可能嚴格執行常規流程上那些安全而又程序化的項目。

「我想改變日本人的旅行方式。」Will 又往我的保溫杯裡倒了些咖啡，他的思維方式完全是美國人的，十分不適應日本人這種死板的規定。他回憶起十多年前在日本留學的夏天，和另外兩個美國同學一起去沖繩旅遊，身上的錢不夠，又不是可以通過網路尋求便利的時代，最後三個人在沙灘上睡了三個晚上。一位朋友成天哪裡也不去，終日坐在一棵樹下，另一位朋友則不停地在沙灘上撿著貝殼。「不是只有跟著高價的旅行團參觀世界遺產才是好的旅行。」他對那段在沖繩的時光充滿懷念，想把那樣的旅行方式在日本發揚光大，其核心是：在一個地方，有各種各樣值得體驗的生活方式。

「之前聽一些來到島上的客人談起感想，他們被帶去很多處世界遺產，感覺就只是看了教堂，然後聽它們的故事而已。他們的全部旅行，只是『看』和『聽』。」他覺得這樣實在無趣，如果只是想要閱讀歷史資料，在Google上就能找到全部資訊，肯定比從導遊那裡聽到的更加詳盡。「況且，現在五島上這些被評為世界遺產的教堂，其實都是在明治時代之後修建的，過去潛伏基督徒們[3]生活的痕跡，和這些建築完全沒有關係。很多客人對此大失所望，說在這裡什麼都看不到。」Will把他們帶來洞窟，也像我與他的此時一樣，為他們煮一杯咖啡，與他們分享自己的想像：藏身於五島的潛伏基督徒，為了不被人發現，過著非常隱祕的生活，也許就是藏身於這樣的洞窟之中。但就連在這裡的生活也要十分小心，若是生火起了煙，立刻就會

③ 編註：潛伏基督徒，日文原文為「潜伏キリシタン」，詳細解釋見一一三頁。

被周邊的漁師發現，一旦告發到官府，就會遭受酷刑甚至奪去性命。他認爲洞窟正是體會五島這一段歷史的最佳場所，如果用類似這樣的方式讓遊客感受「潛伏基督徒的一天」，比起那些熱門世界遺產教堂巡遊的旅行團，是不是更能感受到這片土地的一種眞實呢？

在島上的兩年多，Will 時常跳脫日本公司的條條框框，去探索和尋找新的地標和線路。日本人一心追求安全，缺乏冒險精神，但他要帶他的客人們去不一樣的地方。例如洞窟。聽起來他也並不欣賞日本人那種「社畜」式的工作方式，他理所當然地對我總結他的工作態度：「首先要我很享受，客人才能夠享受。」與他的理想主義相對的，卻是「五島」這個名字在海外遊客之間沒有存在感的現狀。就算是那些沉迷日本文化的歐美人，將東京和京都列入每年必去的目的地，也鮮少有人會長途跋涉跑到五島這樣的地方來——長崎已經不是那個唯一允許外國人登陸的口岸了，此地在日本進入現代後日益衰落，更不用說這些偏僻的離島。大多數外國人從未聽說過這個地方，少量的人氣僅僅來自口耳相傳。他因此更想把島上這些他認爲眞正有獨特魅力的東西展現給外國人看，而不只是去「看」和「聽」教堂是怎麼回事。

「就算對日本人的工作方式充滿怨言，未來也打算一直待在日本嗎？」我問他。

「是這麼打算的，」他說，我還沒來得及追問，他又道，「比起美國，在日本生活更容易。」

Will的人生，不是一個常規美國人的人生。在那個眺望著大海、逐漸被太陽照亮的洞窟裡，我知道了 Will 的身世。他的母親是一位台灣人，父親則來自馬來西亞，父母在美國相遇，結婚後經營著一家中餐廳。他出生在美國，若可以按照出生地簡單歸屬身分，那麼他應該算是一個紐約人。但現實情況很複雜。二十歲之前的日子，他幾乎每天都困擾於「我究竟算是亞洲人還是美國人？」這種身分上的不確定性。在家裡，父母告訴他：你是美國人；在外面，朋友或是其他美國人對他說：你是亞洲人。他總是陷入一種被稱讚的尷尬，內容大同小異：「你的英語說得可真好啊！」他莫名生出認爲這一切不可理喻的心情：「那不是當然的嗎？我從生下來就在說英語了！」身爲移民二代，他沒有因爲出生在這片土地而產生理所當然的歸屬感，恰恰相反，他感覺自己不屬於任何一種人，被夾在兩種文化的縫隙之中。諸如此類的種種細節，令他感到生活困難，並且疲倦。

「我厭倦了那種他人對我身分的期待，只要擺脫那種期待，一切就變得簡單了。」在日本，他看上去很快樂——離開了祖國的流浪者，只擁有一個身分：「我是一個外國人。」

Will從二十四歲起來到日本，我們相遇時，已經是他在這個國家的第八年。我不知道他的日本生活是否眞的如同他所說的那樣容易而沒有挫折與困難，或是他所感覺的輕鬆是否更多源於他在這裡是一個美國人，於是我問他：「在日本，當別人問你是哪裡人的時候，你怎麼回答？」「我說我是美國人！」他說。儘管他擁有一張一目瞭然的亞洲人臉龐，但我想，我們作爲長期生活在這個國家的外來者，多少都已經察覺到了——日本人在對待美國人和對待亞洲其他國家的人時，態度會產生明顯的差別。

如果說自我介紹是「美國人」是Will爲了容易生活可以鑽的一個空子，那麼在五島這樣的離島上，這個空子就愈發大了。島民間的交往也許充滿各種保守陳舊的規則，這是自古以來的離島環境和村落體制所造成的。但當他們遇見一個外國人，規則便不再適用於外來者，反而會展現出一種寬容，更何況，之前還從來沒有一個美國人在這裡生活過呢！甚至連美國遊客都很少來。好奇心和新鮮感占據了上風，人人待他親切而和善，當他表現得無法融入時，得到最多的是鼓勵與安慰：「不用想那麼多也沒有關係哦！」這正遂了他在美國時的願望，使他完全從複雜的身分認同中抽離出來。他對我說起島上的人們，說的是「這個地方的人們不像日本其他地方那樣被規則束縛」，說的是「島民熱情，總要送我各種東西，不只是成爲朋友的那些，不認識的人也會拿著新鮮蔬果來問：『這個要不要呀？』」前兩天就有個鄰居問他：「柚子要不要呀？」他不好意思拒絕，表示就要一些吧，結果獲贈四十個。

如果一直沒有生活的壓力，Will也許可以永遠這樣在島上容易地生活下去。他每個月能得到二十萬日圓的收入，島上雖然油價高於日本各地，但生活費很低，經常能得到免費的食材，習慣了不買新衣服，二手車便宜，保險更加便宜……對於島上的大多數人來說，一兩萬日圓的房租是平均水準，他已經非常奢侈，用四萬五千日圓租了個三室一廳的大公寓。在這個島上，他還交到了很多可以聊得很深的朋友，多是被日本人稱爲「U型回轉」（指因爲升學或者就職離開故鄉、在外地生活後又回到故鄉的一種模式）的人群：生長在島上的孩子，出去轉了一圈之後，厭倦了城市生活的壓力，還是覺得島生活更好——僅是這一點，就令他和他們之間有了很多共同語言。

但人到中年，他最近開始產生一些焦慮。他已經好幾年沒有回過美國，幾年前母親生了病，情況不太妙，由父親照顧著，他仍然沒有回去。他不是因爲客觀條件不能回美國，而是主觀上的心理原因，用他的話來說，是因爲「覺得自己還沒有變成一個眞正強大的人」。他說：「母親一直是家裡最強的，如果看到虛弱的母親，這樣的我恐怕立刻就會被擊敗。」他想要在日本再努力一些，等到工作更穩定一些，覺得可以向母親交代了，再回美國去。

也許可以獨立開一家旅行公司。利用他在日本公司學習到的知識與經驗，塡補他在這裡發現的漏洞與空白。一個方向是：現今日本大多數面向海外的旅行機構，都以六七十歲的老年人爲顧客群體，行程方案都是針對這一年齡層設計的。這是日本人保守而過時的思考方式，也是高齡化社會的一種結果，他認爲，如果不吸引三四十歲的年輕人，日本的旅遊業便沒有未來。如果日本人暫時很難改變，那麼他希望親自打破那道牆，吸引年輕人到來。他還想培養像自己這樣的年輕導遊，「日本人應該學會快樂工作」。

他認爲吸引年輕人的旅行方式就是一種體驗型的旅行，與當地人的交往是其中最重要的一點。近來由於他在島外的工作繁忙，島上遊客又少，所以才將體驗項目縮減至只有自行車觀光這一種。其實他在島上開發了十四個行程，除了洞窟之外，多是能與當地人接觸與交流的活動，例如去當地人家裡一起製作五島的家庭料理，去體驗製作甘古呂餅、椿茶或是羊羹……在福江島上，很多從事這些活動的人都已年邁，與他們相處尤其能感到人情溫暖。Will 也是在通過這樣的事支援著當地人的生活，例如提供甘古呂餅體驗的是一對年齡已經超過七十歲的老年夫婦，由於這種鄉土料理深受當地人喜愛，作坊的生意還算不錯，但其實已經後繼無人，這令他替他們懷抱著幾分擔憂。

「有趣的旅行，在網路上是搜尋不到的。」Will 說。我懂他的意思，你必須要親自站在那裡，才知道會遇見什麼人，通過和這些人的交談，才知道有什麼故事，被這些人帶去了一些意外的地方，才知道這片土地究竟是怎麼回事。就像我來到下五島，沒想到遇見一個美國人，被他帶到了一個洞窟，這個人此刻坐在洞窟裡對我緩緩道：「眞正的旅行，不只是觀光，要把人們帶進故事，自己也成爲故事的一部分。」

Will 從他那個裝滿了祕密武器的背包裡，掏出一個簡易垃圾桶。他將可燃的垃圾全部扔進篝火中，待它們燒成灰燼，又將不可燃垃圾全部裝進垃圾桶中，我們起身，把洞窟僞裝成無人的狀態離開了。Will 最不願意這個洞窟被外人發現的原因，並非吝嗇分享、害怕它變成網紅地標，而是一旦外人隨意進來，就會亂扔垃圾，被政府的人知道，加以管制，他就失去祕密基地了。

二〇二二年的人類，在離開洞窟之前交換了社群媒體帳號，隨後 Will 開車送我回到飯店，再次叮囑我要保密——按照日本公司的規定，我們應該在那個海濱公園就揮手道別。在車上，他用一種索取表揚的口吻問我：「你覺得我的祕密基地如何？」

「我覺得我來到了這個島上最有趣的地方，」我說，「我怎麼會想到，有人介紹一個島的方式，是帶我去洞窟！」

Will真的很喜歡洞窟。他在洞窟裡，短暫地打開手機看了幾分鐘俄烏戰爭的新聞，很快就忘記了。他當然關心世界上在發生什麼，但是在五島，有遠比這更重要的事。這天他在世界兵荒馬亂的清晨醒來，只有一個念頭：心情很好，去洞窟吧！類似這樣的洞窟，他已經在五島上發現了五六個，於是立志要成爲此地的洞窟專家。

2

去堂崎教堂有點兒麻煩。飯店的前台告訴我，開車過去只需要十五分鐘，問題是我沒有車，倒是可以搭公車去，但時隔三個小時才有一班回程的車——我可以參觀一間教堂長達三個小時嗎？不太確定，但只能試試。

矗立在福江島北部奧浦灣的堂崎教堂是五島列島上的一個必去地標。十六世紀，長崎縣外海地區的基督徒爲逃避江戶幕府的追捕，移住到偏僻的五島潛伏，最初就是聚居在這一地區。這也直接導致了在明治政府解除基督教禁令之後，堂崎教堂成爲五島地區最早建造的一間教堂。今天它已經不再作爲日常教堂使用，內部改裝成了一間「潛伏基督徒資料館」。

惡劣的颱風天讓堂崎教堂顯得格外冷清。大概也受到天氣影響，門口售票處的一位女士顯得心情不佳，漠然地數了數我遞過去的三枚硬幣，遞回來一張薄薄的教堂簡介，一聲不吭。我走到教堂門前，從門口一排整齊的拖鞋判斷，應該是要脫鞋才能進入。所謂的資料館，無非就是擺了一圈陳列櫃，通過各種物品介紹這間教堂的歷史、基督教如何在五島傳播至鄉衆之間，以及禁教令解除之後，最初有兩位法國神父來到這裡擔任牧師，此後便一直由當地人繼承這一要務。在官方的介紹裡，二〇一八年登錄世界遺產名錄的「長崎與天草地方的潛伏基督徒相關遺產」，是要向大衆傳達時間跨度超過兩個世紀的禁教、鎮壓與復活的一段歷史，它的「寬容」與「對話」層面的意義更甚於宗教上的意義，在今天日益緊張的世界形勢下，似乎被認爲很有啓發價值。

陳列櫃裡的多數展品乏善可陳，不少是後來的複製品，眞正有歷史價值的文物，早就被送去了東京國立博物館。在衆多日常宗教用品之中，只有一個樸素的法螺貝引起了我的興趣——五島列島的許多教堂面朝海濱而建，在陸地交通尙不發達的時代，周圍的村民通常划著小船前來參加彌撒，而彌撒即將開始的信號，便是由教堂的工作人員吹響法螺貝。從一些展示的老照片中，我看到了堂崎教堂過去最輝煌的時期：海灣中停滿了擁擠的小船，女人們牽著孩童朝岸上走去。

這種帶著孩子參加彌撒的場景，在女性作爲家庭婦女的時代是很常見的事情。這些姑且還算是圓滿的家庭。另一些家庭裡，充滿了無暇照顧甚至不得不遺棄的孩童。日本的基督教禁教令解除後，外國神父在長崎縣建造的基礎設施不單單只是教堂，還包括了大量育兒設施和學校。堂崎教堂附近的高台上，一個名叫「奧浦慈惠院」的兒童托管設施就是其中之一，這裡如今只剩一片空地，但作爲歷史遺跡，建造了兩座神父懷抱孩童的石頭雕像，他們面前的碑文寫著簡單介紹：自由和愛的使者——馬爾芒德神父（Joseph Ferdinand Marmand）、佩盧神父（Albert Charles Arsene Pelu）和孩子們。

從前的「奧浦慈惠院」只剩下一片遺跡，但它沒有從島上消失，二〇〇六年，創立一百二十六年後，它搬到了南邊的另一所兒童福利設施的隔壁，變成了更現代的設施，日常可以收容四十人，不同於從前全是來自貧困家庭的棄嬰，如今從嬰幼兒到高中生均可接納。今天的孩子們，在新的時代遭遇著新的困境，但慈惠院的宗旨一如既往，它在宣傳語中說：「希望陷入困境的孩子們，在身邊就有一個可以求助的場所。」門前的招牌上，仍然寫著一百二十六年前就被馬爾芒德神父反覆強調的那個句子：「你要愛鄰人，像愛自己一樣。」至於這位神父，他永遠地留在了日本。福江島是他在這個東方國家的第一站，此後他又前往長崎縣的伊王島、鹿兒島的奄美大島和沖繩群島，在各地都建造了教堂。一八九七年，四十八歲的他到達自己在日本的最後一站：位於長崎縣北部的「黑島」（現屬佐世保市）。今天，他的墓地是寫在黑島觀光網站上的一個地標。

如我所料，參觀堂崎教堂用不了多久。附近開著門的僅有一間咖啡館，綠蔭中有著尖尖房頂的石頭房子，供應自家烘焙的各種點心，店主給它取了個應景的名字：Oratio。這個詞在日本幾乎是個死語了。它過去流行在島上的潛伏基督徒之間，源自拉丁語，意爲「祈禱」，本意早在世代流傳中變得模糊，也許是當時僞裝成佛教徒或神道教徒的基督教徒們祕密唱誦的一種禱文。那些人們的身影亦已經模糊了。正如 Will 在洞窟裡對我表達的疑惑：現代日本人視「世界遺產」爲傲，但「潛伏基督徒」並不存在於今天的五島列島，隨著明治時代禁教令的解除，他們中的多數人回到了本島，回歸了原本的身分，不必再僞裝成其他信徒的外貌。擁有複雜的混血宗教基因的人群，在哪裡都找不到了。風雨中的奧浦灣裡依然有些村民的小船開來開去，但也早就失去了它們和教堂之間的聯繫。

離開咖啡館後，我沿著風雨交加的奧浦灣一路走向公車站，距離公車的到來還有一個半小時。站牌立在高台之上，腳下有小小的漁村集落。我有些後悔剛才沒有在教堂拜託工作人員幫我叫一輛計程車，眼前的馬路上顯然不可能有計程車經過，傻傻站在高台上也不是一個更好的選擇。我掃了一眼Google地圖，決定往漁村的反方向走一段，一站之外的地方似乎有個港口，沒準能在那裡找到計程車公司的電話。

沿海之路，風景如畫，狂風很快就將我的透明雨傘吹了個稀爛。一些私家車偶爾從我身邊經過，我猶豫著要不要招手搭個順風車，然而就在猶豫的片刻，它們已經疾馳而去。五島人可眞冷漠啊，我想起在沖繩離島和瀨戶內海小島上的遭遇。若是在那些地方，一定會有島民停下車來問一句：「要不要載你一程？」

港口也沒有人影。幾艘空空的小船靠岸停泊著，還有一間小小的候船室。我要搭乘的公車在這裡有一個停靠站，可站牌只有一塊，而且是在反方向，我走過去研究了許久，直到遠遠地有個中年人牽著狗走下來。不能錯過這個機會！我趕緊抓住他打聽：我該站在哪邊等車？他顯然對我的問題措手不及，看上去從沒有搭乘過島上的公車，「我想，哪邊都行，」猶豫半晌，又道，「也許你應該對司機招招手？」

我不太確定這是不是一個靠譜的建議，一時半會兒也沒有其他人再來，只好回到候船室繼續等待。不到十平方公尺的水泥屋子裡，立著一個異常醒目的紅色立牌，宣稱此地是一部名叫《惡人》的電影取景地。片中的女主角從偏僻島嶼上的派出所逃跑，這裡就是那間派出所。與電影宣傳相比，候船室裡的其他元素確實毫無噱頭：一些當地的活動宣傳海報、公車時刻表，竟然也真的有船的時刻表。這裡並不是福江島的主要港口，往復於長崎各地的島嶼都停靠在南邊的福江港。我感到奇怪：「誰會在這裡乘船？」

這個疑問沒有困惑我太久。不久後，一艘只能容納數人的小船停靠在岸邊。有位看起來上了年紀的船長走下來，熟絡地轉進候船室看了一眼，看到我，臉上露出意外的表情。他出門走了一圈，又折回來：「你在等公車？」

「是的，」我想，總算遇見第二個活人了。我趕緊指著門口那個站牌，「但不知道該站在馬路的哪一邊？」

「站在候船室門口就行，」他指了指貼在牆上一張列印在A4紙上的公車時刻表，「到點了出去，朝司機揮手。這裡的公車不是每站都會停車，沒有人的時候，嘩的一下就開過去了。」我大概明白了，在人口稀疏的離島上，經費只允許設置一個站牌，公車司機以人作爲停靠標準。招手這種最原始的搭車方式，比任何站牌都可靠。

「但是，」老船長瞥了一眼時刻表，「還有一個小時，你眞的要在這裡等著嗎？」他聽聞我在風雨中從堂崎教堂一路步行到此地，還搞不淸楚怎麼乘坐公車，大概覺得雖然有趣，但也有點兒可憐。沉默片刻後，他提議道：「我可以打電話幫你叫計程車，你要去哪裡？」我報出飯店名。他思考了幾秒：「車費大約一千八百日圓，你要坐嗎？」我搖搖頭，表示不趕時間，可以再等一會兒。他笑笑，大約覺得我眞是不可思議，從房間走出去了。我透過窗戶注視著，看到他跳上了他的船，又跳了下來。

我抓住這個時機，走出去站在他身旁。我確實不趕時間回飯店，想和他再多聊幾句。

「這艘船，是捕魚的嗎？」我指了指他那艘白色的小船。

「不是，」他指著船上的幾個字，念出那個我頭一回聽說的詞，「海上計程車。」

奧浦灣北方的海上，漂浮著下五島地區另外兩個重要的島嶼：久賀島和奈留島，兩者都是世界遺產的一部分。在這兩個島上，有原始的集落、教堂和紀念館，有人生活，亦有人工作。福江島作爲五島地區最大的居住島嶼，島上人口達到三萬，生活設施完善，便利商店、超市和醫院俱全。但只有幾百人的小島就不一樣了，島上生活十分不便，所以在小島上工作的大多數人還是住在福江島上，每天早晨從家裡開車到港口，然後乘船去上班，下午五點下班再坐船回來，把港口的車開回家。若是通勤，從奧浦港出發，顯然比從福江港出發要省時得多。於是奧浦灣有了每天運送人們上下班的通勤船。但這種船受嚴格的時刻表所限，如果有人誤了船，或是臨時有事，就需要呼叫海上計程車。

「這種時候，給我打個電話就行，」老船長說，「把它想像成在京都搭計程車，方式都一樣，只不過在五島地區，計程車行駛在海上。」作爲特殊時刻的應急手段，這樣的海上計程車顯然收入有限，所以它還會經常接待一些小團體遊客。幾個人包一艘船，去北邊的幾個教堂，巡遊半天或一天。

「你一個人來五島觀光？爲什麼一個人？不和朋友一起嗎？」老船長說，在五島，他很少遇到這樣的情況。我老實回答了他：一半是工作目的，我需要在五島上進行一些取材。

「哦，」他露出意味深長的笑容，似乎還有點兒嘲諷，「現在這個季節還很冷，海邊沒有人。到了七、八月，高濱海灘那邊，全是你這樣的人。從東京來的人們，成天窩在沙灘椅上，打開筆記型電腦拚命工作。」他三兩步跳進船艙，拿出來一份觀光手冊，翻到夏天的海灘照片，湛藍透明。「你也去海灘嗎？」他問我。

我猛地想起這些天在飯店大廳遇見的人們，大部分都是來出差的，維護島上基本設施的人最多，其次是銷售業和建築業，都穿著整齊的白襯衣和黑西裝。小部分用電腦遠距工作，每天從早到晚坐在大廳的咖啡館裡，開視訊會議，也都穿著不符合島民風格的正裝。我又想像了片刻，覺得一排黑西裝躺在沙灘椅上的景象有點兒滑稽，忍不住笑了起來。

「很好笑吧？」他把觀光手冊塞到我手裡，「送你了！」

「他們爲什麼要來五島？」我沒有那種浪漫的海灘夢想，只覺得待在家裡吹著冷氣工作要舒服得多。

「還不是和你一樣！」他哈哈大笑起來，「又想旅遊，又要工作。」這幾年往返於東京和長崎之間的航班比從前更多了，票價也愈來愈便宜，再加上網路發達，實現了人們遠距工作的自由。租一輛車在島上跑來跑去、每天借助網路工作，在五島地區，風靡著這樣一群以「在旅行中工作」爲口號的年輕人。五島地區的觀光部門似乎也獲得了靈感，將宣傳重點集中在了東京，經常在東京舉辦各種五島美食美酒大會，或是五島移住體驗之類的交流活動。

老船長認爲這些東京人來到五島的目的之一是吃魚。在東京可吃不到這麼新鮮又美味的魚。他說他前一天就接待了來自東京的四人組，和我住在同一家飯店，在島上待了四天，每天都在飯店的義大利餐廳吃晚飯，愣是沒吃到新鮮的刺身。他爲他們深感遺憾。最終幾個人在他的強烈建議下，臨走前去超市買了一大堆鮮魚刺身，總算是吃過了五島的魚。

五島的魚想必眞的不錯。早晨我在市中心的商店街上等待公車時，也有一位直不起腰的白髮老太太，反覆鼓勵我要在島上多吃魚。我還被告知了當地最有名的一間海鮮居酒屋，準備晚上去試試。

聽聞我要去居酒屋，老船長卻顯得不太樂意。「太貴了！」他認爲這不是一個好主意，然後就像給東京來的客人建議的那樣，他極力推薦我去福江港附近的一間大型連鎖超市。他的雙手比劃起來，「走進入口，直走，在盡頭左轉，魚櫃就在那裡，五百日圓的壽司、六百日圓的刺身……你要吃島上最好的魚，全部都有！」說這話時，他的眼睛始終望向遠方的海面，彷彿超市就在眼前。

事實上，他並不經常去那間超市。他就住在從港口可以看到的一幢嶄新的沿海獨棟住宅裡，由於地價便宜，這附近的人們全都擁有這樣奢侈的居住條件。依海而生的島民們，得到了最多來自海的饋贈，在他家的餐桌上，永遠擺滿了漁師朋友們送來的最新鮮的魚。

「那才是最好吃的魚啊！」我羨慕極了。

「你知道五島的魚爲什麼好吃嗎？」老船長三言兩語就揭曉了謎底：在五島捕獲的鮮魚，運送到福岡和大阪需要兩天，運送到東京則需要四天。哪怕是同樣的魚，在島上和在城市裡吃到的也是截然不同的味道。

這一天我最終沒能等到那輛公車。下午五點過後，一艘大船從遠處突突開來，在轟鳴聲中靠了岸。船艙裡吐出十幾個穿戴整齊的人，他們紛紛走向停在港口周邊的小車。我反應過來：這是在北邊小島上通勤的人們下班了。

「喂喂！」老船長伸手向走在隊尾的一個年輕男人打招呼。

「您辛苦了！」男人一邊鞠躬一邊朝他走來。

「你現在有時間嗎？」老船長問。男人點點頭，用好奇的眼光瞥了我一眼。老船長緊接著對他道：「中國人，來旅行的，住在椿飯店，你要是不忙，把她送回去吧！」

一瞬間我有點疑惑，差點兒脫口而出：「是你兒子嗎？」沒來得及問，老船長就指向了那男孩，向我揭曉他的身分：「對面島上教堂的工作人員。」

男人欣然接受了老船長對他下達的命令，準備帶我走向停車場。走到一半，又被已經道過別的老船長叫住。老船長自作主張地替我決定了這天的晚餐：「你把她送到旅館附近的超市就行！她要去買生魚刺身！」

五島的人不太熱情，實在是我的一個錯誤結論。

我坐在男人的黑色廂型車上，知道了他姓「永松」，二十七歲，在久賀島上的世界遺產「舊五輪教堂」工作。他稱自己的職位為「教會守」，主要工作內容是日常維護教堂，並為來到教堂的遊客講解。永松也是一個外來者。他出生在福岡，高中畢業後前往東京上大學，學的是觀光專業，研究「宗教設施和觀光旅行的關聯性」，這成為他與長崎結緣的開始——畢業論文他選擇了長崎的教堂群作為研究主題，第一次實地考察來到了五島。緣分本該就此終結，大學畢業後，一直到二〇一八年春天，他都在羽田機場作為上班族工作著。也是在這一年，他論文寫過的教堂群入選了世界遺產，五島地區的教堂突然有了職缺。有人向他推薦這份工作，他覺得是個好機會，可以在島上繼續自己的研究——便辭掉了東京的工作，移住到島上。

我遇到永松時，他的五島生活剛剛進入第三年。我對他說起前幾天我去的那些無人看守的寺院和教堂。「因爲大家還有別的工作吧！」他對我說，「要做家務，要種地種田，或許還有別的生意。」在這個遠離陸地的小島上，寺院和教堂的收入難以爲繼，人們各自有生活壓力，於是尋求到了另外的謀生手段，不能專職守在其中。像永松這樣的「教會守」，也要感謝「世界遺產」這一光環帶來的職位需求。當代年輕人想要擺脫上班族枯燥的生活，移住到自己喜歡的地方，過上嚮往的生活，需要突破重重困難關卡，難關之一便是缺乏穩定又高薪的工作機會。這也許是他們更願意穿著西裝窩在沙灘椅上，做一個不倫不類的遊客的主要原因。我不知道一份名爲「教會守」的工作能給永松帶來多少收入，但肯定比不上在羽田機場的那份工作。當我問他是不是打算未來一直待在五島的時候，他回答的是「暫時」，沒有說「一直」。

永松依照老船長的叮囑把我送到了超市門口，並且表示裡面的魚眞的很新鮮，而且價格一定會令京都人羨慕。我和他短暫地道過再見，約好兩天後在久賀島上見——我很早就報名了一個週末的下五島教堂觀光團，其中一站就是永松的教堂。

這時我才想起來問他：「那位老船長，叫什麼名字？」

「我也不知道，」他不好意思地笑起來，「都是叫他『船長』。我一直很受他照顧，之前有一次身體不好的時候，也是他開著海上計程車送我回來的。」

3

我在飯店大廳觀察了幾天，逐漸摸出規律：從早上九點開始，穿黑西裝的人們會陸續占領這裡，尤其在工作日，十點之後幾乎座無虛席，所有人都打開筆記型電腦在工作。一大半的人不住在樓上的房間，他們從外面走進來，要一杯咖啡，戴上耳機，加入線上會議。於是我也明白了，爲什麼這間旅館要求住客在早上八點半前結束早餐——它需要準時在早上九點從飯店大廳變身爲對外營業的咖啡館。

我是在一本時尚雜誌上找到這間飯店的。幾年前它和雜誌的編輯部合作過一次專題企劃，邀請編輯和記者從東京來到島上體驗移住生活，還舉行了熱鬧的分享活動。飯店的主人，一位三十歲出頭的男人，在採訪中喊出了它的口號：「創造一個相遇的場合。」眼下，一樓已經變成工作空間，看不到任何浪漫因子。而二樓，我暫住的那一層，由一個逼仄的電梯上去，走廊是不加修飾的鋼筋混凝土，房間內的牆壁覆蓋著一層豔麗的天藍色油漆，極簡俐落的風格，造成一種現代的幻覺。這種都市幻覺同樣籠罩在一樓，它的設計看上去和東京、大阪那些連鎖咖啡館並無二異，每個座位下都設有充電插頭，桌上的立牌寫著免費 Wi-Fi 密碼。這裡提供種類甚多的酒水以及註明產地的精品咖啡——在福江島上，擁有此種標配的咖啡館僅此一家，它是離島上的星巴克平替品。

這間旅館作爲我對福江島的第一印象，令我從一開始就成功地誤判了下五島，認爲離島早已與時俱進，成爲一個與外界接軌的小型都市。以至於在後來的幾天裡，我不斷遭遇到各種衝擊，被動地修正著對離島的認知。

一個晚上，我在美食軟體上找到當地評分最高的餐廳，一家以據說只有在島上才能吃到的「五島牛」爲食材的牛排館，享用了一份價值四千七百日圓的套餐。在島上，這個價格就是豪華套餐了。我鄰桌的兩位中年男人，駕輕就熟地將菜單翻到最後幾頁，點了兩份標價一千三百日圓的炸豬扒套餐，續了兩杯啤酒，一直坐到我離去。

我穿過島上唯一的商店街走回旅館，街上所有的店鋪都已經拉下捲簾門——白天我也經過了這裡，即便在下午，也只有一半的店鋪開著門——馬路上鮮有汽車經過。在昏暗街燈下的寂靜之中，我清晰地聽見一陣腳步聲急促地向我靠近，接著身後響起一個男性的聲音：「在旅遊嗎？」回頭，一個頭髮蓬亂的男人跟在身後，深灰色厚外套下面露出居家服的痕跡，看起來是臨時出門。我繼續向前走，隨口回答了他幾個提問。他確實只是短暫地出個門，這個地區唯一一家 LAWSON 便利商店在商店街的另一頭，他去買兩罐啤酒，要走十分鐘的路。我在這十分鐘的時間裡，從他口中得知了以下信息：他剛換了一份夜班工作，在公寓大樓做保安，在這之前，他已經在島上一家老年人看護機構工作了十幾年。

「不辭職不行了，快被看護工作逼瘋了，已經到了極限。」他毫不介意對我這個陌生人吐露心聲。我不太意外，糟糕的職場環境是日本各地看護機構共通的現狀，在一個高齡化日趨嚴重的社會，看護人手嚴重不足，工作量巨大，薪水很低，還很難獲得職場尊嚴。偶爾在新聞裡，會看到崩潰的看護人員虐待甚至殺死老年人的殘酷案件。

「福江島的老年人很多嗎？」我問他。

「很多，而且大多子女不在身邊，」他說，「身體好的勉強一個人居住，身體不好的就住進看護機構。」

此人拒絕對我繼續深入工作細節，很快轉換了話題，主動提出次日可以帶我在島上轉一轉，在我謝絕之後，又道，星空也是離島的美景之一，他現在就可以回家開車，帶我去某個著名的星空觀測地標。可惜我腦海裡還有一些關於看護人員殺人事件的陰影揮之不去，不敢貿然前往，在便利商店前與他揮手道別，帶著一些「不知道是保住了性命還是錯過了傾聽離島故事的機會」的掙扎，回到了旅館。

次日中午，我又經過商店街，遇見孤身一人的老人。那個老太太靠在公車站牌後一棟建築的牆上，雙手拎著行李，一隻眼睛被白色紗布層層包裹住。我湊近公車站牌確認時刻表，被她輕輕叫住，客氣地詢問時間。我拿起手機掃了一眼，轉達給她，她鬆了一口氣，更加客氣地連聲道謝。我走到她身旁，感覺她全身上下流露出疲憊的氣息，她感知到我的目光，主動解釋說：站得有點兒久了，腰疼得難受。在一個高齡化嚴重的小島上，人們不能不為這樣的老年人多做考慮，其實在公車站牌下原本設置有兩張長椅，我望向那裡——早晨剛下過一場雨，上面積滿了水。她又跟我多聊了幾句，說自己八十八歲了，一輩子都住在福江島上，不過是在島的另一端。前陣子她在商店街上的一間眼科專門醫院做了個手術，這天早上坐了一個多小時公車來回診，正等著再坐一個小時車回去。她正是那些獨居老人之中的一個。

不久後我們一起搭上那輛公車，車內一如既往，寥寥幾人，看上去和她年紀都差不多。老年人們大多在「五島中央病院站」下車，這一站又湧上來更多的老年人——出於種種原因沒有小型私家車或者不能獨自駕駛的一群人，公車成爲他們的日常「通院車」[4]。乘客數量有限，公車班次更加有限，幾個小時才有一班。財政經費也有限，能看出來車體已經幾十年沒有更新過，椅背上還搭著舊式的白色紗巾，每個座位前裝有伸縮式菸灰缸——它來自一個還能在車廂內自由抽菸的時代。島上的公車，本不將遊客視爲主要受衆，我依靠這種交通方式在島上移動的日子，明顯地遭遇了不便，或是受時刻表所困，或是車站距離目的地甚遠。但在這樣的不便之中，我也有限地體會到了島上老年人生活的一個片段以及許多離島難以解決的現實，在沿途的風景中，仍然察覺到這是一片困境重重的土地。

④ 編註：在日語中，「通院」（つういん）指的是「去醫院看病」或「定期去醫院治療」，這裡的通院車意指老年人往返醫院的車輛。通常當地政府會圍繞主要住宅區和醫院之間開闢一條便於老年人通院的公車線路。

這天我在中途下車，又沿著鄉間小道走了一公里多，到達了我要去的地方，一間島上的網紅料理店：外之間。

我是慕名而來。這間料理店是島上地域振興的代表案例。祖孫三代人在二〇一三年前從大阪遷回老家的小島，六十多歲的母親著手經營這裡，以島上的蔬菜和魚類爲主要食材。曾經在大阪一家大型建築公司工作的女兒，則接下了島上的各類設計工作，店裡開闢出一個角落販賣各種五島土特產，其中一些包裝就是出自她之手……與此同時，外之間還作爲一個交流的據點，爲有意願來到島上的外來者提供移住諮詢、工作和房產情報，在一間料理店之外，又具備了社區功能。我聽說，這些年借由這家店移住到福江島上的外來者，達到近百人。

我在店裡遇到的現任店主桑田就是其中一位。桑田熱情健談，我懷疑沒有人比他更瞭解這個島上外來者的情報。例如我的自行車嚮導 Will，他們很早就認識；例如他只看了我幾眼，就猜中了我住在哪一間飯店，理由是「看起來就是那種氣質」。桑田身上表現出的種種，不可能是在偏僻離島上形成的。他過去在東京爲一家時尚品牌工作，幾年前來到五島旅遊，偶然走進這間店，和店主老太太相談甚歡，之後又每年都來，終於答應了老太太的邀約，移住到島上，接手了店主的工作。桑田到來之後，這間店的風格多少發生了一些變化，例如在晚餐時段提供煎餃，有時候還做煎餃專場，這完全出自他本人對這種食物的熱愛。店內醒目處擺放著書籍，一眼望過去，封皮上盡是「讀餃子」、「餃子愛」之類的字樣。

桑田在離島上的探索，不滿足於一間料理店或是一盤煎餃。商店街附近有一間名叫「sou」的旅店，我向他提起，說我感到好奇。它的風格比我住的飯店更加現代，鋼筋混凝土上爬滿綠植，內觀看上去完全是性冷淡風，冷冰冰沒有一點溫度。我和 Will，作爲兩個從外部世界來到五島的旁觀者，會不約而同地對這個過於現代的旅店產生了質疑：太時尚了，不是想像中應該出現在五島上的那種旅店。我，以一個中國人對日本偏僻島嶼的想像，認爲五島的旅館應該充滿鄉土的體溫與人情；而 Will，以一個美國人對日本偏僻島嶼的想像，說：「倒也不必到京都的旅館那種地步，但木建築才應該更有五島的感覺吧。」

在離島上，怎麼會有一間這樣時尚的旅店？誰願意來到偏僻的島嶼上，還住進一個東京審美的房間？

但是桑田，作爲一名新晉離島島民，擁有與我和 Will 完全不同的視角。「是爲了外國遊客才這麼設計的！」他說。這不是妄測，sou 就是他開的。桑田決定在島上開一間小型旅店，是在五島列島成爲世界遺產後不久，他堅信，這個國際化的標籤必將爲福江島帶來大量海外遊客，可惜不湊巧，飯店剛開業就遭遇疫情，外國人無法進入日本，房間長久地空置著。但桑田絲毫沒有受挫，他仍然對「世界遺產」帶來的連鎖效應心懷期待，等待著島上好時光的到來。他絕不是一個人，而後一段時間，我又遇到了好幾個雨後春筍一般冒頭的嶄新現代建築，在寂靜冷清的小島上暫時處於癱瘓狀態。我因此意識到，日本遠不止一個京都在等待海外遊客歸來。「觀光立國」的國策在推行十五年後已經滲透到各個地方，就連這樣的偏僻小島，也有人寄希望於它成爲另一個京都。事實上，桑田確實在京都也開了一間飯店，名字叫「dou」，和五島上的這間是一個系列，出自同一個東京設計師之手。

來到下五島的目的之一，是我想搞清楚這裡受到東京創業者青睞的理由。從地圖上看，它距離東京最遠，幾乎等同於去北海道。桑田給了我部分答案：「世界遺產」幾個字有一定貢獻。這令我開始好奇它未來會成爲什麼樣子，畢竟，在二〇二二年的春天，「世界遺產」的魔法尚未在這座小島上施展。這段日子，在商店街周遭那些蕭條的喫茶店（日本傳統的咖啡館）和居酒屋裡，我是唯一的外國客人。

商店街後面有一間喫茶店，因爲呈現出老舊、沉寂、帶著生鏽的痕跡，成爲我心中代表著島時間的一個地方。長時間的旅途難免有被雨困住的時候，我是爲了躲避淸晨的暴雨才發現那家喫茶店的，它紅色的磚牆外壁被綠色的常靑藤爬滿，我在店內吃到了老派的草莓奶油蛋糕和苦味濃郁的混合咖啡。店內的一角擺放著一個昭和風情的蛋糕櫃，據說島上很多人過生日時會在這裡訂蛋糕。我剛一進門，店裡的老太太就推著小車出門買菜去了，她年輕的兒子爲我端上蛋糕，也一頭扎進廚房沒再出來，我大概能猜到他在幹嘛：濃郁的咖哩味正從那裡源源不斷飄出來，和深煎混合咖啡豆的香氣混在一起，是標誌性的喫茶店氣味。傳統的喫茶店應該擁有這樣的功能：它要提供最苦的咖啡，供上班族打起精神，也要成爲他們解決三餐的地方，便宜而且吃得飽，咖哩飯和拿坡里義大利麵是首選。在京都的街道上，喫茶店正在被年輕的精品咖啡館逐漸取代。而在這個小島上，現代咖啡風潮尙未襲來，人們還坐在舊時光裡。

我獨自坐在吧台前，把面前的報紙和雜誌翻了個遍。老式的喫茶店有它自己宣傳離島的方式，聲音不必很大，但安靜下來就會留意到。比如這些報紙和雜誌，很多都是基於離島和移住主題的。我讀到一本二〇二二年一月十一日創刊的新雜誌，名字就叫《日本之島》，並且從其中得到了一些可靠數據：以離島的面積來說，新潟縣的佐渡島最大，八百五十五平方公里，人口也最多，超過五萬人；福江島也算是一個大島，面積排在第五，三百二十六平方公里，人口數位居第二，住了三萬三千人……又讀了一份名爲《離島經濟新聞》的免費報紙，不定位爲旅遊，而是專門爲離島住民，尤其是移住人群提供生活指南。上面的內容更加現實，例如，在日本有人居住的離島之中，九成處在人口加速減少的狀況中；又例如，一個四口之家的離島生活，每月開支至少需要三十萬日圓。很多人倡導在離島上過一種簡樸的、斷捨離的、自給自足的、摒棄物質的生活，但實際上很難實現，例如孩子的教育、上醫院看病、汽車的日常保養，仍需要一大筆開支。那篇文章裡說，在今天的離島上，有什麼工作能實現這個收入呢？答案令人莞爾：公務員。

直到我離開，喫茶店也沒有再進來第二個客人。買單的時候，我才終於又見到了店主，也才有機會指著牆上一塊牌子問他：「那是誰寫的？」

「咖啡專門學校的老師。」他說。

「哪裡的咖啡專門學校？」我想，離島上不可能有這樣的學校。

「我也不知道，」他不好意思地笑了笑，「四十年前開店時它就在那裡了。」

我走出門去，老太太剛好推門進來，出門時空空的小車，已經裝滿了各種蔬菜。她熱情地和我道別，招呼我有時間再來。我走在天色明亮起來的雨後，想著四十年的時間，大概也就是她從一個女孩變成老人的時間，又想著那塊牌子上的字，我非常喜歡那句話：咖啡，甘苦與共，人生之味。

我把這句話拍照發給一位京都的友人，友人告訴我，他十幾年前也來過五島進行教堂巡禮，覺得教堂建築眞的很好，但當地也確實在衰退。到處都是荒廢的耕地，人們靠農業不能維持生活，物價也嚴重失衡，尤其是汽車的油價，高得離譜。難怪我這些天看到了許多電動汽車充電處的告示牌。

我於是愈發好奇了：這個島上的農民，如今怎樣生活？

獲得答案的最快方法，就是去他們家裡住一晚。福江島確實有一些有條件的農民在提供此類住宿，作爲增加日常收入的一種手段。我給下五島觀光協會寫了封郵件，表達了我的需求，工作人員在週末後回覆我，要求我塡寫一份電子申請表格，同時確認了我的疫苗接種情況，字裡行間十分客氣：在這樣的非常時期，希望你能理解島民對於外來者有點神經質的緊張心情。

這是島上唯一一間觀光協會，其實我已經無數次路過它。它位於商店街一角，日日緊閉著大門，我也從未見到有人光顧，只能從百葉窗下洩漏出的燈光判斷裡面有人。我不敢貿然闖入，在郵件裡提出要求：想盡可能體驗農業活動。工作人員確認了數日，向我列舉了兩個選項：一、摘野菜；二、餵雞。餵雞算什麼農業活動？我心裡嘀咕，最終還是妥協答應了。又過了幾天，我收到最後一封郵件，告知已經替我安排好富江地區一戶姓「下村」的人家以及我需要到達那裡的具體時間。

對於要去的下村家，我得到的全部信息只有一個地址和一個座機號碼。我試著在網上搜索了一下這個名字，資訊很少，沒有任何人分享過住宿體驗，最後我找到一份二〇一三年出版的《五島農協報》，有一篇關於當地「第十二回農產品加工大賽」的報導，下村家的女主人用一種鯵魚的魚肉加工製品參賽，獲得了「五島振興局長賞」。還有一條公告顯示，二〇一五年，下村家的男主人當選了富江地區的農協理事……看起來，應該是當地條件比較好的家庭。

約定時間的前一天，我撥通了那串座機號碼。一個女人接起電話來，聽過我自我介紹以後，並不告訴我她是誰，只是問我幾點到達，我確定過時間，又問是不是叫車直接到那個地址就行。「司機未必知道，而且五島很多計程車也沒有安裝導航系統，」她猶豫著說，「你就告訴司機，沿著舊富江中學往前，有個 LAWSON。」短短一句話，背後是當地的兩種現實：少子化造成了中學廢校；便利商店是最醒目的地標。

位於福江島南部的富江地區是福江島上最主要的集落之一，但不同於飯店所在的市中心，這一帶在熔岩平原的地形上開闢了很多農田，是農業人口的主要聚居地，據說盛產一種名爲「唐芋」的芋頭品種。次日，從市中心駛出半個小時後，計程車司機把車停在 LAWSON 門前，前面沒有路，我只得又給下村家打個電話，司機接過手機交流了兩分鐘，順利地拐過一處精米處理所，在廣闊的農田中，眞的立著一戶農家。

一位微胖的女人站在院牆前，快步朝著計程車走過來，應該是下村阿姨。

下村阿姨問我的第一句話是：「打車花了多少錢？」我將計程車收據遞到她眼前，她聲調高了幾分：「四千日圓？也太貴了！」畢竟有十五公里呢，我想，比京都便宜多了。我跟著她走進院子，一幢木造的獨棟住宅門前，已經停著四輛車，一輛小型貨車，三輛小型廂型車。

「大家已經喝上了。」下村阿姨徑直將我帶進玄關，拿出一個體溫計，往我額頭上「滴」

了一聲，又指了指櫃子上的消毒酒精瓶子。

「還有別的客人嗎？」我按了一下那個瓶子，裡面是滿的。

「不是什麼客人，」她蹬掉雨鞋，將一雙拖鞋放在我面前，「是大叔的朋友。」

我走進客廳。六疊面積的榻榻米房間中央，放著一張木頭長條桌，三個大叔各自占據一端，東倒西歪的，面前已經放了好幾個空酒瓶子。桌上亂七八糟，幾個盤子裝著切得很粗糙的紅魚刺身，一碗竹筍土佐煮，一碗義大利麵沙拉，一碗芹菜蒟蒻竹筍拌飯，幾乎都已經動過了，看上去並沒有在等我。房間也是一片雜亂，沒有半點兒象徵性待客的意思。年紀最大的一位大叔依牆而坐，見我走進來，緩緩地喝了一口酒，語氣驚異：「你怎麼長得那麼高？」

我瞬間理解了，爲什麼下五島觀光協會的那個人一直向我強調：在農家的民泊，完全不同於民宿，要提前有個認知。此刻，我感覺自己像是無意中闖入了農村大叔們的酒局。他們一貫如此，下午五點捕魚歸來，便開始喝酒，至深夜醉倒，就爬上床睡覺。年紀最大的那位大叔，正是下村大叔。他把幾個生魚片盤子使勁往我面前推了推，說魚是朋友下午剛釣上來的，非常新鮮，強烈要求我多吃一點兒。說實話我很頭疼，作爲一個在中國西南地區長大的山城人，我原本就最怕吃海魚。再加上幾分鐘前我去廚房洗手，看到台子上只剩骨架的魚屍體，一顆碩大的魚頭觸目驚心地橫在那裡。但既然是我主動要求瞭解他們的生活，我想，就要入鄉隨俗，於是努力地將筷子伸向那幾個盤子。幸好下村阿姨遞給我一罐朝日啤酒，我才能強忍著噁心，借酒囫圇咽下一塊塊帶著血絲的魚片。也幸好還有竹筍。這種稱爲「土佐煮」的烹飪方式其實十分簡單，就是用醬油加上味醂簡單煮一煮，在下村家連柴魚片都省去了，但它畢竟是熟食。正值吃筍的季節，下村大叔頗爲得意，說這竹筍也是他早晨親自上山去挖的。

我的到來讓幾個大叔熱情高漲，我似乎是他們完全沒有交集的一種人。他們輪番向我提出問題，我意識到了自己令他們感到不解：爲什麼三十幾歲了還不結婚？爲什麼一個女人在日本四處晃悠？做什麼工作？像這樣到處玩能養得活自己嗎？還有……一個外國人，爲什麼對福江島這樣的農村產生興趣？

「我只關心一個問題，」下村大叔問，「你是用父母的錢在玩嗎？還是用自己的錢在玩？」得知是後者，我又一再強調是「在工作不是玩」之後，他即便沒有完全打消疑慮，語氣也變得溫柔了許多。

我見縫插針地問著問題，大概得知了富江集落同時居住著農民和漁師，住在中間地區的人們從事農業，幾公里之外海岸沿線的人們則從事著漁業。下村大叔和下村阿姨兩人的父親從事的都是漁業，到他們這一代漸漸有些變化。下村大叔六十七歲了，已經是拿養老金的年紀，他還擁有一座祖上傳下來的小山。年輕的時候，下村大叔曾經作爲派遣勞工去加拿大務農，在那裡生活了兩年半，那就是他去過的這顆星球上最遠的地方，也已經是四十年前了。

下村家還有好幾塊稻田，以前會種植稻米販賣，如今夫婦兩人年紀大了，大部分的田地都借給了朋友，只留下兩塊自己種植，供應自家餐桌。島上的水稻收成分爲兩季，第一次是在八月的盂蘭盆節期間，第二次和日本多數地區一樣，在金秋十月。從插秧、收割到精製成白米，全部自己完成。收割是個體力活，需要招呼附近的朋友幫忙，作爲感謝，就送給他們一些精米。

酒喝了一會兒，下村阿姨提出要帶我去看她飼養的雞，我們便穿過後院的幾個蔬菜大棚走向雞舍。這些大面積的塑料棚看起來閒置已久，雜草淹沒了小腿。下村阿姨告訴我，她前些年在棚內種植各種蔬菜，放在島上的商店裡賣，一直持續到三年前。她做了個手術，植入了一塊鋼筋到腿裡，此後只能放棄體力勞動。如今她小規模地栽種著一些番茄或是青椒之類的，只能自給自足，然後就是養了幾十隻雞。下村阿姨養的不是普通的雞，而是我在日本第一次見到的烏骨雞。養烏骨雞是個愛好，她對此引以爲傲。

下村阿姨做完腿部手術之後，下村大叔才回到這個家來。爲了賺錢，他離開下五島當過五年的貨車司機，最遠跑到了北海道，中途一次也沒回來過。直到兩年前，一場大型颱風襲擊福江島，刮飛了下村家的屋頂，下村阿姨實在沒轍，給下村大叔打了個電話，他不分晝夜地開了兩天車，回到家裡，修好了房子，沒有再離開。

「其實這棟房子還是很牢固的，」下村大叔指著嶄新的橫梁，向我炫耀，「這些木頭，全都是從我自己的山上砍的。」對他們來說，建造一棟房子的原材料幾乎是零成本，建造費也基本可以省下來，因爲修建這間屋子的，正是三個大叔中的另外一位：下村阿姨的弟弟，一位木匠師傅。儘管離島上的工作極爲有限，但圍繞衣食住行的基本行業還是很吃得開，這位木匠建造了當地超過一百間房屋。

大叔們喝得更多一些，就開始口齒不清地聊起往事八卦來，夾雜著大量五島方言。我在半懂不懂之中，有限地得知了一些木匠弟弟的故事：他手頭有了錢，便開始沉迷於柏青哥，輸了個精光，一度負債百萬日圓，直到兩年前戒掉。最近欠款終於差不多還清了。在日本各地的農村，由於缺乏娛樂活動，這種小彈子球的賭博遊戲特別受歡迎，一些具備生意頭腦的人，只要開幾間柏青哥店，就能迅速致富，而它帶來的後果，並不輕於其他任何一項賭博，傾家蕩產活不下去的例子比比皆是。

他們即便在喝高了的酒桌上聊起這類話題，也還是帶著一種刻意壓低了聲音的隱祕。後來話題變得愈發深入，比如說附近的工廠曾經來過幾個打工的中國人，經常用各種藉口找木匠蹭飯，但離開時竟然只送了一個用過的打火機作爲禮物，讓木匠長久地耿耿於懷，覺得中國人太吝嗇。這位木匠看起來也有五十多歲了，不知道爲何關於他的八卦總是和金錢糾紛有關，比如說他還遭遇過一個來路不明女人的「仙人跳」，被敲詐了不少錢，最後驚動了警察。還聊到了下村家的孩子。下村家有一個在名古屋工作的兒子，只在正月之類的假期回來，這個家的走廊牆壁上貼滿了兩歲半的孫女照片。下村大叔的身後放著一箱子兩升紙盒裝的月桂冠清酒，一盒新開的酒喝到一半，他就說，其實原本還有一個稍大些的兒子，發生了各種事情，已經不在這個世界了。

這天的酒一如往日喝到深夜，下村大叔最先醉倒，嘟嘟囔囔去睡覺了。木匠弟弟接了個老婆打來的電話，語氣心虛，不久後就被人開車接回去了。我幫下村阿姨收拾完客廳，她將木桌往牆角一推，從裡間拽出來兩床被褥，往地下一扔：「你就睡在這裡吧！」我心中咯噔一下。她又拉開一扇拉門之隔的裡間，指了指那個更雜亂的空間：「這個房間有佛龕，所以我睡這裡。」又催促我趕緊去泡澡。浴室內覆蓋著一層薄薄的灰，浴缸裡剩下下村大叔泡過的一缸洗澡水。我放棄了泡澡，飛快地淋了個浴，心想只能硬著頭皮在客廳撐一晚——我沒有料到下五島會是這樣，幾年前我在奈良的明日香村也有過民泊經驗，那裡一整套流程十分觀光化，服務也無微不至。其實下五島的民泊費用和明日香村差不多，九千日圓，包含住宿和早晚兩餐，但下村家幾乎沒有待客之道，就連睡覺的地方，也似乎是匆忙湊合出來的。我懷疑下村家也許是第一次接待遊客，但有一些東西似乎又是專門爲外人打造，比如一個和這棟房子格格不入的超大洗臉台。這個晚上，半夜下起了暴雨，木造房子隔音不好，雨聲夾雜著從走廊另一頭房間傳來的下村大叔高低起伏的呼嚕聲，響徹整夜。我在疑惑與忐忑之中，睜眼聽到了天明。

我聽見下村阿姨五點就起床了，她從裡間走出來，躡手躡腳地繞開我，走進浴室，又走到廚房裡去。片刻，下村大叔也起來了，拉開玄關門，走到外面去了。大約又過了一個小時，下村阿姨才再度走進來，大聲催促我：「快去撿雞蛋！你不是要吃生雞蛋拌飯嗎？雞已經在哇哇哇叫了！」前一晚臨睡前，她特意來問我：「早餐要吃米飯還是麵包？」並且表示家裡還有即溶咖啡。我因爲見過了雞舍，又還從來沒吃過烏骨雞蛋，便表示想吃生雞蛋拌飯，她高興極了：

「這個最簡單！」我草草刷牙洗臉，從下村阿姨手裡接過塑料籃子，跑到雞舍撿回六個雞蛋。從蔬菜大棚出來遇到下村大叔，又在他的指導下，摘了兩朵香菇。

烏骨雞蛋比一般的雞蛋個頭更小，我還是第一次把尚存餘溫的雞蛋打在米飯上，微微腥味在空氣中散開來。下村阿姨遞給我一瓶醬油，也是我第一次見到的透明無色醬油。她連同醬油的宣傳單一併遞給我，上面寫著：這是一種專門爲生雞蛋拌飯開發的醬油，售價一千日圓。她當然捨不得買那麼貴的醬油，這是兒媳婦正月回來時特意買給她的禮物。

生雞蛋拌飯還沒吃完，下村大叔便催促著我出門，他要帶我上山挖竹筍，這也是我們前一晚商量好的事情。坐上那輛白色小貨車之前，他對我的著裝提出了異議，認爲穿著牛仔褲和球鞋上山很不靠譜，扔給我一套藍色作業服和一雙長筒雨鞋，似乎在沉默地告誡我：「做好幹體力活的準備吧！」

下村家的小貨車先去集落裡的另一戶人家，接上了下村大叔日常一起挖竹筍的夥伴，然後才一路拐進了山裡，在一側緊挨山壁、一側面臨深淵、也僅僅只能容納一輛小貨車的彎繞泥土路上轉來轉去，一個小時後，終於停了下來。兩位大叔跳下車，每人拖著一條麻袋，便往山上攀登去，看起來沒有什麼入口，只是選了個熟悉的位置，也不用交入山費。這座山屬於兩人的另一位朋友，彼此之間早就默認了此種做法，連事先的招呼都不用打。我從下村大叔那裡得到了勞動工具：一把簡陋的鋤頭。跟在他身後大約走了七八分鐘，就進入了茂密的竹林，林間果然點布著冒出頭來的粗壯竹筍，他掄起鋤頭，三兩下就挖出一個來，坐在地上剝光了外殼，直至剩下潔白的筍肉，這才扔進麻袋。

「看明白了吧？」他轉頭對我說，又指了指不遠處，「那裡有一個，你去挖過來！」

在挖竹筍這件事上，我沒有任何經驗，起初幾鋤頭下去就中途腰斬了。下村大叔對殘次品感到不滿，又向我示意了幾個角度，我漸漸也能挖出完整的來了。後來我倆建立起配合默契，我負責挖筍，他負責跟在身後剝筍殼，只是這項勞動比想像中更耗費體力，竹筍裝了半條麻袋我就挖不動了，重新換下村大叔上陣，我跟在他身後拍照。兩個年齡超過六十五歲的大叔，體力比我好多了，在林間走得飛快，鋤頭掄得穩準狠，直到兩人的麻袋都裝得滿滿的，才終於停下來歇了口氣，轉身走下山去。

「這一袋有多重啊？」我氣喘吁吁地跟在下村大叔身後。

「二十公斤，」他說，每次進山，都要挖足這個分量，又笑我，「你們這些城市裡的人啊，只知道誇竹筍好吃，哪裡知道後面的辛苦。」數不清這是下村大叔在這個春天的第幾次進山，他計劃過幾天來最後一次，再之後挖竹筍的季節就過去了。其實竹林中已經有許多高高探出頭來的，因爲長過了頭，不宜再食用。它們具有超乎尋常的生長力，下村大叔說，明年這個時候，這些竹筍就都會長成小小的竹林。

下村大叔的一條處世之道，是挖到的竹筍要分給朋友。回程的路上，他沒有直接回家，而是在集落裡兜兜轉轉，在一些人家門口探頭看一眼，院子空空的，就知道沒人在家，院子停著車的，就下車撿幾個竹筍送進去，再拎著一些回禮歸來。下村大叔的小貨車上很少出現新鮮面孔，因此每到一戶人家，都要炫耀地、興致勃勃地把我向對方介紹一次。這些人都是他交往了三四十年的朋友和親戚，年輕時從事著農業、建築、伐木之類的工作，日子一成不變，如今都是老人了，突然闖進來像我這樣對他們的生活感興趣的年輕人，令他們感到新鮮。送竹筍活動持續了很久，最後我們經過一片菜園，有位直不起腰來的老太太正在地裡幹活，下村大叔也跳下車去，塞了幾個在她手裡。「這個人是個好人吧？懂人情而且溫柔。」老太太指著下村大叔對我說。

終於回到家，下村大叔沒有停歇，又在院子生起柴火來。一個簡陋鐵桶爐，架上一口超大的鐵鍋，待到開水沸騰，就將麻袋裡大半竹筍扔進去，煮一個小時，再撈出來，用冷水洗淨，以鹽醃製，最後放進冰箱，成為一整年的存糧。這是當地人最常見的竹筍食用方式。剩下的一小半，要趁著新鮮吃，例如前一晚我吃的土佐煮，或者更簡單，切成片，就是竹筍刺身。

早上九點，我坐在玄關前，在下村阿姨的命令下切了一整盆青菜，作為這天的雞飼料。而後就長久地注視著忙碌的下村大叔，聽著劈里啪啦的柴火燃燒聲。下五島天氣晴朗，我覺得心情很好。這樣悠閒的心情沒有持續多久，下村大叔很快忙完了，又走過去發動小貨車，遠遠地對我高喊：「去山裡了！快點！」

我再次套上作業服和雨鞋，跳上了下村大叔的小貨車。這一次，我見到了下村家的一些私人財產：兩片稻田，前一週剛插上秧，眼下一片綠油油的，生機勃勃。稻田之上就是下村大叔的山。在日本，很多山林屬於私人所有，且可以自由出售。我曾在京都的一間居酒屋，聽聞店主準備買一座山，價格只要五百萬日圓，我好奇要買一座山來幹什麼，「就是玩一玩」，那位店主說。不過，很少有人跑到下五島這麼偏僻的島上來買山。

我很想知道這些代代相傳的山林還有什麼用途，下村大叔給了我一種可能。他帶著我走進山腹，我抱著一個竹筐，他提著一把鐮刀，然後割起野菜來。我認識了一些從未見過的野菜，款冬、山菊或是野芹菜，裝滿了好幾個竹筐，木耳還要再過兩三天才會成熟，水芹不在山裡，我們在稻田旁邊的水溝裡又收割了兩筐。原來這就是靠山吃山，我想。等到秋天，下村大叔說，還能撿栗子。

負責採摘野菜的是下村大叔，我只是抱著竹筐在一旁觀摩，卻也被太陽曬出了一身汗。原來就連這種事也需要一定的體力。我問他：「兒子回來的時候，也會跟你一起嗎？」

「他對此毫無興趣，也就是偶爾在山裡玩一玩。」下村大叔說。從島上走出去的年輕人很少再回來，如今兒子已經在城市裡扎根，這座山毫無未來可言。

最後我當然又跟著下村大叔去送了一次菜，漸漸體會到這是一種約定俗成的「島人情」：當地人還在過著一種物物交換的原始生活。漁師將新鮮的魚送給從事農業的朋友，農民則用稻米和蔬菜贈予漁業的朋友。在下村家的餐桌上，由始至終沒有出現過豬肉或是牛肉。因為養了雞，雞蛋倒是每天都有。除了一些基本的調味料，或者，更多的是酒，下村阿姨幾乎不去超市購物。

但這種物物交換的做法不能產生經濟價值。下村夫婦每月各自能領到一筆養老金，在日本，農業人口的養老金與公務員和大企業的員工不能相比，他們即便在退休之後，仍要再做一些其他工作，才能維持基本生活。很少有人選擇繼續從事農業活動，最大原因是年紀大了體力下降，其次是現代社會有遠比農業更賺錢的事情。接待外來遊客即是手段之一。下村家是這個地區最早做民泊的家庭，始於一個偶然機會，明治大學有位教授帶著學生在下村家住了幾晚，自此開啓了長達八年的民泊事業。據說當時的學生中還有一位打進了甲子園大賽，在下村家留下了一個簽名的棒球作爲禮物，擺放在電視機前的醒目位置。但民泊帶來的收入並不穩定，因爲疫情還暫停了一陣子。我是兩年來的第一位客人，連體溫計都是新買的。我突然想通了：爲什麼做了八年民泊的下村家，只能勉強將我安排在客廳睡覺，原來是因爲之前下村大叔都不住在這個家裡。下村大叔回來後，找到了穩定收入的另一種來源，他專程帶我去看了他的一台小型起重機，這是他最親密的工作夥伴。島上經常有施工和建築工程，有了這台機器，他便不愁沒有工作。

回去的路上，下村大叔把車窗搖下來，和煦的春風溫柔地灌進來，讓剛剛出過一身汗的人感到尤爲舒服。他在車上又緩緩點起一根菸來，這是在偏僻之地的好處，沒人會禁止你在車內抽菸。農村的男人們身處這樣的日常之中，每天抽一包菸、喝一升酒，是常見的生活方式。我委婉地詢問下村大叔：爲了身體考慮，不嘗試戒菸嗎？

「爲什麼要戒菸？」他說，「這麼短暫的人生，剩下的時間更短。要盡情！」

「那還有什麼其他人生願望嗎？」

「還想再去一次加拿大，」他說，又搖搖頭，「沒可能了，沒錢。」

「拜託兒子看看呢？」

「兒子更沒錢！」

這就是下村大叔留給我的最後一句話。回家獨自吃過飯，幾個朋友找上門來，他們便一起出海捕魚了。他原本也想帶我一起出海，但我的行程在中午就將結束。下村阿姨也給我準備了午餐，昨晚那個血腥的魚頭，變成了一盆碩大的醬油煮魚頭放在我眼前，面目猙獰地與我對峙著。我確信我會永遠記得它，它成爲我人生中吃得最艱難的一頓午餐，而且我竟然眞的鼓起勇氣吃光了它。

下村阿姨覺得計程車費太貴，主動提出要開車送我回飯店。在那之前，我們繞到了集落裡一間門口轉動著紅藍白燈牌的理髮店，她請我喝了一杯店裡提供的即溶咖啡。經營理髮店的母女，是下村阿姨在這個小島上最好的朋友。女兒是這個地區民泊事業的統籌人，就是她安排我住到下村阿姨家，原因聽起來十分好笑，據她說，得知我想要體驗農業活動，她立刻就想到了烏骨雞。這個女人長得很好看，看不出已經四十七歲的年紀，她告訴我，她的父親從前在沖繩工作，退伍後就回到了故鄉下五島，她出生在島上，年輕時也曾離開，在大阪工作過，但二十歲那年就回來和當地一位高中同學結了婚。這段婚姻只維持了兩年，離婚後她便獨自一人撫養著兒子。命運給她在每一個關口安排了路障，二十幾歲的兒子如今待在大阪一間身障人士收容機構，生活不太能自理。前陣子她接他回家住了一段時間，一個人開車去的，往返一千四百公里。這間理髮店最早由她的外婆創辦，她一開始不想接手，但後來想到哪裡還有比自家的理髮店更穩定的工作呢？只要集落還有人，就永遠不會失業。但其實這一帶的居民愈來愈少，她還要再做一些副業才能保證收入，她幫忙安排民泊的人家，又考取了護理師資格證——就算人生的路障接二連三，也總能靠著勤勞活下去，她很樸素地想。

理髮店的女人送給我一個她親手製作的月餅，她非常迷戀這種中國點心，在網上搜到食譜，做了一冰箱冷藏起來。而下村阿姨則十分欣喜地與她分享了一個對我的觀察：「她吃了好多魚！起初我還擔心她吃不慣，結果沒想到有這麼愛吃魚的人！」

也許我在吃魚這件事上付出的努力，深深博得了下村阿姨的歡心，所以她願意把我帶到她的祕密基地來。這間理髮店是她日常生活中的重要存在，儘管提供的只是即溶咖啡，對她來說卻是日常生活中僅有的能夠喘一口氣的地方。後來，在送我回飯店的車上，她對我說起她的人生，說父母很早就去世了，理髮店的母女讓她有家人的感覺。又說她每個月能拿到六萬日圓退休金，這是農業人口的平均數字，按照規定每兩個月領一次。她還要一週去一次養老院打工，從下午六點工作到次日早晨九點，照料十幾個老人，每個月能得到五萬日圓收入。兩份錢加在一起才勉強算是夠了，還能給島外的孫女每個月一萬日圓的零花錢。「女人必須擁有自己的收入」，她說下村大叔去年掙了四百萬日圓，算得上是一大筆錢了，但那終歸是丈夫的錢，不是她自己的，她堅持要工作。

這些天我接觸到的下村大叔，像所有典型的日本男人一樣，愛面子、話不多，不喝酒的時候多在沉默，在出海之前甚至沒有與我告別。也許他有藏在內裡的一面，如那位收到竹筍的老太太所說，是個溫柔的人。他在山上默默跟在身後撿起被我不小心遺忘的鋤頭，出門時在副駕駛的車門上放一瓶冷藏過的瓶裝茶，在滿頭大汗的時候提醒我喝。但和這樣的男人的婚姻可能不太會幸福，我想，下村阿姨對我得到一瓶茶很意外，就像看見下村大叔做了一件千年不遇的事情——他的體貼非常偶然，是只屬於一些外來者享受的特優待遇，不提供給家人，特別是結婚幾十年的妻子。

下村阿姨面對的是這樣一個丈夫：一出門便五年不歸，家裡的大小事務都由她獨自解決，要掙錢維持生計，就連手術也是一個人做的。這樣的丈夫終於回來以後，家裡突然多了很多閒雜人等，每天晚上跑來喝酒，她要準備飯菜，常常在深夜被差遣去便利商店買啤酒……忍耐到了極限，她漸漸學會發火，把醉鬼們統統轟回去，但依照這位丈夫的性格，沒幾天又會招攬一堆人來。她做的一切在周圍的人看來是一個妻子理所應當的事。丈夫每天回到家裡，坐下來就吃飯，喝醉了就去睡，他能夠瞭解她什麼呢？連單獨交談的時間都沒有。前一個晚上，她從電視機旁拿出一盒手工折疊的紙鶴給我看，說是手術之後一個人躺在病床上，爲了轉移對疼痛的注意力疊的。而下村大叔，短暫地瞥了一眼那個盒子，嘟囔了兩句：「我們家還有這樣的東西？

第一次見。」於是，儘管在酒桌上下村大叔無數次向我灌輸「你要早點兒結婚，女人有了男人才完整存在於這個世界上」，下村阿姨還是在只剩我們兩人的時候，喃喃地對我說：「我覺得一個人比較好。」她對我提起她的一個女性親戚，五十幾歲還是單身，如今一個人生活在大阪，看起來挺好的——她不只是在說起那個人，更像是在說起自己錯過的人生，一些永遠失去了的可能性。

「世界遺產」這幾個字和下五島的農民發生關係了嗎？至少在下村家暫時還沒有。下村阿姨一次也沒有對我提起這四個字，那些教堂她一間也沒去過，那段歷史背後存在什麼意義，她從來沒有思考過。她的人生裡思考不過來的事情已經夠多了。

下村阿姨把我送到飯店，那間據說在東京都很著名的飯店，她找了很久才找到。她可能都沒有住過飯店。在我辦理入住手續的時候，她主動問前台人員：「登記了之後，我還能再帶她出門嗎？」在下五島，一些人和另一些人的生活是割裂的。

下村阿姨還想帶我回家吃晚飯，我因為次日一早要乘船離開，抱歉地感謝了她的好意。她又邀約我盂蘭盆節來一起收割稻米，剛收穫的稻米當場用精米機加工，晚上就能吃到新米煮的飯。「你來，吃最好吃的米，想住幾天都行。」她說，又提醒我，到時候就不要通過觀光協會了，那裡會抽成一大筆錢，不如直接給她打電話。

我再也沒有給下村阿姨打過電話。那些帶著血絲的生魚片，農村大叔們的酒桌以及他們對於一個不結婚女性的質疑，還有鋪滿灰塵的浴室和隔音不好的客廳地鋪，都讓我很難鼓起勇氣體驗第二次。但這些我並非眞的不能面對。我心裡很清楚，我眞正害怕的，是下村阿姨對我說起她作爲一個女人的命運。

「我想掙屬於自己的錢，至少能自己買一條自己喜歡的褲子。我還想爲自己再存一些養老錢。」她說她用一生得出了結論，「夫婦的本質是外人。」

她說起這些的時候，我一句話也說不上來。

4

我是在一個名叫「『潛伏基督徒物語』縱斷周遊觀光船」的當地旅行團裡遇見古賀先生的。這個一日行程把福江島北邊的久賀島、奈留島和若松島上幾處世界遺產地標作爲目的地，在島和島之間租賃了單獨的「海上計程車」專門往來，上岸之後各地都有小型廂型車接駁。從早上九點到下午五點，就能快速參觀完五個世界遺產──若我自行前往，恐怕要花上兩三天時間。

古賀先生是這個行程的導遊。他的出現，像所有同行那樣，從自我介紹開始：他原本也是島外人，年輕時在東京、京都和北海道生活過，三十年前移住到福江島，隨妻子回到老家。他說三十年前的福江島物資匱乏，和今天完全是天壤之別。爲了佐證這一事實，他手舞足蹈地說了一個小故事，從熟練的語氣和表情來看，應該是常常說起。

「我剛一來到島上，就跑到壽司店去了，心中滿懷期待：在海島上，一定能吃到數不清種類的新鮮生魚！在店裡坐下，點了個壽司拼盤，端上來卻只有兩種：鯛魚和鰤魚。我以爲搞錯了，把壽司師傅叫過來，說我點的是個拼盤，師傅理直氣壯，說這就是拼盤。」原來在當時，五島近海只能捕撈到這兩種魚，因為正值當季的緣故，確實新鮮美味，但每個季節最多也就只能吃到兩種魚。如今大不一樣了，古賀先生說，壽司店通常提供五種類或七種類的拼盤，除了島上不同季節捕撈的時令魚，隨著物流和冷凍技術的進步，一些五島海域沒有的魚類也出現了。他毫不留情地點評著我在居酒屋吃到的刺身拼盤：「鮭魚和鮭魚卵，冷凍的外來品種；魷魚和章魚，外來的冷凍品種；海膽，外來的冷凍品種……」但無論如何，外來品種的入侵側面印證了五島生活變得愈來愈便利。島上先是有了大型超市，然後是連鎖便利商店，接著亞馬遜網購也流行起來。從前他受不了長崎的刺身醬油，覺得齁甜[5]，總是拜託關東的朋友幫忙購買和郵寄鹹味偏重的另一種。如今亞馬遜取代了朋友，隨時到達，不收運費。這個島上具備了縮略版的都市機能，雖然有限，但基本設施完善：學校、醫院和購物中心都有了，日常的生活就不成問題，一個人就能夠在這裡度過一生。如果非要買些島上沒有的東西，便每個月去一次長崎市。從前四五個小時的船程，如今已縮短到一個半小時。

⑤ 編註：齁甜，中國北方方言，意指非常甜、甜過頭。

但是五島眞正的好，不在於便利。古賀先生說，比起從前居住的東京和京都，他本人無疑更喜歡在福江島上的生活。他向我列舉了三點原因：沒有壓力，空氣很好，自然豐裕。「在五島上，不管你在哪裡深呼吸，空氣都很美味。」離島上的人們喜歡用「美味」來形容空氣，這個詞也是古賀先生對五島空氣的唯一結論，彷彿他眞的在一呼一吸之間，認眞享用過後，才任由它們進入體內。作爲一個導遊，他的定期觀光行程之一是帶遊客去爬島上那座名叫「鬼岳」的活火山。在山上他有一個得意舉動，就是對那些來自島外的人們說：「來，在這裡使勁深呼吸吧！都市渾濁的空氣充斥著你們的肺，就在這裡全部吐出來，用五島新鮮乾淨的空氣替換它們。」

在從事這類導遊工作時，出於一種日本人對時間的按部就班，古賀先生需要不時抬起手錶確認出發和到達時間。在離島上，颱風、海浪和壞天氣都來得很隨機，行程臨時被取消或是回到本島的船停運，是每年會發生好幾次的正常現象，這時有些客人會對他發脾氣，說自己不在某個「死線」前趕回去可不行，會耽誤工作，然後埋怨五島人不遵守時間。在離島生活了四十年之後，古賀先生身處這樣的場景時難免覺得有點好笑：他們在對不可控的自然發脾氣嗎？同時他又慶幸：都市人對時間可眞是焦慮啊，還好自己來到了島上。在日常生活中，東京人朝夕相處的是分秒無差的電車時刻表，人們追著時間走，也被時間追著走；而五島人隨時要應對的是無常的自然，自然隨時在變化，不斷打破時間表，因此就沒有嚴格制定計畫的必要。因此，除了在做導遊工作時，古賀先生從不看錶，時間對他沒有意義。不如說整個五島人對時間都很淡漠，如果他們約定在下午五點見面，大概率不是要在五點到達碰頭地點，而是五點才要準備出門。

我跟隨古賀先生去的第一站即是奧浦灣北面的久賀島。從福江港出發，航程大約二十分鐘，船在久賀島的港口靠岸後，還要換乘陸地交通工具，小型廂型車從柏油馬路行駛至山道，最後停在山間高處，往後道路變窄，汽車不能通行，需要步行前往山下的海邊教堂。如此艱難的地形，對兩百多年前的人們來說，更是經過長途跋涉才能抵達的目的地。也正因如此，「潛伏基督徒」這一詞，才眞正具備了它「潛伏」的意味：爲了不被外人發現，他們有意居住在這樣不能輕易到達的地方。

我留意到，古賀先生說起那一段歷史時，最高頻出現的一個詞是「殘酷」。他並非專業歷史研究者出身，手裡全程拿著厚厚一疊資料，不斷地翻閱確認著。他直到退休後才開始了這份導遊工作，爲此學習了五島世界遺產的相關歷史知識。這之前的二十幾年，「潛伏基督徒」與古賀先生的生活毫無交集，他對此一無所知。

基督教傳入日本是在十六世紀，其背景是大航海時代的全球擴張。一五四九年，有位西班牙傳教士第一次把基督教帶到了戰國時代的日本。此後，基督教在這片土地上經過織田信長時代的蓬勃發展、豐臣秀吉時代的逐步鎮壓，一直到德川家康的江戶幕府頒布禁教令，此後被圍剿長達兩百五十年，要到兩個世紀後的明治六年，也就是一八七三年，官方才宣布解禁。

禁教令時期的日本，爲了躲避官方的搜查，基督徒們不得不隱藏身分，僞裝成佛教徒生活。在長崎縣，他們之中的一些從本島逃向五島列島，偷偷生活在這些更爲隱蔽的離島上。漂浮在上五島與下五島之間的久賀島就是其中一個聚居地。

如今，儘管整座久賀島都被認定爲世界遺產，但大多數人來到這裡只是爲了看一間海邊教堂：舊五輪教堂。它是五島列島上現存五十多座教堂中最古老的之一，在長崎縣內的歷史僅次於長崎市的大浦天主教堂。舊五輪教堂的前身是久賀島上建造於一八八一年的濱脅教堂，一九三一年，木造的濱脅教堂被改建爲鋼筋混凝土材質的現代教堂，舊教堂在解體時得到了當地佛教徒的保護，將拆卸的材料運送到海邊的五輪地區，又變成這間融合了東西風情的舊五輪教堂。

據說舊五輪教堂與衆不同的樣式，在衆多紅磚牆教堂中顯得尤爲突出，是珍貴的日本教堂遺產，然而出現在我眼前的，只是一間樸素的海邊小木屋，斑駁地、靜寂地、與世無爭地矗立在一個海邊溫煦的春日午後。海岸上曾經家屋林立的這個集落裡，常住人口日漸稀疏，如今只剩下兩戶人家。事實上，整個久賀島上，加起來總共也只有三百位住民。

在舊五輪教堂裡，我如約與永松再次相見。這裡就是他工作的場所。在分開的幾天內，我已經知道了全名「永松翼」的他在當地是個小有名氣的人，許多雜誌和電視節目都採訪過他，我在 YouTube 上看了其中一個，標題是「世界遺產的島嶼上年輕的教會守」。這個節目記錄了他一天的生活：早上七點，離開福江島上的出租屋，自駕到港口，換乘船到久賀島，他搞到一輛二手摩托車，下船後先是沿海騎行二十分鐘，然後一轉彎登上山路，最後沿著我們走的那條山間小道步行十分鐘，才能抵達工作場所。水陸交通都用上了，還要依靠雙腿，走進教堂是在早上八點半。過去屬於潛伏基督徒的生活道路，如今是教會守永松的通勤路。這是一條完全不同於城市上班族的通勤路，我猜測著，當他初來乍到，沿山道而下，穿越森林，眼前突然出現一座古老的教堂矗立於海邊，內心是不是感動的？

「你眞的來了！」永松悄悄走到我身邊，低聲打了個招呼，然後便站到人群前，介紹起這間教堂的歷史來了。這是他的日常工作，旺季的時候，同樣的一段解說，每天要說上十來次。淡季沒有參觀者，他就待在教堂旁的一間臨時辦公室，只有四疊半的小屋擺滿了他的學習書籍和參考資料，以及簡陋的毛毯和幾桶泡麵——後者是應急物資，以防突然到來的颱風和壞天氣將他困在島上。每天中午過後，附近幾位潛伏基督徒的後代會來到這裡，和永松一起打掃教堂，他不會放過任何一個和他們聊天的機會，對他正在進行的研究來說，這些是不可多得的人，是他最好的老師。在只有三百人的久賀島上，如今只剩下一個和永松同齡的年輕人，其餘全是被留下的老年人。年輕的永松彷彿外界注入老人們生活的一股新鮮活力，他主動跑去參加高齡者運動會，定期到一些人家裡做客，當島上遭遇颱風時，積極參與各種修復工作……無論多少，他確實慰藉了一些此地老人的寂寞。

舊五輪教堂是五島列島上唯一設置有「教會守」這個職位的教堂，由於不再作爲日常祈禱使用，室內撤去了椅子，空蕩蕩的。它也得以成爲列島上唯一一間允許室內拍照的世界遺產教堂。永松同時也看到，當它成爲世界遺產之後，有一些問題正在變得複雜：例如受到颱風損害需要修復，不能由教會守直接進行這一工作，而是必須上報到市裡，由相關部門制定經費預算表，確定由市、縣和國家分別具體承擔多少比例的金額——修復文化財產的經費來自國民稅金，必須小心謹慎地判斷——這注定了它是一個複雜而繁瑣的過程，經過層層審批之後，眞正動工也許要到幾年後了。

同行者紛紛離開，永松站在教堂的中央和我說起這些話。我也很快要與他告別，前往下一程了。

「你那天問我這間教堂是不是很美，如你此刻所見。」他說。

我說，天晴了，透過窗戶看到的中午的海最美。

他於是走過去，推開兩扇面朝大海的窗戶：「那就看得再清楚一點吧！」經年的木造窗戶發出「吱啦」的聲響，藍色的天空和更加蔚藍的海水湧了進來，我意識到：在經過了一個多世紀的褪色時間裡，唯有大海嶄新如昨。我原本計劃詢問永松終日獨自待在這樣無人的地方會不會感到寂寞，這時候也覺得不必再問了。

從久賀島搭乘海上計程車繼續前往的，是在北邊大約十分鐘船程的奈留島。因爲島嶼形狀酷似一塊生薑，古賀先生執意向遊客介紹它是「生薑之島」。從地圖上來看，這個小島恰好位於五島列島的正中央。和久賀島一樣，島上最初的潛伏基督徒也來自長崎縣外海地區，他們與原住民分而居之，在沿海地帶形成了獨自的集落。一九五四年出版的《昭和時代的潛伏基督徒》（昭和時代の潜伏キリシタン）一書指出：「無論潛伏基督徒的密度還是數量，奈留島都是五島列島中的第一大島。」按照書中記載，二戰後，島上超過一半的人，都屬於潛伏基督徒。

潛伏基督徒在一九一八年建造了一座「江上天主教堂」，資金來自當時島上的近五十戶漁師之家，據說是他們捕獵銀帶鯡所得的全部收入。這座建造在防風林中的木造教堂出自日本最著名的教堂建築師鐵川與助之手，奶油色的牆壁、水藍色的窗戶、樸素的鏤空十字架雕刻，處處流露出一種可愛，和他的其他那些大氣穩重的作品不同。儘管這麼做的主要原因是資金不足，卻意外使這座教堂得到了最多參觀者的喜愛，認爲它的外觀像童話裡的小木屋一般。但古賀先生說，江上天主教堂最大的建築價值不在於此，而在於考慮到島上地形容易積水、濕度很大，刻意將樓板墊高了一層。這種在日本寺院中常見的「高床式」建築法，運用到教堂建築中，日本僅此一例。

跟著古賀先生參觀下五島的教堂時，他對我提及了很多次鐵川與助的名字。這個出生在上五島官府御用木匠世家的男人，在二十二歲時受到前來鄰村修建教堂的法國神父影響，成了最早探索日本教堂建築的日本人。他一生總共建造了三十多間教堂，其中五間在今天已經被指定爲日本重要文化財產。在鐵川的衆多事跡中，有一個事實令古賀先生感到最不可思議：他明明是一個佛教徒，卻建造了那麼多教堂！

巧合的是，我在五島列島旅行的這年夏天，鐵川的孫女出版了一本講述爺爺生平故事的書[6]。我在書中讀到，鐵川經常提及最感動自己的一件事，是某間教堂的人們在向自己支付報酬時，使用的全都是一元的紙幣，不難看出是一張一張攢起來的。鐵川就是從一件又一件這樣的小事中，用人類理解人類的角度，用理解苦難和自由的角度，去理解隱忍生存的弱者，理解建造教堂這份工作。晚年的鐵川搬到了長崎居住，他最後一次來到五島，是在去世的前一年。看到當地的教徒們居住在乾淨明亮的家屋中，他表現得十分開心——他這一生因爲工作接觸的人們，總是把教堂放在首位，優先於自己的家。鐵川用一生來修建教堂，是爲這些經歷了苦難的人們建造一個對他們來說最重要的空間，這是他的職業態度，無關個人宗教信仰。

⑥ 編註：《教会建築家・鉄川与助の生涯 同居の孫が見た素顔》（海鳥社，二〇二二）。

僅從江上天主教堂旁邊閉校的小學就可以看出，奈留島的人口現狀同樣不容樂觀。上世紀六〇年代居住著超過九千人的島嶼，到了二〇一九年銳減到兩千餘人，少子化更是嚴重，以至於小學和中學終於合併為一所，如今是「五島市立奈留小中學校」。島上唯一的高中「長崎縣立奈留高等學校」，當地人稱它為「奈留高中」。一個幾十年來被島民津津樂道的故事，就和這所學校有些淵源。

在奈留島漁村集落的沿海道路上，古賀先生在車裡放起一首歌，但凡聽過日本流行音樂的人都會很熟悉它。而關於這首從少女時代就摯愛的歌曲，我是到了偏僻的離島上才聽說了它背後的故事：一九七四年，奈留高中某位女生在電台聽到了一位剛走紅女歌手主持的節目，便給電台寫了封信，表示自己的學校還沒有校歌，能不能請女歌手創作一首？原本只是抱著試試看的態度，沒想到女歌手真的寄來一首歌。即便她一次也沒來過五島，也在歌詞裡想像了一個遙遠的海島以及發生在島上的離別與想念。這首歌後來因為「不符合校歌規範」而未被校方採用，不久後卻意外在電視上走紅，再後來，女歌手結了婚，將名字從荒井由實改為松任谷由實，成了國民歌姬，她創作的這首〈閉上雙眼〉（瞳を閉じて），至今仍是 KTV 百唱不衰的流行金曲。一首不符合校歌規範的歌曲，如今成為這個小島上僅次於世界遺產的宣傳噱頭，近半個世紀來始終是島民們的熱唱金曲：在歡迎島外的老師和醫生前來赴任、又在三五年後再送他們離開時，在舉行入學式、畢業典禮和運動會時，在舉行結婚典禮時……人們一次又一次唱起：

已赴遠方的朋友啊
為了再一次把波濤聲傳送給你
現在
閉上雙眼吧

一九八八年，奈留高中在校園裡建造了一塊刻著歌詞的石碑，古賀先生從他厚厚的資料夾翻出一頁來，上面的照片是松任谷由實來到島上參加揭幕式，和奈留高中的學生們一起合唱的場景。

這天與我一起來到奈留島的同行者，沒有一位不會哼唱這首歌的。中午我們在島上一家老鋪料理店吃午飯，我稍微瞭解到對「潛伏基督徒物語」感興趣的都是什麼人：一對來島上住兩天的夫婦，他們偶然在網上看到一個便宜的機票飯店套餐，才動了心思來下五島；一位來自福岡的年輕女孩，幾年前總是周遊世界，由於疫情不能出國，才想起來看看這個日本的未知之地；一位來自栃木縣的中年女人，她連連向我感嘆五島的民風實在親切，說自己在上島的船上偶遇了一位島民，對方後來整天駕車帶她巡迴教堂，還邀請她去自家吃了頓早餐。我問她爲何對五島產生興趣，「這麼說可能有點兒不合適，」她說，「過去的許多年，我一直忙於看護我的父母和丈夫的父母，這兩年他們相繼去世，我終於得到自己出門旅遊的時間了。」爲了照顧老家的父母，這些年她一直往返於栃木縣和北海道之間，攢下了不少航空公司的哩程，這次來到下五島，是用哩程兌換的免費機票。她對五島的旅程興致勃勃，只有一個瞬間，才對我流露出一點點傷感。當時我們一起坐在海上計程車的甲板上，四月的海風把人吹得淩亂，她在風中一字一句地對我說：「我的母親從前在北海道一個小島上從事觀光業工作，她離開之後，我開始想瞭解島。」

海上計程車飛馳在奈留島北邊的海面上，此地屬於另一個名叫若松島的島嶼領地，入選世界遺產的是一處「潛伏基督徒洞窟」。若不參加旅行團，另一個參觀它的方式是租賃島上一些旅館經營的觀光船。日本從進入明治時期到宣布解除禁教令，其間經歷了六年時間，在這六年裡，明治政府延續著江戶幕府的做法，通過檢舉、關押與拷問等手段對基督徒進行嚴酷鎮壓。這一時期發生在五島的大規模檢舉和迫害活動，後來被稱爲「五島崩塌」。久賀島上有一處當時用來拷問基督徒的牢屋，不到二十平方公尺的空間硬是塞進近兩百名男女老少，有人被踩踏致死，有人遭受酷刑，最終死者達到四十二人。這裡如今成了一間紀念館。爲了逃離恐怖的「五島崩塌」，若松島上三個潛伏基督徒家庭偷偷划著小船來到海上的洞窟，度過了四個月的隱匿生活，但最終還是因煮飯時飄出的白煙暴露了行蹤，遭到當地人檢舉後被捕，難逃受拷打的厄運。島上的潛伏者在獲得自由後，很長一段時間裡把這個洞窟視爲朝聖地標，有時還會在洞窟舉行彌撒，一九六七年，他們在洞窟入口處建造了耶穌十字架石像，於荒崖之上舉起的一隻手，彷彿面朝茫茫海原的召喚。

我和那對夫婦，還有栃木縣來的女人一起走到甲板上拍照，海上計程車的船長從船艙走出來巡視一圈，給了我們一個放風的機會：「天氣挺暖和的，你們就坐那兒吧！」爾後一路加速前行。女人對我說她想瞭解島的事情，可我作爲一個無神論者，又該如何去瞭解這座以苦難寫就信仰的小島呢？有一段時間，我短暫地思考起關於海的事情來。因爲長崎縣擁有閉關鎖國時期日本唯一對外開放的港口，很多西洋的新鮮事物都是從這裡進入日本——例如咖啡——因此基督教才得以從此處向全日本擴散。而更早之前，這裡還會是遣唐使船從日本前往中國的最後一個靠岸地，一些如今已深深滲透日本社會的中國文化最早也是從此地登陸的。海是一種聯結，將外來的文化帶來，令這片土地開化。但我又想起那些搭乘小船漂泊在大海上、不斷逃離和躲避的人們的心情，他們並不知道海的盡頭會出現什麼，但在隨時刮起的風暴和不確定的危險之中，海成爲他們的暫時棲身之地。海是一種逃離，讓內心有信仰的人得到保護。海充滿寓意，無所不能。

很多年前我第一次來到長崎，偶然被一輛公車帶去了外海地區的遠藤周作紀念館，在那裡目睹了不似在人間的美麗海上落日景象，也第一次看到了遠藤周作那句名言：人類是如此悲哀，大海卻異常蔚藍（人間がこんなに哀しいのに 主よ 海があまりに碧いのです）。彼時那部名叫《沉默》的電影尚未上映，我還不知道這句話背後是一個群體長達兩個世紀的悲慘命運，只是簡單地覺得從語感到隱喻都很美麗，帶回了一張名句的複製品掛在家中。直到那句話成爲我七年裡每天目睹的日常。我坐在五島列島的大海上，在強烈的狂風中感到心情暢快，才終於被賦予了理解它的想像力：身處苦難之中的人們，在身體與精神雙重難挨的痛苦之中，也許已經到了極限，也許下一秒厄運就會降臨，也許明天就會遭遇死亡，但他們仍在痛苦之中，無意地看了一眼海，如此刻一般陽光下蔚藍的大海，會令人覺得像是看到了天堂的景象吧？會稍稍給予一些他們繼續活下去的勇氣嗎？大海是如此美麗，公平地給予每一個苦難的靈魂。

這天的旅行團在若松島就解散了，一些人要留在島上，一些人要往北邊的上五島去。我和古賀先生一起，在候船室等待一班回到福江島的定期船。他已經下班了，所以可以跟我聊得更主觀、更私人一點兒，他反覆向我強調，潛伏基督徒是一個特殊群體，他們在今天的下五島已經不存在了，只有上五島也許還剩幾位。他的意思是，潛伏基督徒不是完全的基督徒，他們擁有的實際上是一種諸派融合的信仰，他們既是基督徒，又是佛教徒，也許還是神道教徒。

古賀先生向我提起五島地區一種特殊造型的墓碑，整體是佛教墓碑的樣式，頂上卻插著一個十字架。這就是潛伏基督徒的墓了。他們在僞裝成佛教徒的生活之中，經過了漫長的兩百五十年，關於佛教與基督教的信仰漸漸混合在一起，不能區別對待，也正是因爲這樣的特殊性，才使它成爲世界遺產。

瑪利亞觀音像是另一個例子。我是在五島觀光歷史資料館第一次看到這種特殊的白瓷像，後來在堂崎教堂的資料館又見到了幾個。它乍一看是普通的觀音像，細看之下才會察覺其女性特徵，原來是抱著幼子的聖母瑪利亞。它是潛伏基督徒智慧的結晶，當時，景德鎮製造的白瓷送子觀音隨著唐船進入長崎，給了他們啓發。於是基督徒們在地下祕密製造，將瑪利亞僞裝成觀音。平民之作雖然粗糙，卻被置於家中重要位置，擔負著他們神聖的祈禱活動。

「在這樣一尊像裡，既存在瑪利亞，也存在觀音，日復一日對著它祈禱，心中怎麼可能完全無視觀音？」古賀先生是這麼想的。人類的情感不可能那麼涇渭分明，不知不覺中，人們對著瑪利亞合掌的同時，也是對著觀音合掌了。

「你的意思是，這些潛伏基督徒，即便在禁教令解除之後，也沒有回歸基督教？」我問他。

「不是主動選擇不回歸，而是已經回不去了。」古賀先生說。以下純屬他個人的想像：「日本是一個多神論的國家，因此潛伏基督徒可以既信仰耶穌，也信仰佛陀，但基督教是一神論的宗教，如果回去了，必將要捨棄他們對佛教的信仰。日本佛教有一個很重要的特徵，將供奉先祖視爲最重要的事，那些在家裡設置了佛壇、每天小心供奉先祖的人，不可能放棄佛教信仰。潛伏基督教徒形成了雜糅的宗教信仰，他們再也回不到單一信徒的身分了。」

5

我是古賀先生遇到的一個奇怪的客人。他在世界遺產教堂群做導遊，我卻私下向他打聽：

能不能帶我去看看遣唐使走過的路？

這是五島列島另一段讓我感興趣的歷史。在潛伏基督徒流離到此地的近一個世紀前，從日本前往中國學習唐文化的遣唐使們，就已經在旅途中經過這個島嶼。如今，福江島被稱作「遣唐使船離開日本前的最後一個靠岸地」。官方看起來非常重視與這段歷史產生的交集，在福江島的歷史資料館裡，專門為它開闢出一個展廳，終日滾動播出影像資料，還製作了一艘遣唐使船模型。

關於遣唐使和遣唐使船的考證，資料館裡的一塊牌子寫道：

遣唐使是從公元六三〇年到八九四年之間，跨越奈良時代到平安時代，日本向唐派遣的外交使節團。它的前身是聖德太子的遣隋使。向當時的繁榮大國唐派遣使節，始於六三〇年的犬上御田鍬等人，此後兩個世紀，總共進行了十八次派遣計畫，其中三次被終止，實際上派遣了十五次。

關於遣唐使船的具體構造，可考據的資料有限，是古代史上的謎題之一。為了解開這個謎，以太平洋學會和古代船研究團體為首，加上本領域的最高權威者們的歷史考證，首次復原了目前可考證精確性最高的遣唐使船模型。

往返了兩個多世紀的遣唐使，把當時最輝煌的唐朝文化和制度帶回了日本，滲透進社會生活的方方面面，尤其對日本佛教的發展產生了巨大影響。這段歷史如今深受五島官方宣傳部門的青睞，儘管其實最早的遣唐使船並不經過這裡。

遣唐使船的航海路徑總共有三條。最開始，這些船隻從大阪的難波津出發，經過瀨戶內海到達福岡的那津港，此後路線便開始逐漸變化：第一個時期，公元六世紀，它們先行至北九州的壹岐和對馬，此後沿朝鮮半島西海岸行駛，經過遼東半島的南海岸，最終到達山東半島上的登州，這在當時是一條最安全的路線，被稱爲「北路」；第二個時期，由於日本和新羅關係惡化，遣唐使船從七世紀起開始改變航路，從福岡來到五島列島，此後橫渡東海直達中國，終點是現在的江蘇揚州或浙江寧波，這條路被稱爲「南路」，一直沿用到公元八三八年；還有一條航線被稱爲「南島路」，它是較少使用的繞遠路，在船隻受到風向影響偏離「南路」之時，它們先到達鹿兒島南端，然後橫渡東海到達揚州。

五島列島只存在於遣唐使船的「南路」這一條線上，它之所以能夠成爲觀光噱頭，很大程度上是因爲日本佛教史上兩個重要人物都從這裡出發前往中國：公元八〇四年，遣唐使船在福江島靠岸進行物資補給，三十歲的空海和三十八歲的最澄就坐在船上，這兩人後來順利抵達中國，又把在那裡學習到的佛教知識帶回日本，分別建立了眞言宗和天台宗兩大宗派。

空海比最澄晚一年回到日本，他在中國待了兩年之後，第一站也是回到了福江島。有資料顯示他當時暫住在島上一間寺院，還爲它取名爲「明星庵」。如今這裡改名爲「明星院」，是福江島上現存最古老的木造建築，交通尙算方便。我在幾天前去過一次，門前立著嶄新的景點介紹牌，分別有日中韓英四國語言，可見它的一種國際化野心。只是寺院裡仍然空無一人，別說是遊客，連住持都不在家。內部倒是完全開放的，可以自行進入。我參觀了一番，見過院子裡一塊弘法大師的石碑，又坐在本堂裡閱讀寺院的事跡：原來寺內有一尊祕佛，輕易不示人，不過在二〇一三年新的住持上任時，曾對外公開過幾日。年輕的新住持在前任住持去世後接下了這份工作，他在一個採訪裡說出了離島寺院的困境：這個島在一年內人口減少了一千人，明星院的生存也很艱難，盡可能地守護這間寺院，就是在守護小島。

後來古賀先生對我的錯過感到遺憾，他告訴我，明星院住持的妻子（日本僧人可以結婚生子）能言善道，能滔滔不絕地說上幾個小時空海的故事。他又提議我搭一輛五島觀光巴士，也許能去一些不能去的地方。我立刻在網上搜索到那個號稱可以體驗「五島自然、歷史和教堂」的觀光團，發現它只前往教堂、燈塔、熔岩海岸和海濱勝地，卻沒有任何一處與遣唐使有關，可見這段歷史是多麼受到遊客冷落。

在從若松島開回福江島的定期船上，我拿出一張地圖，圈出島上西北端的幾個地標，詢問古賀先生是否能開車帶我去這些地方。這天晚上，我收到他從 LINE 上發來的行程，他說，全部參觀完這些地方需要五至六個小時，他收費每小時一千五百日圓，我還需要再負擔油費。

次日早晨十點，古賀先生按照約定到飯店大廳接我。一見面，他就塞給我一疊觀光資料，許是覺得遣唐使地標太過乏味，他試圖把海水浴場和溫泉街也加入其中。但我心意已決：「我們就進行一天的遣唐使尋訪。」

我們最先去的是北邊的魚津崎公園，這裡有一塊「遣唐使船日本最後的靠岸地之碑」，但與遣唐使有關的僅此而已，海崖上的公園裡人煙寂寥。古賀先生堅信這種冷清是因爲我們錯過了花期：公園裡二月有油菜花盛開，六月變成繡球花，八月和十月又更替爲向日葵和大波斯菊……這些時候它都會成爲福江島人週末出行的熱門地標。古賀先生試圖讓我理解那種景象：

「這裡就相當於五島人的迪士尼樂園！」

我看不見古賀先生描述的熱鬧，從公園裡眺望到的五島海灣，群山密布，春寒料峭，更顯得孤寂。「遣唐使從這裡上岸，進行水和食糧的補給，維護船隻，然後就是等待在順風的日子出發。」古賀先生說。關於這一段經歷，史料只留下略略幾筆，無法深究詳情。

遣唐使在島上待了多久？與島上的人發生過什麼交流？又是帶著怎樣的心情告別日本、穿越海原？全憑想像。他們在島上居住過的遺跡一處也沒留下。唯一還能找到的，是海灣對岸集落裡的一塊石頭。我們隨後去看了那塊石頭，它被放置在一間小小的祠堂裡，當地人傳說，它曾用於繫住遣唐使船的牽引繩，後來被集落裡的漁師祭祀起來。聽起來有些滑稽，誰能想到，千年前的留學生還能分管漁業豐收和海上安全呢？但這項業務也許相當輕鬆：前來祈願的人愈來愈少，我們在集落裡轉悠了一圈，大部分是荒蕪的空屋，只餘四十幾戶人家仍生活在這裡。

魚津崎公園被視爲遣唐使船的靠岸之地，而再稍微往東一些，大概十公里之外的三井樂地區，則被稱爲遣唐使船最後的離岸之地。這裡有另一個冷清的公園，古賀先生稱它爲「遣唐使公園」，我在公園見到了一艘巨大的遣唐使船模型。和資料館裡那個力求精確的展示模型不同，這艘船一看就建造得相當隨意，只有紅白兩色的搭配符合描述，處處細節皆沒有尊重任何歷史資料，但古賀先生把我帶上了船，篤定地說：「遣唐使船差不多就是這個大小了！」它看起來很嶄新，建造時間不會太久，船下的一個牌子顯示，出資的是五島市文化協會。這個文化協會的副會長是把自己的名字寫在牌子上的「的野」先生。古賀先生說，此人寫了好幾本關於五島歷史文化的書，他自己不久前也加入了這個協會，會費換取的贈禮就是其中一本。

的野在牌子上寫下了抒情的文字：

為了吸收先進的中國文化，派遣至唐的後期遣唐使船，在五島列島上經歷了日本最後的等風來。當時我國的造船和航海技術還不成熟，經常發生災難事故，前往中國的旅程，須抱有死的覺悟。

順風吹拂之時，終於要出港了。經過三井樂西北端的柏岬之後，將是茫茫無邊的海原。四艘遣唐使船上的大使和學問僧等加起來，總共超過五百人的船員，也許是今生最後一次見到日本的土地。他們一定深深將三井樂潔白的沙灘和綠色島影刻在心裡，在百感交集中，駛向了東海之中吧！

在遣唐使公園不遠處，我又見到了第三艘遣唐使船模型。這艘船相對來說嚴謹一些了，關於它的介紹裡說，模型參考了中日文獻、後世繪畫資料以及中國宋代的一艘發掘船。

這第三艘船展示在一個名叫「道之驛 遣唐使故鄉館」的大廳。「道之驛」是日本始於三十多年前的一種公路沿線設施，如今遍布全國各地。它最早類似高速公路休息站，供司機和乘客停留，後漸漸演變成集各地蔬菜、水果、土特產及用餐為一體的綜合設施，更高級的還設置有溫泉。福江島上沒有高速公路，但不妨礙它擁有一間「道之驛」，還口氣很大地冠以「遣唐使故鄉館」的名義。旅行團總是被帶到這裡購物。我和古賀先生在中午到達，門口已經停著三輛觀光大巴。古賀先生走進去就撞見了他的同事，一位看上去五十多歲的女性，臉上帶著精緻的妝容，她正帶著來自關西的二十人旅行團在購物，我掃了一眼，都是些拎著滿滿籃子的老年人。古賀先生向我介紹她是「五島第一巴士導遊」，她從古賀先生口中聽聞我正在探訪遣唐使史蹟，臉上一瞬流露出了詫異的神色，和前一天古賀先生聽到我的詢問時的反應一模一樣。

來到五島列島的旅行團，就像我眼下見到的這樣，如同古賀先生最常見的客人們，幾乎都是老年人。他向我解釋其中緣由：從東京來到五島，三天兩夜的行程，包含交通食宿費，大概在十萬到二十萬日圓之間。不為時間和經費所困的，只有那些領著豐裕退休金的老年人。

遣唐使故鄉館裡最接近中國的一樣東西，我萬萬沒想到，竟然是餐廳提供的蛋炒飯套餐，非常正宗的中國味道，只要五百日圓。定價是經過精心計算的，古賀先生說，面向大批遊客的地方，如果不能提供性價比超高的食物，就很難大量賣出，達不到預期盈利。吃完這份炒飯，我和古賀先生又去了島上另一處：的野在石碑上提到的「三井樂西北端的柏岬」。

這一處有個意味深長的名字：辭本涯。聽起來也像是爲遣唐使量身定制，是要在這裡「告別日本國土」。刻著「辭本涯」三個字的石碑不出意外是新的，矗立在旁邊的一尊空海像也是新的，還沒來得及經受海風的侵蝕。每個地方都有描述一個人的角度。我去過許多次和歌山縣的高野山，那裡作爲眞言宗的總本山、空海的圓寂之地，呈現出的空海完全是「弘法大師」的佛教大師形象。而福江島上的空海還十分年輕，他剛剛三十歲，身世沒有過人之處，以至於後世在對他的入唐經歷進行研究時，認爲資歷平平的他能與一衆有身分地位的人一同被派往中國是件怪事。也許福江島也可以被視作空海的人生轉折地，離開時他寂寂無名，回來之後就踏上了飛升之路。辭本涯的空海像看起來比三十歲還年輕得多，一副少年留學生的樣子，不知福江島人對他的印象是不是就是如此，總之古賀先生評價起他來，帶著一種微妙的長輩語氣：「他原本被派去中國二十年，但只用兩年就回來了，可眞是頭腦聰慧啊！」

從辭本涯渡過東海達到中國大陸的一段海上直線距離，被認爲是日本與中國之間最近的一條路。與此同時，也是異常危險的一段航程。空海一行四艘遣唐使船，兩艘遭難，空海乘坐的第一船也因爲遭遇海上暴風雨而偏離了航向，沒能像最澄搭乘的第二船那樣按照計畫在寧波上岸，最終登陸的是南方的福州。由於過去沒有遣唐使船到來的先例，上岸後，空海一行先被當地政府作爲海賊關押了五十天，得到放行後又經過了將近兩個月的陸路，最後才抵達了目的地長安。

「空海離開這裡的時候，大概也曾想過，也許永遠回不來了吧？」古賀先生和我一起站在辭本涯的盡頭，望向遼闊無邊的東海，天色有些陰暗，海也變得狂暴起來，在這片正在變得愈來愈觀光化的土地上，我們一起想像了一會兒關於旅行和旅居的原始意義，它充滿危險，性命攸關，毫不浪漫。「比如你，現在能夠自由地從中國來到日本，以前的人們是不能這麼來的，」古賀先生說，「比如你，現在能夠從關西來到五島，以前的人們也是要賭上性命的。」是不是在那樣的時候，人對故土，對未知的土地，才會產生更深刻的感情呢？

到達長安之後，空海從長安青龍寺的惠果和尚處習得密教，公元八〇六年八月，惠果和尚入寂八個月後，他在寧波登上了一艘回日本的船。這艘船再次在途中遭遇了暴風雨，冥冥之中，他又在福江島南端玉之浦地區的大寶港靠了岸。我和古賀先生的遣唐使尋訪最後一站，便是從北至南，來到了大寶港旁的一間大寶寺。寺院入口也立著一塊「西之高野山」的石碑，表明當地人對它地位的認可：空海把中國佛教帶回日本，最初是在這間寺院開宗，然後才前往高野山的——這裡才是眞言密教登陸日本之地。大寶寺被認爲是五島列島上現存最古老的寺院，但寺內所藏的貴重資料不對外展示，我所看到的大寶寺，像一個佛教主題樂園，庭院各處展示著雜糅存在的佛像：小沙彌像、觀音像、地藏菩薩像、七福神像……我第一次見到了一尊抱著嬰兒的空海像，當地人說可以求子和保佑安產；又有一尊金燦燦的觀音像，剛立起來不久，讓人相信此地確實香火很旺。在大寶寺，住持同樣不在家，只有自稱是住持女兒的一位年輕女子，沿台階而下，勤勉地拾撿著院內的落葉。

最後，古賀先生還是把我帶去了一個行程表上沒有的地標：電影《惡人》中出現過的大瀨崎燈台。這個白色燈塔在影片裡是陷入愛情的女主角和殺人犯男友的逃亡目的地，它孤伶伶地立在海崖之上，從側面印證了這個島嶼的地理位置，是流亡者可以獲得一席容身之所的偏僻之地。我在燈塔展望台上遇見兩位警察，他們告訴我，在這一帶定期巡邏是他們重要的工作。

「搜尋逃犯嗎？」聽到他們的話，我感覺血液沸騰起來：五島果然是世界盡頭！

「你電影看多了！」他們笑起來，「只是看看是不是有釣魚的人暈倒，或者遊客去了燈塔回不來。」走向懸崖盡頭的一段路，深受一些徒步愛好者青睞，懸崖盡頭也是釣魚客的祕密基地，但受到島上無常的天氣影響，有人會中暑，有人會被暴雨所困，還要擔心會不會有人掉到海裡……現實中警察操心的事情，沒有那麼刺激。

「燈塔裡有工作人員嗎？」我對燈塔興趣有限，只打算遠遠地看它一眼，完全不想要步行前往。

「有一位燈塔守。」他們說。在島上，還保留著這樣舊式的稱呼，守護教會的人叫「教會守」，守護燈塔的人叫「燈塔守」。還有一些這樣的人，守護著一些不能移動的事物。

我和古賀先生的這一天，聊起了遣唐使船開往中國的航路，也聊起了基督徒從上五島來到下五島的潛伏路線，路過許多中國風的航海船模型，也路過許多完全西洋化的教堂……他還講起他接待過一位從韓國來的教授，對老照片中五島地區的圓形耕地形態感到驚訝，因爲它們和濟州的耕地一模一樣。

所謂離島，總給人一種封閉孤立的印象，但直到置身於其中，我才意識到，五島列島也許是日本古代最開放的地方之一，東洋和西洋的外來文化都早早進入了這裡，使它比東京和京都更早地成爲一處國際化之地。對於遣唐使來說，這是一個出發之地，對於基督徒來說，這是一個潛伏之地。離島在遠洋交通上的便利性和它相對於本島陸地的偏僻性，既使它有契機接受到外來事物，又使它在此後漫長的時間裡得到封閉的庇護，完好地將這種融合文化保存至今。在我看來，這便是離島的魅力。

6

下五島地區總共有三個導遊組織，全部的導遊加起來不到三十人，實際上眞正活躍在第一線、向遊客講解世界遺產歷史故事的，只有十來人。這幾個組織側重點各有不同：著重講解歷史文化的，以退休老師爲主，通常參與一些更專業更深度的行程；像古賀先生這樣的，更側重於輕鬆愉悅的觀光活動。無論在哪一個組織，這些導遊都屬於兼職打工身分，他們不是正式僱員，幾乎全是老年人，平均年齡接近七十歲。對於年輕人來說，這份工作的薪資待遇完全沒有吸引力，不足以支撐生活，而這些老年人，他們則是因爲退休薪資不足以支撐生活，才需要這一份兼職。他們導遊工作的區域僅限於下五島，五島列島的導遊業有一個不成文的規定：下五島的人不能去上五島當導遊，上五島的人也不能到下五島當導遊。貿然前往，只會激怒彼此。

古賀先生也是在退休之後才開始這份工作的，他已經七十一歲了，卻處處向我流露出一種更甚於年輕人的熱情。以我這些年在日本的觀察，這些七八十歲的老年人，他們年輕時作爲日本戰後復興的主要力量，老了以後仍然是全日本最具有幹勁的一群人，而今天的年輕人們，成長於溫和豐裕的環境，反而明顯缺乏戰鬥力。這雖然是一個武斷的結論，卻能在現實中找到比比皆是的例子。當我的京都朋友對我訴苦說上初中的兒子不願去學校、每天窩在家裡打遊戲的時候，福江島上的古賀先生對我說的是：「我能夠自由操控自己的大腦和身體進行工作的時間，最多還有十年。在這最後的十年，我想用盡全力地嘗試各種事情，努力地生活下去。」

因此儘管古賀先生只需要向他的老年人旅行團提供輕鬆愉悅的觀光體驗即可，他還是能夠對五島上的歷史故事侃侃而談，解答了我許多疑惑。這些知識完全是自學的，他每天都在學習，在遣唐使故鄉館裡遇到的他的同事，對我稱讚說「古賀先生是學習家！」他覺得即便在退休之後，也應該保持大腦的隨時運轉，不能讓其閒置，在工作之外，又加入了很多島上的同好會：導遊交流會、圖書館的「友之會」、撿垃圾志工會等等。

撿垃圾志工會，一個主要關注海岸和公園垃圾的 NPO 組織，其誕生的背景是日本全國離島的環境問題。一千多年前，遣唐使船把中國的先進文化經過海洋帶到日本，而今天沿著同樣路徑漂到福江島的，是大量印著中文、韓文的塑膠垃圾。古賀先生所在的志工會，兩個月舉行一次活動，一個半小時在海岸上撿垃圾，一個小時對垃圾進行分類，再將垃圾進行回收處理……持續一整天，對於老年人們來說是個體力活。有時候他們也和附近其他離島進行交流活動，比如乘船前往壹岐和對馬，一天時間在海岸上撿垃圾，剩下的時間順便旅個遊——比起純粹的觀光，這種形式顯然有意義得多。

古賀先生回憶起他年輕的時候，當時地球上還沒有這麼多垃圾，商品不一定要有包裝，超市裡不提供塑膠袋，他清楚地記得一個細節：「那時候去買豆腐，都是自己帶著飯盒去裝的。」如今不需要這麼麻煩了，人們在日漸便利的現代生活中，加速生產著垃圾。「便利會變成垃圾，」這是古賀先生一個有趣的結論，「為了地球的環境，人類應該在日常生活中稍微忍耐一些不便。」人類的生活習慣與海洋息息相關，他看過一個紀錄片，一滴洗潔精就能讓魚類死去，因此受到了衝擊，後來盡量不使用洗滌劑，也不再用肥皂洗澡。他在成爲志工之後，再也沒有使用過塑膠袋。人類施與環境的，最終會返還給人類，地球上的所有生物緊緊相連。當漂流到海裡的塑膠微粒被魚類吃掉，它們將會一直留在這些魚的體內，然後經過人類的漁業活動，回到人類的餐桌，最後進入人類的身體。垃圾產於人類，並最終歸於人類。

我又從古賀先生那裡得知，下村阿姨種植的蔬菜在當地小有名氣，是那種會在包裝上貼上「下村家」的標籤、放在各個超市裡販賣的產品，還會做成醃菜。我提起幾天前看到的那個荒廢的大棚，他表示理解：「畢竟年紀大了啊。」這個島上最主要的兩種產業類型，農業和漁業，相對來說後者更不穩定。豐漁還是少漁全靠運氣，每年氣候不同，受到颱風和風暴的影響，收入的差距也甚大，而農業則是更穩定的，能大致預測每年的收入，無論怎麼努力，相差不會超過一點五倍——與此同時，農業利潤較低，不會有漁業那樣運氣好的時候就達到三四倍收入的情況。當地人因爲收入不佳而放棄農業，也是可以想像的事情。

像在我住的飯店看到的那樣，如今的五島確實有很多商務人士到訪，但他們暫時還不能對離島的產業結構造成影響。古賀先生告訴我一個數字：福江島如今的農業產值約爲十六億日圓，漁業產值也是十六億日圓。農業和漁業依然是島上的兩大產業，第三位則是近年來快速增值的觀光業。與人口高齡化不斷導致的農業和漁業不斷衰落相反，福江島的觀光業產值持續遞增，已經達到了十億日圓。在這一點上，「世界遺產」幾個字確實功不可沒——日本觀光廳從二〇一五年也開始推出「日本遺產」評選，五島列島出現在第一批名單中，但這一標籤毫無效果，幾乎沒帶來經濟效益。

「在五島上，有從事農業依然獲得豐厚收入的人嗎？」我觀察了好幾天，始終未能得出一個結論。

「當然是有的，」古賀先生給了我一個肯定的答案，「尤其這些年，農業人口能從國家拿到一定的補貼，大概是成本的三成左右，其實狀況是遠遠好於從前了。」順便一提，讓我感覺「收入有限」的海上計程車，同樣也能拿到國家補貼。福江島上的海上計程車分別屬於兩間民營公司，它們的收入其實很可觀，以從福江島到若松島爲例，一個小時的船程，定期船的票價是一千七百日圓，而海上計程車則收費兩萬至三萬日圓，除了像古賀先生這樣的觀光團，還經常用於島民運動會、官方的勘定工作等等，用途廣泛。

但目前福江島上的農民處於困境之中。不單是在這個小島上，可以說全日本農民的處境都不輕鬆。一個原因是現代機器種植取代了過去的人工種植，機器帶來高效率，但按照行情，一台插秧和收割水稻的機器售價在三千萬至五千萬日圓之間，這個價格足以讓福江島的農家購買三台小貨車，不是每個家庭都能負擔得起。銀行爲他們提供零利率貸款，但還貸十分吃力。很多人因此放棄了農業，尋找更能賺錢的工作。另一個原因，福江島的農業正處於世代更替階段，六七十歲的老年人逐漸沒有體力繼續從事農業，下一代中又幾乎沒有繼承者，於是只能將農地閒置，任其長滿荒草。

在我住的飯店旁邊，有一處江戶時代的福江城遺跡，縣立五島高等學校就建在城池之中，建築風格上也與城堡保持了一致，頗具時代風情。在當地人的口中，這所學校偏差值[7]很高，國立大學的升學率達到百分之七十，雖不到常常能考進東京大學或京都大學這樣頂尖大學的程度，但每年都有好幾位考上長崎縣立大學，還有一些學生考到福岡、大阪或是京都的大學。下五島的教育設施只到高中爲止，考上大學離開小島的年輕人，一百人之中大約九十八人不會再回來。這就是爲什麼，這個島上的高齡化程度遠遠高於其他地方。按照日本全國的平均數據，

⑦ 編註：偏差值是表示考試成績在群體中所處位置的數值。在評估大學的水準或測量個人學力時，這個數值非常有用。利用偏差值，可以相對判斷是否有可能考上理想的大學。

六十五歲以上的高齡者比率占百分之二十六，而在五島市這個數字則超過了百分之三十七——也就是說，當你走在這個小島上，遇到的十個人之中，就有四個是六十五歲以上的老年人。

但也正如我上島之前聽說的那樣，這裡的移住者數量也名列日本前茅。二〇二二年初，寶島社旗下雜誌《農村生活之書》（田舎暮らしの本）推出了「最想居住的農村排行榜」，在常住人口三萬至五萬人的地區中，五島市得到了「年輕人和單身者最想居住的地區」第六名和「育兒家庭最想居住的地區」第七名。它也是這個排行榜中唯一上榜的離島。五島市官方提供的數據顯示：從二〇一六年到二〇二〇年的五年間，共有七百八十四人移住到五島，其中七成是三十歲以下的年輕人。

爲什麼年輕人想移住到五島？在古賀先生看來，一方面是出於浪漫的想像：五島具備都市年輕人嚮往和憧憬的元素，他們想在自然充裕、沒有壓力、不受通勤所苦的地方自由地、自給自足地生活，何況五島還有海。另一方面則是現實的優惠政策：政府提供的補貼。在福江島，移住者能夠拿到三種補貼：國家補貼、縣補貼以及市補貼。這無疑給移住生活帶來了巨大的吸引力。

爲了吸引年輕人的到來，當地政府親切號召：要不要先來試住一下？並爲他們提供來島交通費和三個月的免費房屋居住。這種做法稱爲「試移住」。試移住者只需要負擔日常水電費和飲食費。島上本來就有很多荒廢已久的空屋，對於經過試移住後決定移住到島上的人，政府還會提供最高兩百萬日圓的房屋修繕補貼。

「也就是說，對於移住者，直到正式在島上開始生活爲止，幾乎都不需要花錢。這些錢從哪裡來呢？島民們的稅金。」古賀先生說，對於島上的納稅人來說，年輕人能到來當然是好事一件，但結果非常不樂觀，移住體驗者之中的大部分，在半年或一年後，就會認清自己根本無法在島上生活這一現實，紛紛又都回去了。還有另一種更糟糕的情況，由於日本各地都在積極推動地域振興，便有人利用這一政策，在全國各地免費居住，結束一個試住期，就前往下一個地方試住，「簡直是稅金小偷！」根據古賀先生的觀察，來到島上的試移住者，一百人之中有七十人會離開。即使這看起來是一件很不划算的事情，五島市仍然大聲號召外來者來試住，將「移住者增加」視爲驕傲的政績。此舉背後恐怕還有一個不可忽視的原因：在日本，常住人口達到三萬以上的地區才能被劃分爲「市」，五島市的人口高峰出現在上世紀五〇年代，當時有超過九萬人居住於此，此後連年減少，到了二〇二二年春天只剩下三萬四千人——這是一個危險的信號，隨著高齡者去世，一旦人口減少到三萬人以下，這裡就將失去「市」的地位，降級爲「町」，隨之喪失一些作爲市的政策福利。

「移住者無法在島上長期居住，最大的原因是沒有工作嗎？」

「這只是其中一方面。另一方面，他們從一開始就沒有下定決心要在這裡努力生活。」三十年前古賀先生來到島上的時候，移住還沒有成爲一股全國自上而下的風潮，他沒有得到任何來自政府的幫助，所有的一切都必須由自己主動創造，從房子到工作，都是一個從無到有的過程。「如果不是抱有非常強烈的決心，是不可能移住到這裡的，我也是出於喜歡，才付出了艱辛的努力。但今天的年輕人完全不是如此。政府幫他們安排好了一切，還給他們倒貼錢，導致他們從一開始就沒有覺悟。」古賀先生對五島的移住者表現出一種冷漠旁觀的態度，這也許代表了大多數島民對移住政策的看法，「我認爲這不是一個好方式。」

我短暫地走神了幾秒，如果我願意努力生活，移住到島上能夠從事什麼工作？農業或漁業，一個毫無經驗的城市人，能夠有機會參與其中嗎？

我把我的想法告訴了古賀先生，他說，爲了給移住者創造工作機會，同時振興島上衰落的傳統產業，五島市在十幾年前推出了一個叫做「農業研修生」的激勵政策，它面向那些「六十歲以下有志於從事農業」的人群，合格者可以在當地農家進行最長兩年的農業研修，每個月固定得到十二萬日圓收入以及享受每月最高兩萬日圓的租房補助。這個制度每年接收五六組研修生，但最好的結果也就是留下兩人繼續在五島從事農業。古賀先生，作爲一個前城市人，從未想過要從事農業，他認爲此種打算過於天眞：「城市人想像中的農業跟實際的農業完全不是一回事。擁有自己的土地，這樣的夢想當然很好，但同時也要知道，自然這個工作夥伴是非常難搞的。城市人帶著幻覺來從事農業，最終都會失敗。」

後來，我在五島市的官方信息中，發現和「農業研修生」同時推行的還有「漁業研修生」，後者的條件更加嚴格：要求年紀在四十五歲以下，還需要「身體健康，擁有承受漁業勞動的體力」。早些年，當地漁業團體曾經前往東京、福岡和大阪參加一個「漁業就業支援展覽會」，接受全國各地有意從事漁業人群的諮詢。近年不知出於什麼緣故，它們的名字從出展名單上消失了。

這也許能解釋爲什麼今天那些從大城市來到五島的移住者，多數不會選擇農業和漁業。他們延續著一種城市思維，在島上嘗試開咖啡館、餐飲店和旅館，他們爲小島帶來了新鮮的外界潮流，但我又有猜測：他們會不會難以融入原住民的人際關係呢？外來者的身分是否會爲他們的島生活帶來困難呢？

古賀先生證實了我的這一猜測，他表示，儘管本地政府在宣傳廣告中將五島營造成一種熱烈歡迎外來者的友善氛圍，但這只是表面，傳統而封閉的村落意識仍在今天的島上根深蒂固地保留著，在社區生活中排斥外來者的情況確實存在。

「表面看起來歡迎一切，一旦試圖深入其中，就會體驗到它的排外性。對於移住者來說，這會造成生活上的困難，也是他們離開的原因之一。」

「這種情況有可能在未來改變嗎？」

「非常難。島的特性就是這樣。」在日本，自明治時期起就有一個流行了至少一百年的觀念，稱爲「島國根性」。這種觀念認爲，由於島的天然屬性，與外國交往甚少，因而視野狹窄，對他者缺乏包容力，氣量褊狹。一個國家的「島國根性」，在更加狹小偏僻的離島之上，只會表現得愈發明顯。「這種封閉性是島生活的一種必要，在不與外界發生交集的情況下，所有的生活都在這個區域內形成封閉系統。身處系統內部的人們，農業也好，漁業也好，都要靠互助才能生活，這在島民之間形成一種非常堅固的團結力。這種本來是出於生存目的的團結性在進入現代社會之後，遇到外來力量試圖進入時，會表現出一種頑固的排斥力。團結力愈強的地方，外來者愈難以進入。」

古賀先生認爲這種現狀在五島暫時不會改變，他又提起了下村家。那種讓我感到溫情的物物交換形式，本質就是從過去傳承下來的一種生活互助，這種習俗在今天五島的日常生活中仍然存在，從另一方面證明了它難以被攻破。

儘管島上的人際關係充滿了內部潛規則，但福江島上的生活確實變得便利了。像福江島這樣與本島之間有直接航線的島嶼，在日本被稱爲「一次離島」。其實在五島列島地區，還存在大大小小的一百多個「二次離島」，這些小島沒有從本島直接前往的交通工具，需要在一次離島上換乘。福江島作爲一個一次離島，島上擁有醫院、學校、超市、便利商店之類齊全的生活設施，但二次離島就沒那麼幸運了，島上沒有學校，沒有商店，條件好一些的，一週能有一次醫生前來診療所出差，條件不好的那些，島上連自來水都沒有，需要從島外購買大量儲存飲用水。這樣的離島，才是全日本人口減少最急劇的地方，一旦踏入其中，就能理解當地年輕人們迫切希望離開、一輩子不再回來的心情。這些島的最終命運，如同正在發生的那樣，在最後一個住民消失後，就會從有人島變成無人島。

如果從古賀先生的工作來看，他會覺得「世界遺產」給福江島帶來了極大變化。遊客增加了，很多相關的基礎設施也隨之完善：拓寬的車道，新建的橋、隧道和道路，都是顯而易見的。更明顯的一個例子是廁所。幾乎所有「世界遺產」的廁所都推翻重建，變得現代而高級，但也僅限於此。更深層次的，比如當地人就業機會的增加，還沒有展現出任何苗頭。尤其對於農民和漁師來說，這四個字更是與他們的生活完全不產生交集，因此他們多數漠然，像我在下村家感受到的那樣，表現出一種毫不關心。

「如果你向當地人詢問世界遺產的正式名稱，我想幾乎沒有人能準確說出『長崎與天草地方的潛伏基督徒相關遺產』這一長串詞來。」古賀先生說。

「世界遺產會帶來經濟增長，改善生活條件，當地人有這種期待嗎？」

「幾乎沒有，而且島上的基督徒最早是反對入選世界遺產的。」這個事實令我意外，最初也令古賀先生意外。但很快我就理解了，對於教徒來說，教堂不是觀光景點，而是祈禱的場所。大批遊客一窩蜂湧進教堂參觀，大聲說話，拿出手機和相機不停拍照，臨走前借用一下廁所，留下的只有垃圾。在推動五島地區入選世界遺產的過程中，當地政府做了不少遊說工作，允諾改善教堂設施和條件，保證當教堂變得更有名之後，也能擁有長久存續下去的資金保障。世界遺產內部禁止拍照也是其中之一，當地政府向信徒承諾：要求遊客遵從禮儀、不觸摸教堂內物品、不在教堂內部拍照……才終於說服了大多數人。

古賀先生一開始搖旗吶喊地擁護世界遺產，但當他聽過教徒的聲音後，也變得沉默了。這些年來他還看到了另一個負面的變化：爲了吸引遊客，無論修建什麼，必定要破壞自然。世界遺產的目標是將對人類具有「突出的普世價值」的自然風光和文化傳給後世子孫，但這一初衷正在日本各地發生微妙的扭曲，政府將振興觀光產業和經濟作爲目的，拚命地想得到一個「世界遺產」的名號。在古賀先生成爲導遊的幾年後，他告訴我，將這種現實告知給慕名前來世界遺產的遊客們，是他對於地球的一種義務和責任。

我想，古賀先生該是感謝世界遺產的那一個，畢竟他的老年生活藉此得到了一定經濟收入，又爲他打開了退休之後更廣闊的視野。我一度認爲，比起福江島上的大多數人，古賀先生的境遇看上去要幸運得多——他的兒子如今和他與妻子生活在一起。但這只是一種表面上的幸運。在我將要和古賀先生告別時，才聽他緩緩道出：他的兒子曾經以體育專長生的身分考入福岡一間高中，畢業後留在那裡從事按摩師的工作，但不久後便遭遇職場暴力，患上嚴重的憂鬱症，很長一段時間住在醫院裡。兒子出院後不能繼續城市生活，於是回到了福江島，一度也在島上一間養老機構給老人們做按摩，但他纖細敏感的神經既使他患上憂鬱症，也使他在處理老人排泄物時不斷嘔吐、遲遲無法適應，這份工作終於也做不下去了。如今，他常年待在家裡，偶爾出去打打零工，主要的開銷還是由父母承擔。

所以古賀家還有一棟民宿。夫婦二人從二〇〇六年起就開始經營民宿了，因爲妻子有過在英國留學的經歷，能夠順暢地接待外國人，在當地口碑很好。他們更多還是在接待一些修學旅行的學生團體——城市裡的孩子們被海蟑螂嚇得哇哇大叫、討厭生魚片、強烈要求吃炸雞和漢堡……都令他覺得很有趣。但五島的魚很新鮮，他們只要吃過一次，就會忘記麥當勞，古賀先生說。接著邀請我去他家吃魚，我已經和他足足待了七個小時，人際交往到了極限，於是表示下次再去。「下次就住在我家，」古賀先生替我策劃起來，「含早餐的住宿每天只要五千五百日圓。」

過了三個月，我確實一度想要再次前往福江島。我給永松寫了一封郵件，詢問能不能跟他體驗一天「教會守」的工作。永松在回信裡突兀地向我道歉，說他馬上就要回東京了。永松離開後，我關注的五輪教堂的社群主頁也隨之註銷，久賀島的日常風景從我眼前消失了蹤影。我試圖猜測永松離開的原因，想起來他在聊天中的隻言片語，例如在島上遇到的困難：一來是島民的思維方式和城市人的思維方式存在差別，很多時候他會被排除在外；二來他自己不信基督教，在向教徒講解的時候，偶爾會遭到質疑。永松給我的最後一封回信寫得客客氣氣，我最終也不知道發生了什麼。事情的發展總是難以預料，留不住人的小島不是理想主義的彼岸。

倒是始終沒有見上面的圖書館館長大島，雖然常常「流竄」在島外，卻一直將駐地留在了五島。在我離開五島一年後，又到了春季四月，這是日本新舊交替的月份，學校的畢業季和公司的入職儀式都在此時。這一天，大島更新了一條「這個季節常見的事情」的動態，提到了兩件事：此時，一些自願移居到島上的人，生活了一兩年後，發表著「謝謝大家」的感言離開了；此時，新來的移住者爲了傳播島上的日常生活，開始創建新的 Instagram 帳號。

「這兩種行爲本身並不應該被批判，但希望那些選擇在島上生活或是在社群媒體上更新的人，一旦開始了就好好堅持下去。如果眞的要離開這座島，至少要解釋一句到底是怎麼回事，才能使人信服。如果只是在社群媒體上介紹景點和咖啡館，那有什麼意義呢？事實上已經有超過一百個這樣的帳號了！」他繼續寫道，「這些話不針對特定的某個人，在島上生活的六七年裡，這種現象就像風物詩一樣，每年到了此時就會發生，每次看到都有種『又來了……』的感覺。我如今在這個島上的態度是『來者不拒，去者不追』，盡可能地不想那麼輕易地與人建立良好的關係。」

下五島的人們來來去去，離開和告別，正如到來和相遇，在這個離島上從來不是什麼稀奇的事情。

7

從福江島前往上五島，三十分鐘的船程不過轉眼之間，問題在於上五島有五個港口，從最南邊的奈良尾港到最北邊的有川港，還需換乘島上的交通工具。南北貫穿的公車是沒有的，於是爲了便於島民出行，設置了一輛免費的穿梭小巴，一般在船到達後的五分鐘內出發，我很快就在港口找到了它——這項業務的前途看上去令人擔憂，除了排在我前面一位身著正裝的年輕女性，身後再沒來人，差點兒就成了包車。小巴準點出發，一路向北，橫穿整個島嶼，半程之後果眞只剩下我一人，司機便不再顧忌和我閒聊幾句，表示可以把我送到離目的地最近的地方——四十分鐘之後，他直接繞開了公車站，把車停在了我要去的旅館門口。

上五島民風淳樸，人情遠勝於下五島。福江島的古賀先生曾對我這麼說過，我明白了他的意思。

距離入住時間還有四個半小時，名叫「ぽれ」的旅館裡空無一人。我用 LINE 給老闆發了條訊息，很快得到回覆：可以使用公共空間，每小時收費三百日圓。這不是一間傳統的日式旅館，公共空間擺著一張沙發、兩組桌椅，還有一個開放式廚房，角落的書架上一整排都是《地球步方》（地球の歩き方）和世界各地旅行手冊，風格頗似海外青年旅館。事實上它的住宿空間設計也跟它們一樣：僅有兩間獨立房，其餘皆是上下鋪床位，價格低廉。

我翻了翻幾本放在書架上的本地觀光手冊，同樣的一本冊子，分別有日文、中文、英文和韓文四個版本，其中三分之一的內容是教堂信息。上五島是這麼冷清的地方，我原本在網上報名參加了上午和下午兩個教堂巡禮，計劃在當地嚮導的帶領下，用一天時間參觀最有代表性的幾個著名的教堂建築。可我的計畫落空了。兩天前，上五島觀光協會一位職員給我發來郵件，寫道：「抱歉，關於您申請的兩個項目，由於沒有其他人報名，無法成行，已經被取消。」他帶著一種盡職盡責的熱情，建議道：「作爲代替方案，向您推薦以下一個人也能成行的項目：參觀水產養殖工廠，或是體驗用海膽殼製作工藝品，您意下如何？」我對養殖事業和手工活動興趣索然，便謝絕了他的好意。

我在觀光手冊上圈出幾個目的地之後，一位大叔來到了ぽれ，提前爲我辦理了入住，把我帶到房間。他看上去六十來歲，精力充沛，神采奕奕，表示等他打掃完之後，會帶我去周邊轉一轉，在那之前，如果我願意，可以租借門口的自行車，騎去兩公里之外的超市弄點兒吃的。我接受了他的提議，在他把床單扔進洗衣機的時候，騎車一路向超市的方向而去。這附近地形簡單，很快我就把幾個主要地標溜達了一圈：有川港的港口大廳，很多前往周邊離島的船都從這裡出發；旁邊有一個用鯨魚命名的設施——鯨賓館；還有一間海童神社，門口的鳥居非同一般，由兩根彎曲潔白的鯨魚頜骨組成；對面是觀光協會所在地，兼營著一間土特產商店，並提供自行車租賃服務；隔壁一間烏龍麵專賣店。烏龍麵是島上最著名的代表美食之一，店內還提供代表美食之二：鯨魚刺身。上五島所擁有的觀光資源是如此有限，三個小時後，我坐在大叔的廂型車上，他重點向我指出的也是這幾個地方。

「上五島人現在還有吃鯨魚的習慣嗎？」在我的印象裡，今天的日本，只有和歌山縣南部還保留著捕鯨和日常食用鯨魚的傳統。對於在上五島也能遇到這麼多鯨魚元素，甚至在超市的食品專櫃裡擺放著鯨魚刺身的景象，我感到意外。

「吃，但吃的都是從外地運來的鯨魚了，」大叔說，「各種魚類都是如此，上五島的漁業衰落已久，附近的海裡捕撈不到魚類，運來的反而更便宜。」

上五島漁業衰落的現狀，後來我在鯨賓館一樓的公告牌上窺到了一個片段：那個牌子上貼著一張小型海報，印著島上兩家廢棄船隻處理所的聯繫方式，「長久閒置的舊船會發生漏油等狀況，污染海洋環境」，海報上的文字憂心忡忡。

名叫鯨賓館的地方，其實不是一間賓館，而是一個公共活動中心，一樓設置了觀光中心和博物館，簡單介紹了上五島從古至今的發展歷程，共分為四個階段：古代，國境之島；中世，地域勢力抬頭；近世，捕鯨繁盛；近現代，基督教復活。鯨魚確實被當地人視爲一種驕傲，在那間博物館裡，陳列著過去使用過的各種捕鯨工具，一個等比大鯨魚模型，甚至還有如假包換的鯨魚骨骼標本。

有川地區的捕鯨歷史距今已有四百年。江戶時期，有川灣裡頻頻出現洄游而來的鯨魚，漁師由此爲契機前往和歌山學習捕鯨技術，培養出一批專業捕鯨者，創建了名爲「有川捕鯨組」的組織。一六九八年，有川地區在一年內捕獲了八十三頭鯨魚，締造史上最高紀錄。有川的捕鯨者，聲名遠揚至六百公里以外的瀨戶內海群島上，他們中的一些，一度作爲捕鯨指導者每年前往瀨戶內出差。進入明治時期後，西洋先進的捕鯨炮傳到日本並被廣泛使用，直接導致了有川灣內洄游的鯨魚愈來愈少——儘管在一九〇三年，有川地區成立了現代捕鯨公司，但依然不能減少頹勢——一九一一年，鯨魚的身姿完全消失後，上五島的捕鯨時代畫上了句號。

離島的封閉性減緩了時間流速，儘管過去了一百多年，上五島人仍然把捕鯨的這一段歷史視爲對外展示的重點。鯨賓館對面還有一座鯨見山，如今開闢出散步小道，據說過去人們就在山上監視鯨魚活動狀況，山頂如今還保留著有川捕鯨組在此建造的「鯨供養碑」，爲從一六九一年到一七一二年之間捕獲的一千三百一十二頭鯨魚慰靈。一位當地人對我說，多虧了捕鯨，過去的上五島人才能夠維繫生活，得以代代延續，對此種動物的感恩之情不可忘。

位於鯨見山腳下的海童神社，那兩根鯨魚頷骨的鳥居卻不是來自有川灣，而是在有川地區廢棄捕鯨業六十多年後，活動在東北地區的「日東捕鯨會社」於一九七三年供奉的。日東捕鯨會社在上世紀六七〇年代的日本十分活躍，但當一九八六年國際捕鯨委員會禁止商業捕鯨後，它也不得不退出了歷史舞台，只留下這個鳥居，成爲日本商業捕鯨曾經輝煌的一個標誌。爲何要在遙遠的上五島供奉兩根鯨魚頷骨？此事也變成一個謎。

8

我對上五島的印象，起初只有一間酒造。

我家附近有一間開在公寓樓底層的「河岸咖啡」，因臨近鴨川而得名。嚴格說來它不是一間咖啡館，而是一個共享創業企劃，將這個空間分爲一週七天、每天早中晚三個時段，用優惠的價格租給不同的人，經營各自的餐飲店。種類豐富多樣，早餐時段有時是日式飯糰，有時是自家烘焙咖啡，午餐時段有時是義大利料理，有時是斯里蘭卡咖哩，晚餐時段有時是台灣滷肉飯，有時是韓國炸雞⋯⋯對很多擁有開店夢卻缺乏經驗的年輕人來說，這是一種很好的試水溫方式，京都市內有好幾家新生代餐飲店都是從這裡畢業的。

一個週三晚上，我走進河岸咖啡，這天開的是一家「五島吧」，提供來自上五島的燒酎和日本各地的手工啤酒——後者是京都這兩年的流行風潮，前者我卻是頭一回聽說。五島吧的老闆是一個年輕的女孩，我猜她還不到三十歲，活潑健談，坐在吧台前的大叔們輪流和她聊著天，她站在廚房裡，熱絡地伸出手來和他們碰杯。女孩推薦我喝一種名叫「五島灘」的燒酎，說她出生在上五島，這種酒來自當地唯一的酒造，市面上鮮少流通。我喝了兩杯，味道醇厚，甚是喜愛。她又拿出一冊「新上五島鎮觀光手冊」塞給我，竟然是繁體中文版！翻到「五島灘」酒造社長登場那一頁，令人意外，社長看上去很年輕。

「這是年輕人開的酒造！上五島從前一間酒造也沒有，年輕人回來了，於是有了自己的酒。」她再三向我推薦，「如果去上五島旅行，請一定到酒造看看。」

我通過上五島觀光協會聯繫到了五島灘酒造，騎著一輛電動自行車，朝著山間去了。三角形屋頂的白色建築，靜靜矗立在綠意盎然的山腳，春天還沒來得及種下薩摩紅薯的土地一片空曠——我便是在這片土地前第一次見到了田本佳史，他笑起來有些拘謹，說現在同時從事著農業和釀酒兩種工作，從種植紅薯到蒸餾成酒，全部親自上陣。

他稱這種方式為「農釀合一」。每年二月開始，就要耕耘土地，同時在溫室進行育苗工作，四月底到五月進入繁忙期，要把紅薯苗全部種到地裡，直至九、十月收穫之前，都要小心進行日常管理、除草施肥，秋天收穫紅薯的同時進入新酒釀造環節。他帶我在工廠裡走一圈，每個環節都有專業機器管理，要保證在年末之前完成全部發酵和蒸餾工序，才能趕上利用九州地區冬天的自然寒冷將蒸餾酒過濾，保證醇厚口感，此後進入儲存和發酵過程。這是一間小規模的酒造，加上擔任社長的田本的母親，總共只有三個社員，每年種植兩噸紅薯，產量有限，但對田本來說已經非常繁忙。一年到頭，他只在新年過後可以休息幾天，比從前那份建築現場的施工管理工作，還要耗費更多精力。

開一間酒造，起初並不是田本的願望，他年輕時連一口燒酌也不喝，像很多同齡人那樣只熱愛啤酒。

開一間酒造，起初是田本父親的夢想。「我的父親一直有個觀點：人類的原點是農業。但這個小島的土地面積很小，和下五島豐富的農業環境不同，上五島幾乎沒有經營農業的農家。後來國家開始對上五島施行一些優惠政策，父親便考慮利用上五島的土特產品紅薯來製造燒酌，如此既能從事農業，又能開發本地特產。」二〇〇六年，五島列島地區以「振興地域經濟」爲目的，開展了一系列業務，田本父親的酒造計畫作爲其中一個環節，開始了籌備工作。經過一年時間，選好酒造地址，成立了公司，就在申請酒造資格證的過程中，父親卻突然去世了。

父親去世時，二十六歲的田本身在一百七十公里以外的福岡市。他的人生，起初是一條島上年輕人的常見路線：在父母身邊一直待到高中畢業，然後離開小島，去附近陸地的城市上大學，然後去更大的城市工作，找到立足之地，再也不回歸小島。田本沒有上大學，他進入了福岡一間工科專門學校，畢業後前往東京的建築公司擔任施工管理工作，二〇〇六年再度轉職回到福岡，繼續著建築業的工作。到此爲止，都是預料之中。不料父親突然去世，扔下進行到一半的酒造事業，他的腦子裡一片混亂，感到一種急迫的壓力：「不回去收拾爛攤子可不行。」回到故鄉之後，才發現酒造已經不只是父親一個人的事了，作爲地域振興的一個環節，它得到了許多島上人們的幫助，難以輕易中斷。只猶豫了幾天，田本就決定辭掉在福岡的工作，接過了父親未完成的酒造，將釀酒繼續了下來。

他從鹿兒島請來一位有過釀酒經驗的專業人士，起初幾年把製作燒酌的工作全權委託給對方，自己負責營業環節。後來，他漸漸不滿足於此，一邊在現場跟著做，一邊在網上學習釀造知識，至少有三年時間，他是手忙腳亂的，最大的問題源於味道不穩定：「即便是同樣的紅薯，也很難做出同樣的味道來。」他又前往日本各地的酒造學習、考察，日子久了也摸出一些門道來。如今的五島灘在他的反覆試驗下，不斷改良配方，已經形成了完全不同於最初的穩定的專屬味道。而在這個過程中，燒酌也變成了田本最愛喝的酒。

五島灘的招牌燒酌，原料主要是自己栽培的兩大紅薯品種：紅薩摩和黃金千貫。兩者都是釀造日本芋燒的常見品種。我在京都的「五島吧」喝到的那兩杯，是另一款叫「明治之芋」的酒，它也是近年來五島灘在一些酒客中聲名鵲起的原因。

繼承酒造的第二年，田本偶然聽說了一種名叫「金木瓜」的紅薯品種。這種紅薯早在一百年前的明治時期就在上五島地區栽培，後不知爲何消失了蹤跡，成了只存在於傳說中的滅絕品種。田本得知了「金木瓜」的存在，便想利用這種稀少的原料來釀造上五島獨有的燒酌，他花了三年時間，到處尋覓，終於從一個農家的土地裡得到了八個代代延續下來的「金木瓜」塊根。「金木瓜」確實更適合釀造燒酌，它與一般的紅薯相比，澱粉量更少，糖度更高，造就了醇厚的口感，擁有沉靜的味覺體驗，但它難以量產化。這個品種對土壤的品質要求極高，一旦兼容性不合，整片土地的紅薯都將死去。第一年，田本只收穫了四百公斤成果，產量不足以製造燒酎，又花了三年時間，才終於增產到一千六百公斤。二〇一六年，第一批利用「金木瓜」釀造的「五島灘 明治之芋」終於正式販賣。這款酒如今在每年九月上市，但產量極爲有限，只供應九百瓶一升瓶裝，在上五島之外的地方難得一見。

另一款只能在上五島喝到的酒，名叫「五星」，這也是田本父親的遺物，酒造正門的白色牆壁上還留著父親手寫下的這幾個字。田本想將之繼承下來，然而就在進行商標申請時，發現主打「星星系列」的北海道札幌啤酒廠早就將從一星到十星的商標全都搶註了。田本給札幌啤酒寫了信，表達了無論如何都想繼承父親遺志的心情，對方竟然沒有徹底拒絕他：如果每年生產兩千瓶，且只在島內販賣，那麼請做吧！

作爲上五島唯一的本地酒，因爲產量有限，不足以支撐進入日本各地的居酒屋和超市，那麼如何才能更好地推廣上五島的燒酎品牌？田本思考了很久，最終決定不像大型酒廠那樣通過代理商，而是自己直接聯繫各地的小規模日本酒專門店，保證在每個都道府縣裡至少有一間商店裡放著五島灘的酒。如今酒造每年生產大約一萬五千瓶一升裝的燒酎，田本還計劃著稍微再增加一點產量，但最多也就是比現在多一倍，再多就不是他的體力可以勝任的了。

田本從父親那裡繼承下來的恐怕還不只是一個酒造、一款酒的名字那麼簡單，十五年來持續在故鄉的土地上栽培紅薯、釀造本土風味的燒酌，他漸漸產生了和父親在世時一樣的「想要爲小島做點兒什麼」的回饋之情。前些年，他參加了五島列島一個支援計畫，開發了名叫「越鳥南枝」的特供燒酌，將銷售額的一部分捐獻給當地教堂群和文化景觀的保護工程。越鳥南枝，這個充滿了思鄉之情的中國典故原本也是父親的創意，在時間的變遷中，漸漸變成了屬於田本自己的心境。

「其實直到去年爲止，我都是拒絕對外開放參觀的，擔心外來者會帶來細菌，影響釀造工作。」田本說，去年上五島觀光協會找到他，他才考慮到當地物產振興的需求，答應了在管理謹慎的前提下可以開放參觀。四十歲之後，他開始有了這種與土地聯結的鄉情，知道開酒造的工作不只是釀造酒和販賣酒，爲自己賴以生存的土地做點兒什麼，也是一種責任：「這個島只有靠我們了。」在觀光協會提出的方案裡，要向每個參觀者收取一千兩百日圓的費用，雙方各自分成一半，田本起初想拒絕，後來決定將自己收到的一半兌現成伴手禮，贈送給參觀者。

於是在離開之前，我從田本那裡得到了兩瓶迷你裝的五島灘。他悄悄分享給我最近流行的燒酌喝法：以三比七或者四比六的比例，兌上蘇打水，很「夏天」，也適合搭配醬油系食物。這是一種在十年前還會被各種酒造拒絕的喝法，如今已經根植於日本年輕人的飲酒文化了。

「本來該邀請你試飲的，但你騎著自行車來，就算了。」田本說，有點兒羞澀，又帶著點兒抱歉。

「對哦，」我才想起來，「在日本這屬於酒後駕車了。」

「如果給你喝了，我會被抓起來，」他笑，「搞不好酒造的資格也會被取消。」

我當時以爲，不能一次性在酒造裡嘗試五島灘的各個種類也沒有關係，回到京都，也還能每週三在樓下的「五島吧」喝一杯。但那個獨自從上五島到京都打拚的年輕女孩，就在兩個月後，突然宣布：開了六年的「五島吧」決定關門了！我再也沒有見到過那個女孩，她不知去向，週三的晚上很快就被一個來自斯里蘭卡的店主取代了。五島灘的燒酒，就這麼從京都的夜晚消失了蹤影，成了記憶裡充滿旅途懷戀的紅薯香氣。

9

五島灘酒造的田本和ぽれ的老闆福本是好朋友，用田本的話來說：「福本君是我的釣魚老師。」他毫不吝嗇使用「老師」這個詞，儘管福本比他還要小四歲。在上五島，像他們這樣擁有外部視野的年輕人並不太多，兩人很是投緣。「喝醉的時候，我經常睡在ぽれ呢！」田本對此甚感滿意。

前一天在ぽれ，我很遺憾沒能見到福本。事實上，我是因爲他才來到ぽれ的。福本是上五島的名人，我在旅行雜誌上看過他的故事：二〇〇七年，二十三歲的他利用工作假期開始了環遊世界之旅，以二〇一六年一月的最後一站古巴爲句點，耗時兩百零二天完成了這一計畫。在地球上轉了一圈。當視線回到上五島，他意識到來到小島的年輕旅行者逐年增加，而島上竟然沒有一家青年旅館——於是在二〇一七年春天，ぽれ誕生，很快就成爲了上五島備受矚目的地標之一。

而就在和田本告別後的晚上，我才得知，前晚那個在廚房裡進進出出、用手機連上藍牙喇叭放了整夜流行歌曲的小青年，就是傳說中的福本，而不是我擅自猜測的來打工的大學生——在這個島上，根本沒有大學。我也才知道，開著廂型車帶我在島上轉悠的大叔，也並不是我以爲的退休後打工掙點兒生活費的孤苦老人，他是福本的爸爸。

二〇一六年，三十一歲的福本想在上五島開一間國際化的青年旅館，但他不能親自操作這件事：他有一份在政府的正式工作，工作內容是上五島的觀光宣傳。公務員不能同時經營旅館，他當然也不可能辭掉這份工作——在島上，沒有比公務員更穩定更搶手更令人嚮往的工作了。況且，開旅館要貸款，福本沒有信心單靠旅館的收入能夠同時生活和還貸。在這個島上，養育一項愛好，需要其他更穩定的經濟來源支撐。ぽれ是以福本爸爸的身分經營的，每天早上，他來到旅館，給客人辦理退房手續，中午開車回家吃午飯，下午再和妻子一同前來，打掃環境，給新到的客人辦理入住手續……爲了配合旅館節奏，他固定每天十一點吃午飯，下午四點吃晚飯，晚飯過後便和下班歸來的兒子交班。福本在ぽれ擁有一個單獨的房間，從傍晚一直待到次日清晨去上班，旅館就是他的家。

這天，下班回家的福本，給我倒了一杯五島灘，我按照田本推薦的方法，兌上了蘇打水。

ぽれ也販賣一些上五島的伴手禮，來自五島灘酒造的是一款叫做「教會之島」的燒酎，裝在只有三百毫升的迷你瓶裡。淡藍色的玻璃擁有和上五島的海水一樣透明的顏色，這是田本的創意，它看上去像一個漂流瓶，將心願寫在小紙條上塞進去。「所以啊，」福本指著瓶身上的文字遊戲給我看，「寫作『教會之島』（kyoukai no shima），讀音卻是『祈願之島』（inori no shima）。」

這款酒最近在ぽれ賣得不是太好。疫情籠罩的兩年裡，遊客幾乎從上五島消失了蹤影，儘管福本的理想是打造一個國際化的交流場所，其實在疫情之前，來到上五島的外國人也並不那麼多。

「不是入選了世界遺產嗎？」我有點兒驚訝。我曾經目睹了外國遊客在高野山掀起的經濟熱潮，認定歐美人對日本的世界遺產充滿了熱情。

「五島列島入選世界遺產的教堂建築群，在長崎和熊本也有很多，本島的交通更便利，更容易成爲外國遊客目的地。」福本說，這是他的那份公務員工作同樣遭遇的困境。還有一個原因是，五島列島直到二〇一八年夏天才正式入選世界遺產，一年半之後便發生了疫情，外國人還沒來得及發現這裡。

至少在二〇二二年春天，坐在ぽれ喝五島灘的那個晚上，我是唯一的外國人。此時，選擇這間旅館的一大半是出差的人們。一起喝酒的有兩位來自佐世保公車公司總部的青年，他們定期來到上五島出差，對島上總共不到四十台公車進行點檢和維護，並導入新的軟體系統。此項工作並不太費事，三天兩夜便可以結束，還可以抽空參觀幾個教堂。還有一位姓「市川」的年輕女孩，她在愛知縣豐田汽車公司擔任設計工作，同來的前輩們住在規格更高的飯店，房間數量不夠，她年紀最小，主動提議住在便宜的ぽれ，占領了一個單間。日本的大型汽車廠商正想盡辦法在偏僻之地開展新型業務，上五島的觀光協會門前停著幾台小型電動車，以每小時一千五百日圓的價格向遊客提供租賃——這種功率比自行車高、駕駛難度比汽車低、一次僅能容納一人的簡易車型，便是豐田汽車爲此定製的最新產品。但五台電動車閒置已久，問津者寥寥，主要原因是缺乏宣傳推廣，遊客大多不知道如何預約。市川此次前來便是爲了解決這一問題，她要親自駕駛它環島一周，試圖設計出幾條最優觀光路線，在五月黃金週來臨前推送給遊客。這是她第一次來到上五島，對一切充滿好奇和驚喜，認爲許許多多都是「不到島上就不知道的事情」，就連ぽれ的存在也是如此，這是她人生中第一次住在青年旅館。

福本就完全不一樣了，他住過全世界的青年旅館，終於在故鄉把旅館變成了自己的家。書架上那一排翻舊了的《地球步方》都是他去過的地方。公務員擁有固定的假期，他固定的旅行計畫便在每年一月的新年假期、五月的黃金週和八月的盂蘭盆節。但福本也已經很久沒有出門旅行了，疫情前最後一次離開日本，經過成都去了色達，此後便長久地被困在上五島。從日本各地來到ぽれ的住客們，投緣的那些經常一起坐在公共空間喝酒至深夜，這是福本在任何地方都鍾愛的生活狀態，是他與世界親密接觸時體感最佳的方式。這個晚上，他端著一碗自己做的、不太正宗的麻婆豆腐，蹲在一張木椅子上，談起他的下一個旅行計畫：等到世界重新開放的那一天，首先要再去一次印度。

豐富的環球旅行經驗，令福本成了上五島難得的觀光人才，也確實幫助了他的工作。當我指著白天翻閱的觀光手冊告訴他，我曾經在京都得到了一冊繁體中文版時，他表現出一種欣喜若狂，說那就是他做的。他顯然沒有料到這本觀光手冊已經流通到上五島以外的地方。他又告訴我，唯有日文版的手冊推出了進階版，更新了封面，中英韓文版因爲「還在滯銷中」，暫時沒機會替換爲更新的設計——如何吸引外國遊客的到來，仍然是未來小島上一個長期而迫切的難題。

到了五月的黃金週，福本依然哪裡都去不了。但有一個好消息，ぽれ的生意可能會好一點兒了，日本政府沒有像前兩年那樣繼續宣布「緊急事態」，日本人擁有了久違的長假旅行，像五島這樣的避世海島，當然是初夏的最佳選擇之一。聽聞黃金週期間ぽれ的床位幾乎都預約滿了，福本爸爸立刻預感到了腰痛發作的危險，他一個勁兒對接單的兒子說：「差不多得了！差不多得了！」

「客人增加就意味著大叔的工作量要增加，」福本爸爸對我連連搖頭，「大叔大嬸的年齡都大了，每天接待十幾個人，身體就會痛得不行。年輕的時候工作過頭了，現在老了，差不多就行了。」

白天福本去上班的時候，我擁有大把和福本爸爸聊天的時間。這個早晨，島上從黎明開始下起雨來，雨勢愈來愈大，終於演變成哪裡也去不了的架勢。我坐在公共空間喝一杯即溶咖啡，在等待客人退房離開的一段時間裡，福本爸爸對我說了一些他自己的故事。

他的父親出生在下五島中的福江島，是一個農民之家的第五個孩子，彼時從事農業幾乎掙不了錢，生活無以爲繼，父親便獨自來到上五島從事更賺錢的漁業，每月將收入寄回家給父母。福本爸爸出生在上五島，到了他高中畢業那年，大多數同學都選擇了搭上漁船出海，當時正是上五島遠洋漁業的黃金期，出去一趟就能賺到幾十萬日圓，更專業的漁師甚至每個月能掙超過百萬。但父親判斷上五島已經嚴重捕撈過度，漁師這份職業必不能長久，最好另尋一份穩定的、終生不會被解雇的工作。他運氣很好，上五島正要組建消防局，便前去應聘，如此便從十八歲到六十歲，度過了安安穩穩的四十二年。那些從事漁業的朋友們，果然後來都失去了收入，而最初月收入只有四萬日圓、完全不受歡迎的公務員，如今竟然成爲了這座島上最搶手的香餑餑。

兒子福本走的便是被島上的人們視爲「精英」的路，他高中畢業後，也曾經在島外求學，後來進入一間公務員學校培訓，考回了島上的政府機構。這件事難度挺大，大多數人無法實現：島上的公務員職位極爲有限，報名的人一年比一年多，錄取的人一年比一年少，很多職位由於在泡沫經濟時期招聘過多，如今每年只有人退休，但不再招聘新職員。更多出生在島上的人們，如果不得不回到故鄉，大多也只有超市或者便利商店店員這樣的零工可以選擇。

我向福本爸爸提起田本的酒造。在這樣的小島上，也許不去尋找一份容量有限的工作，而是創造一種過去沒有的事業，反而更可能實現。

「這麼小的一個離島，如果出來一大堆酒造，就賺不到錢了呀！只有一間的話，想想辦法還能夠繼續下去。」福本爸爸停頓了一會兒，「除非是那種把自己的工作帶到哪裡都可以做的人，也許可以住到上五島。」但遠距工作會帶來其他問題，「如果有什麼急事就糟了，不可能立刻趕回去，船的班次很少，還要受天氣支配，去哪裡都不方便，又很遙遠。」

工作問題困擾著今天離島上的人們，交通、教育和醫療問題同樣限制住了這個偏僻之地。對於養育孩子的家庭來說，移住需要決心，畢竟島上幼兒園和中小學有限，教育條件也遠不能與大城市相提並論；對於要考慮養老的人們來說，島上只有唯一的一間綜合性醫院，還要考慮到日常交通問題。福本爸爸從前在消防局工作時，目睹了荒謬的現象：日本的消防車同時要擔當滅火和急救的職能，國家新公布了消防車數量基準，規定「每十萬人配置一台救護車」，可在上五島，全部人口只有三萬，島嶼狹長，一台救護車上了路，就只能默默祈禱幾個小時內不要發生其他事件。制定國家政策的人們生活在東京，福本爸爸認爲他們根本不瞭解島上的困境，聽說東京的消防局接到119的急救電話後，趕到現場的平均時間是九分鐘，他覺得這種引以爲豪的效率宣傳簡直是個笑話：在上五島，接到119的電話，開去最遠的地方，路上要花一個小時，如果再送到上五島醫院，又要一個半小時，耗時兩個半小時，已經不能稱之爲急救了。

這天早晨的大雨中，有兩位老夫婦用雨衣雨帽全副武裝，騎著重型摩托車離開了，他們正在進行爲期一週的環五島列島騎行。我常常見到這樣退休後縱情享受人生的老人，他們像一個印證著日本曾經經濟輝煌的標誌，年輕時擁有豐厚的收入，年老後也能拿到不錯的退休金，可以隨心生活。這種生活對今天的年輕人來說無疑是奢侈的，經濟衰退的社會和不再享受終生雇傭制的年輕人們，在生存的壓力下，無論工作還是生活，都失去了從容與浪漫。

老夫婦離開後，福本爸爸開始拆下床單扔進洗衣機，打掃起房間來。我繼續喝著咖啡，和來自神戶的 POCHI 閒聊著，她正在等待一班早上十點開往港口的公車。

POCHI 的旅途正是今天那些日本上班族的代表。兩天前，她從關西機場搭乘一班廉價航空的飛機，飛到長崎機場，然後坐一個小時的機場巴士到佐世保，在經濟型飯店裡住一晚，次日清晨乘坐最早一班船來到上五島，到達之後隨即租一輛車，經歷六個小時的周遊，把觀光手冊上的重點項目溜達一圈，在ぽれ住一晚，再輾轉一天回到神戶。三天兩夜的行程、七八萬日圓的旅費，是她對一趟旅行最大的時間和金錢預算。

POCHI 拿著手機向我展示她前一天去過的教堂，其中好幾間都沒有開門，只拍到了建築外觀。「不做彌撒的時候，島上的教堂就不會開門，」福本爸爸湊過來看了一眼，「其實旁邊有個小小的出入口，從那裡是可以進去的。」這似乎是島民之間的一種默認的規矩。福本爸爸抬頭看了一眼牆上的掛鐘，才剛剛九點，於是他說，POCHI 只拍了外觀的那間鯛之浦教堂，可以開車帶她進去看一眼，然後再送她去港口坐船。

「要去鯛之浦教堂的人舉手！」福本爸爸環視屋內。正在走進來的市川聞聲舉起手來，距離她出門工作還有一個小時。我也舉起手來，前一天我晨跑歸來，福本爸爸認爲我跑錯了方向，應該往反方向跑兩公里，就可以到達鯛之浦教堂。大雨打破了我的晨跑計畫，不能再讓我錯過參觀教堂。

鯛之浦教堂如同預料中的大門緊閉。這棟明治風格的紅色磚瓦建築如今已經不再用於做彌撒，前些年在旁邊修建了另一棟白色現代風的新建築，人們轉移至那裡進行日常活動。福本爸爸走向側面緊閉的小木門，上面果然寫著「出入口」幾個字，他推門進去，徑直走向最前方，把兩側的電燈一一打開，教堂裡瞬間光明起來。室內打掃得很乾淨，兩側立著書架，塞滿了各種圖書，我掃了一眼書脊，大多和宗教沒有什麼關係。這裡如今被作爲公民會館使用，也是向孩子開放的小型圖書館，還可以舉辦婚禮——後者的使用場合日益減少，福本爸爸無奈：「最近都沒有年輕人結婚了！」

像五島列島上大多數有點兒歷史的教堂一樣，鯛之浦教堂裡也設置了幾個玻璃展示櫃，陳列著那些不夠資格被收藏進博物館、但具有一定科普價值的潛伏基督教徒相關資料。我在其中看到了好幾個踏繪的複製品，和在電影《沉默》中看到的一模一樣。

二〇一六年馬丁．史柯西斯執導的英語電影《沉默》，讓很多歐美人第一次知道了五島列島和潛伏基督教徒的存在，它的原作是日本國民作家遠藤周作在半個世紀前出版的同名小說。前一晚我在ぽれ重溫了一遍這部電影，因爲下五島的古賀先生一次次向我提起它，說這是他人生中觀看次數最多的一部影片，前後看了十幾遍。古賀先生有一個觀感：身爲美國人的馬丁．史柯西斯爲何會如此懂得日本人的心？令他產生這個念頭的是片中那個不斷叛教又不斷懺悔的懦弱男主角吉次郎，他認爲這個人物身上充滿了日本人特有的矛盾性和曖昧性，如果不是這部電影，連身爲日本人的他都難以察覺到這一點。這個角色甚至改變了古賀先生對演員窪塚洋介的看法。他以前認爲這位私生活離奇的男星就是個小混混，如今卻堅信他複雜的身世帶給了理解角色的能力，令他成爲一位偉大的演員。

踏繪，這是一個寫進日本中學教科書的名詞。江戶禁教時期，爲了找出那些潛伏基督教徒，長崎奉行製作了一種雕刻有耶穌像或聖母瑪利亞像的踏板，人們要想證明自己的淸白，就必須毫不猶豫地踩踏上去。一旦拒絕，就會被送進監獄，遭受酷刑。正如電影《沉默》中呈現的那樣：當時的潛伏基督教徒，在踩過踏繪之後，會進行強烈的懺悔，甚至將踏過聖像後的洗腳水喝掉，然而下一次，還是會照樣踩踏上去。

激發遠藤周作創作這個故事的契機，也是一塊踏繪。他在一九七一年出版的散文集《潛伏基督教的故鄉》中，收錄有一篇〈從一塊踏繪開始〉，記錄了一九六四年的初夏，他前往陌生的城市長崎旅行，偶然在名爲「十六番館」的建築中見到了一塊踏繪的故事。那是一塊在木頭中鑲嵌著銅版的踏繪，銅版上雕刻著聖母瑪利亞懷抱死去的耶穌——是米開朗基羅在五百年前就雕刻過的著名的「聖母憐子」的故事。這不是遠藤周作第一次見到踏繪，但和過去見到的那些乾乾淨淨的文物不同，這塊木板上布滿了踩踏過的黑色腳趾痕跡，看上去不止一兩個人的腳印，肯定是數量衆多的人們留下的。這種景象令他產生了一種奇妙的聯想：留下了黑色腳印的人們都是誰？那些並非出於自我意願、卻因爲害怕拷問而不得不踩踏上去的潛伏基督教徒們，當時內心在想些什麼？此後，他開始不斷前往長崎蒐集資料，進行實地考察，過去只存在於枯燥歷史中的人們漸漸活了過來，眞實的生命裡充滿了眞實的恐懼。兩年後，他完成了日本文學史上最好的關於潛伏基督教徒歷史的作品。

遠藤周作在這部小說中傳達的價值觀，穿越了時間與空間，被美國人馬丁．史柯西斯所理解，又被這位美國人傳達給更多像古賀先生這樣的日本觀衆。根據遠藤周作自己的總結，這部作品表達的是「弱者的生存」。禁教時期的日本，產生了許許多多的殉教者，拒絕踩上踏繪的教徒們，最終被處以酷刑，在痛苦中死去——從遠藤周作的眼光來看，這些「華麗的殉教者」是擁有堅定內心的「強者」一方，因此不懼怕拷問與死亡；而那些因爲恐懼肉體的折磨與痛苦而棄教的人們，是內心膽小怯弱的「弱者」一方。他得出了一個過去沒有人得出過的結論：潛伏基督教徒這一段歷史，是弱者的歷史，是苟活的歷史。這種嶄新的關於「強者與弱者」的思考，貫穿在此後遠藤周作幾乎所有的文學作品中。

將近四百年後，當今天的外國人試圖用踏繪來理解日本文化和日本人的性格時，他們又看到了一些超乎遠藤周作「強者與弱者」價值觀之外的更有趣之處。在五島的旅途中，我讀到了一本小書，是美國當代藝術家藤村眞（Makoto Fujimura）在二〇一七年寫的《沉默與美：遠藤周作、心靈創傷和踏繪文化》[8]。他在書中提出了一個有趣的觀點：在德川幕府的禁教令之下，日本各個地域的村民之間形成了監視集團，以近鄰之間的五人爲一組，相互觀察彼此之間是否存在潛伏的基督教徒，這種互相監視的「五人組」，是日本文化自古根深蒂固的集團主義的一個縮影。「我認爲，可以把日本文化稱爲踏繪文化，」藤村在書中寫道，「也即是一種集團思考文化，一種欺負和鎮壓不合群者的文化。」踏繪文化的本質不只是排除基督教，它拒絕一切個人信仰和思考自由，在今天的日本社會依然心照不宣地存在。

離開鯛之浦教堂後，我們送 POCHI 去港口，雖在暴雨之中，幸好船隻還能照常出航。福本爸爸在回程小心地減慢車速，向我們總結道：需要時刻關注船的運行時間，時刻關注天氣變化狀況，這就是島上觀光的特徵。他對這個小島觀光業的未來有自己的看法，認爲不同於其他地方的觀光，人們來到這裡，如同我花了很長一段時間去理解踏繪文化那樣，應該是一種「學習型觀光」。

⑧ 編註：英文原書名為 *Silence and Beauty: Hidden Faith Born of Suffering*，日文出版書名為《沈黙と美：遠藤周作・トラウマ・踏絵文化》（晶文社，二〇一七）。

對我來說，天氣沒有福本爸爸說的那麼重要，暴雨絲毫沒有影響我在上五島閒逛的心情。中午過後，我轉了一班公車，去了一處水邊的教堂。初夏的杜鵑和菖蒲在雨中綻放出最豔麗的色彩，教堂前有一面湖水，終年將整個建築倒影其中，被人們稱爲「水之鏡」，這時也被不斷落入的雨點磨花了鏡面，留下一片模糊。教堂大門緊緊關閉著，但我已經知道了祕密潛入的方法，推開小門走進去，獨享了空無一人的靜寂時光。它是在五島列島許多教堂之中我最喜歡的一間，也是衆多著名的教堂之中不那麼著名的一間，內部的白色牆壁上綻放著無數盛開的紅色野薔薇。這間靜謐的小小的教堂，不同於那些愈來愈商業化的世界遺產教堂，只是周邊居民一種習慣的延續。這種信仰在進入現代社會後愈來愈淡薄，教徒愈來愈少，有時甚至需要依靠募捐來維繫日常，但它仍然以最小的規模默默存在著。我在離開之時，小心地關上了門——門上貼著一張簡陋的A4紙，上面的手寫字跡告訴我：關門不是要把外人拒之門外，而是擔心小鳥誤入其中。

在ぽれ最後的早晨，我獨自一人坐在公共空間吃早餐，幾個小時前，福本和市川跟我道別，兩人一同出門上班去了，我收拾好行李，等待中午開往港口的公車。十點，福本爸爸出現了，等到洗衣機轉動的聲音響起來之後，他走出來對我說：「今天暫時沒有別的客人要來，我帶你去大曾教堂吧！」又吩咐我帶上行李，說港口也在順路。

前一天在鯛之浦教堂，我第一次聽說了大曾教堂的存在——福本爸爸掏出兩張教堂的紀念卡片，名片大小，正面印著教堂外觀的照片，陽光灑在紅磚建築上，天空中懸掛著一道逆彩虹，背面則是一段語錄，每張各不一樣。

福本爸爸是個溫柔的人。這種溫柔，屬於上一代日本男人刻意隱藏的內心，是在安寧寂靜的小島上被埋藏於深海之下的溫柔，這種溫柔很難被年輕的人們所察覺，如果不是因爲這個早上坐在小廂型車裡，他對我說的那句話，我也將毫無察覺地結束我在上五島的旅途，錯過了那份溫柔。

「昨天那兩張卡片，不是給了POCHI和市川嗎？」福本爸爸說，「當時沒有給你，原因是我想著今天也許可以帶你去。」分配卡片時我正忙著拍照，並沒有太介意自己被忽視了這件事，福本爸爸接著又道，「但是昨天不知道今天會發生什麼，萬一有什麼突發狀況呢？所以沒有當場跟你約定。」

我一直想知道，是什麼造就了人類內心溫柔的品質，例如在這個島上，是否與自然風土存在一定關係。福本爸爸卻說，那只是他當消防員時培養出來的一種職業習慣。我們在前往大曾教堂的車上路過那個冷清的消防局，福本爸爸過去在那裡受到了這樣的職業訓練：消防員在現場，最重要的是判斷和預知未來的狀況。救火最好的方式是衝進火場、直接用水滅掉火源，但在那之前，要根據現場的煙霧顏色等因素，判斷火勢到了什麼程度、建築毀壞的情況如何、是否有時間以及還有多少時間可以進入其中。人們以爲消防員的工作只是一種體力勞動，事實上對他們來說，需要大量的腦力判斷。一個不謹愼的判斷就會威脅到自己和同事的生命。他們很多時候不在火場，而是在急救現場，但準則也是一樣：還有多久能到達醫院？這個人還能堅持多久？不提前預判未來，就不能拯救人的性命。四十年來，思維模式日復一日，工作習慣影響了生活習慣，養成了福本爸爸凡事提前預知的性格，就連帶我去教堂也是如此。他不做沒有把握的約定，只是在心裡默默計劃著時間和路線，一直到這個早晨的最後一秒，等他把所有的床單和被套都扔進洗衣機之後，他才開口對我說：「帶你去大曾教堂吧！」

消防員的工作也令福本爸爸成了一個滴酒不沾的人。在這樣的小島上做消防員，即便是在家休息，一個電話來了也要立即去救人，所以從年輕時開始，他就必須時刻保持警惕，杜絕因爲喝醉而不能迅速行動的狀況發生。我無法想像那份工作的繁忙程度，但想起了前一天他說起和兒子的輪班制，原則是自己絕不住在旅館裡：「大叔做消防員的時候總是不能回家，憑什麼退休了還不能回家睡覺啊！」

我跟在福本爸爸身後，沿著海邊陡峭的階梯走向高台上的大曾教堂。從高台望下去的海港上，有一個醒目的巨大高爐，它一度也是上五島上重要的產業之一：島上擁有大量的高品質石材，開採的石頭通通過船隻運送到這裡，加工成水泥，再用貨車運向日本各地。幾隻黑鳶盤旋在教堂周圍，最終停留在一株低矮的樹上，燦爛的杜鵑花開得到處都是——在這個島上，黑鳶和烏鴉總是無處不在。

「我昨天也遇見了好幾隻烏鴉，在退潮後的海灘上遲遲不肯離開。」

「它們在尋找食物，」福本爸爸說，「被海水沖上來的魚的屍體，曬乾後成爲帶著鹽味的碎片，是它們的晚餐。」我試圖想像了一下，覺得上五島的烏鴉比別處都幸福，它們在城市裡只能亂翻垃圾袋，還要被人類想出各種對策來阻止，在海島上卻可以成天吃鹹魚。豐裕的覓食環境讓烏鴉大量繁衍，對島民們造成了一些小小的麻煩，更大的困擾來自其他大型生物：晚上開車出去，道路上隨時竄上來野鹿和野豬。人口日益減少，野生動物繁殖過快，成爲島上物種失衡的一個現狀。

備受道路上的野生動物困擾的是那些獨居的高齡者們。日本沒有規定駕照的年齡上限，島上不乏有一些年過八十歲還經常獨自開車出門的老人，儘管從理智上知道這是一件很危險的事情，但在不便的交通環境下，很多人不這麼做就沒辦法隨時去醫院，也不便去超市購買食材，基本的生活需求令他們依然駕車出行。

我想，福本爸爸的未來應該會比他們幸運得多，他的身邊至少有一個兒子，不出意外這種狀況不會改變。但當他用一種島上安穩生活的基準來衡量兒子時，又開始擔憂起來：他要這樣玩到什麼時候呢？什麼時候才能結婚？其實福本爸爸還有一個兒子，留在上五島的是長子，次子在長崎市工作，早就讓他抱上了孫子。在他這一代日本人的傳統觀念中，雖然不會成天圍著孫子轉，但仍然覺得男人就應該有個妻子，有個家庭，彼此分擔壓力，再生個孩子，然後懂得什麼是責任。

「大叔的兒子就是因爲沒有結婚，才可以這樣在旅館裡和陌生人喝酒到深夜，三十多歲了還能在椅子上跳來跳去啊！」我其實很羨慕福本的狀態，看到他身上還保存完好中年人少有的童心與活力，試圖告訴福本爸爸這種狀態是多麼難得。

福本爸爸苦笑：「老了以後會很寂寞的哦！」

「寂寞的時候，像我這樣出來旅行就好了啊。來到ぽれ，遇見大叔，不是很有趣的事情嗎？」我想，福本肯定就是在世界上各個角落遇見了這樣的人和事，才擁有了一顆自由的心。

福本爸爸和滿世界亂跑的兒子是截然不同的兩種人。他和妻子偶爾會去長崎看孫子，就算是長途旅行了，再遠一點兒去到福岡，就是極限。他這輩子只去過一次京都，四十年前也去過一次東京：「那麼擁擠！根本不是適合人類居住的地方！」

「大叔我啊，在人多的地方就會犯暈，眼花繚亂，還是不要出去比較好。我就是個哪裡都不想去的人，」他笑著說，又對兒子的人生半認命地搖搖頭，「去看世界的欲望，大概三人份都給了兒子了。」

大曾教堂仍被教徒日常所用，門口立著一塊牌子，上面列有每天的掃除值班人員。它看上去比我之前去的幾間教堂人氣興旺，光是清掃人員就分配了五個小組。教徒日程繁忙，週日是固定的彌撒時間，平日還有墓地清掃和病人訪問之類的工作。福本爸爸照例帶我從一扇側門進入教堂。這天天氣很好，不必開燈，太陽光透過彩色玻璃照射進室內，在桌椅和地面上投下絢爛斑駁的光影。

醒目處有一張桌子，上面擺放著一盒來訪紀念卡片，我們來到此處似乎就是爲了這唯一的目的。像在神社抽籤似的，我和福本爸爸各自拿起一枚，低頭讀起印在背面的句子來。

「想要把這一枚送給那些此刻正在發動戰爭的人呢！」半晌，福本爸爸一臉嚴肅地對我說。上五島的汽油價格原本就高於日本各地，受到近來俄烏戰爭的影響，又漲了一些，我在新聞裡看到，日本政府正在想盡辦法對各地進行油費補助。於是我湊過去看福本爸爸手上的那一枚，上面寫著：「愛你們的敵人，善待憎恨你們的人。」

福本爸爸不信仰任何宗教，每次來到這間教堂確實也只是爲了拿幾張卡片，這些隨機的句子又都會送到偶然來到ぽれ的客人手中。於是我們都很期待：這一枚會送到怎樣的一雙手裡呢？會送到一個眞正意義上愛好和平的人的手裡嗎？

島上的水稻收成分為兩季，第一次是在八月的盂蘭盆節期間，第二次在金秋十月。
從插秧、收割到精製成白米，全部自己完成。

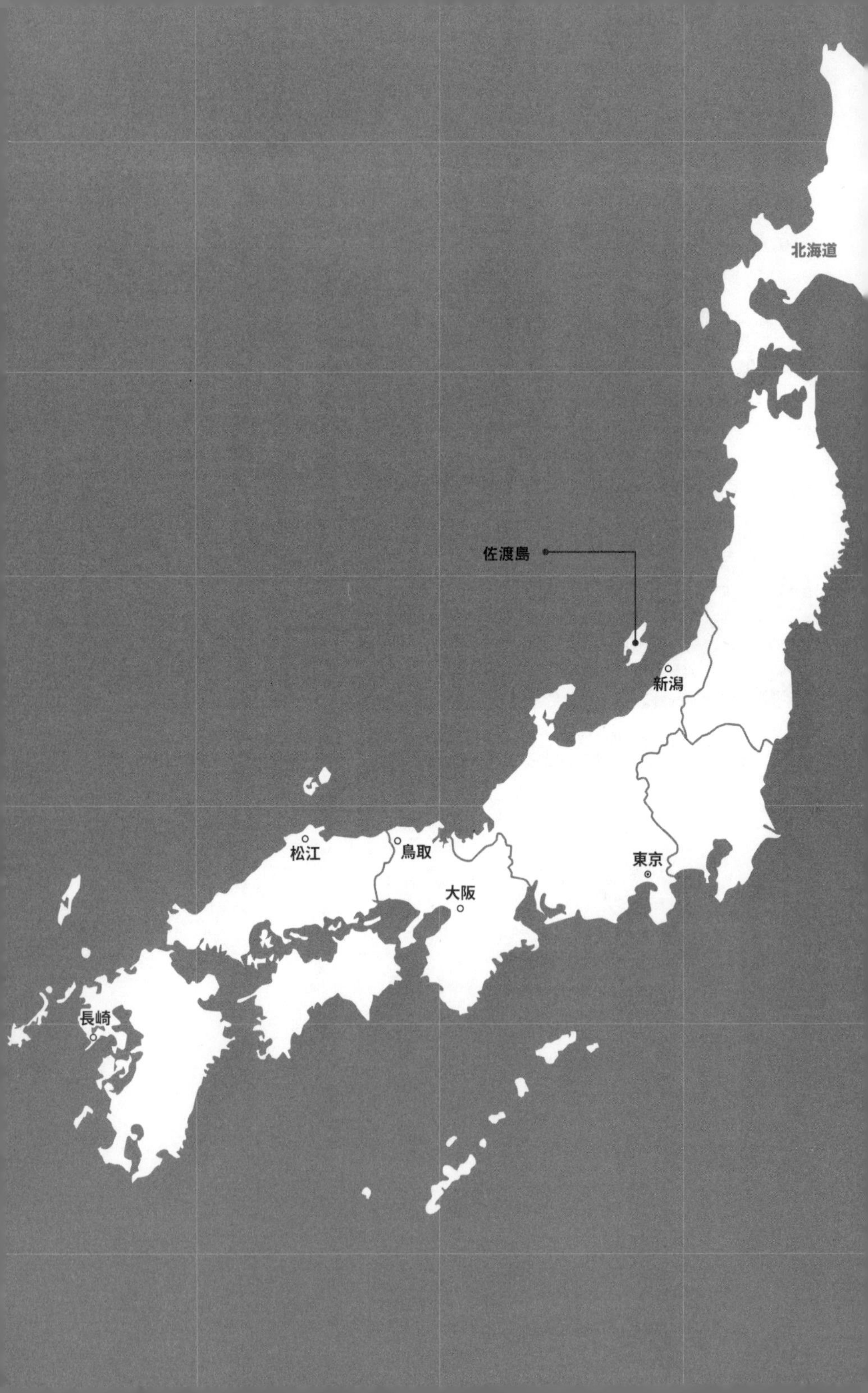
北海道
佐渡島
新潟
松江
鳥取
東京
大阪
長崎

II

泥土之下，花的種子——佐渡寂地

「我要去佐渡！」花道教室裡討論夏天的旅行計畫時，我說。上五島的福本爸爸對我說過，想瞭解離島生態，就得去看看日本最大的離島。然而，當我說出「佐渡」二字，花道教室陷入一片寂靜。良久，才響起幾聲捧場的「咦？」，上揚的語調中帶著疑惑。

「佐渡啊，很不方便哦！」眾人默契的附和聲中，終於有一位在京都上大學的男生發表了誠懇意見。這位男生正巧來自新潟縣，老家距離佐渡島只有三十公里船程，但他說自己一次也沒去過那座「附近的島」。「很不方便哦！」這個論斷之後他重複了三次。

佐渡毋庸置疑是有名的，在這間京都的花道教室裡，每個人都能說出它作爲「日本最大離島」的存在感來。但要再繼續說下去，還能說得上來什麼的人就很少了，既沒人關心這座漂浮在日本海上的離島究竟是「H」形、「S」形還是「Z」形，也沒人計較它的面積足足等於一點四個東京二十三區、常住人口卻不到五萬人——要知道在後者，來自世界各地的九百七十一萬人正密集地擠在一起。

我在前往佐渡的船上發現一本旅行雜誌，上面沒什麼有價值的資訊，倒是有篇專欄提到了太宰治筆下的東北小城津輕。說起來也有趣，描寫佐渡島最著名的當代遊記，正是這位大作家寫的。太宰治只活了三十九歲的一生，遊記寫得不多，其中廣爲流傳的兩篇，一篇是他的故鄉津輕，另一篇正是毫無血緣關係的佐渡——這更加令佐渡顯得地位非凡。

太宰治在一個寒冷的冬日乘坐名叫「OKESA丸」（おけさ丸）的大船來到佐渡。按照遊記所寫，起因是他被邀請前往新潟市一間高中進行演講，次日便順路來了佐渡。作家的旅行充滿怪奇執念，這座離島是什麼地方打動了太宰治呢？他寫道：「聽聞佐渡是一個寂靜到死的地方，我從以前開始就惦記著這裡。相比天堂，我對地獄更加念念不忘……寂靜到死的地方，這很好。」剛上船時的太宰治一切都好，但出發沒多久，他便暴露本性，變得病唧唧起來，到了佐渡島上，愈加牢騷滿腹，一會兒嫌厭此島大得無邊無際，簡直跟內陸一模一樣，一會兒吐槽料亭裡堆積如山的食物，和置身於東京郊外沒什麼區別，一會兒又覺得：「一無所有的佐渡，委實讓人空虛不安。」結果，在島上待了沒兩天，太宰治就跑了。這肯定不是一篇讓佐渡觀光局滿意的遊記，我確信不會有太多人因爲太宰治的抱怨，就跑去看看一無所有的佐渡。

但今天的佐渡已是一個移住大島，按照官方近年公布的數據，每年有超過五百人移住到這裡。當地政府專門開設了一個移住支援網站，為外來者提供各種優惠政策和服務資訊，也分享一些眞實的移住經驗。有篇文章提醒人們要做好心理準備，不要對離島抱有天眞幻想：「你必須知道，佐渡島上沒有這十樣東西。」往下一一列舉：沒有大型商業設施，沒有綜合型影院，沒有星巴克、麥當勞、UNIQLO、無印良品、宜得利，沒有越南、泰國、印度和墨西哥料理，沒有動物園，沒有都市銀行，沒有高速公路，沒有保齡球場（過去有過，不幸全都倒閉了），沒有電車，沒有大學……對於城市人來說，以上皆為不提醒就會忽略其存在感的日常生活標配，而在離島上，也誠然都是異想天開的「非必要不存在」。不過，這篇文章的用意並非在於嚇退外來者，後半段話鋒一轉：那麼，佐渡島上有什麼呢？有很多幼兒園、小學和醫院。在這裡，沒有排隊上不了幼兒園的「待機兒童」[9]，也沒有到了醫院發現沒有病床的老年人，要說每十萬人口中的普通病床數，佐渡的數字比東京還高！這一點確實具有吸引力。住房福利、生育和育兒福利、醫療養老福利——當下日本地方政府想要積極爭奪年輕人，用的皆是這幾招殺手鐧。

⑨ 編註：「待機兒童」（たいきじどう）指的是由於保育園不足和全職女性增加等原因，導致儘管符合條件，但無法入托保育園（幼兒園）的孩子。

去佐渡之前，我偶然發現了一本當地中學生製作的小書，名爲《生活在佐渡的我》，比太宰治的抱怨有趣多了，是中學生們社會實踐課的成果。他們採訪和拍攝了生活在佐渡島上各種職業的人：鋼琴教室老師、高中老師、養老院護理師、理髮師、農民、建築工人、魚店老闆、漁師、公務員、消防員、郵差、餐飲業打工者……業種構成和一般的城鎮差別不大。這些支撐著佐渡社會運轉的人們，圍繞著工作內容展開自述，難免也談及一些放之四海皆準的離島現實：好處是擁有山與海的豐裕自然，四季能吃到便宜美味的海鮮，風光明媚，人情敦厚；壞處是人口高齡化、年輕人外流、產業不足、缺乏新鮮刺激……還有一種不加掩飾的焦慮：觀光業連年不振，遊客持續減少，申請世界遺產迫在眉睫。

我去佐渡的時候，這座離島正因「申遺」陷入一場國際爭議之中。

佐渡的世界遺產溯源要從自古以來的「黃金傳說」開始。日本平安時代末期編纂的《今昔物語集》中記載了這個故事：聽聞遙遠的佐渡國擁有盛開黃金之花的土地，北陸能登地區的一位礦工被指派前去，後帶回千兩黃金。這一傳說奠定了佐渡島在日本人心中「黃金之島」的印象，並且在江戶時期變成了現實。一六〇一年，德川幕府在佐渡島北部的相川地區發現一座金銀礦山，拉開了延續近四百年的開採序幕，共挖掘出七十八噸金礦石和兩千三百三十噸銀礦石，一度曾是世界黃金產量規模最大的「金山」，也是長期支撐江戶幕府的財政來源——一種說法是，因爲有佐渡金山穩定產出的金銀供應作爲保障，才使幕府有底氣長期實行閉關鎖國政策。鼎盛時期的相川礦區，總共生活著超過五萬人——比今天佐渡島上的全部居民加起來都還要多。

佐渡金山在明治維新之後仍繼續開採，直到進入平成的那一年（一九八九年）才因枯竭而宣告結束使命。一座不能再生產黃金的金山，在新時代又被賦予了它的經濟價值：當地政府將金山內部改造成觀光設施，並於二〇二一年宣布向聯合國提交「佐渡金山」的世界文化遺產申請書，理由是它具有「反映江戶時期生產技術和體制的文化價值」。

想攀上世界遺產高枝的佐渡金山立刻就遭到了抗議。反對的聲音來自鄰居韓國。韓國官方發言稱：「第二次世界大戰期間，日本通過不正當手段將朝鮮半島勞工帶往佐渡金山進行強制勞動。」有韓國媒體稱，被強制在佐渡金山勞動的朝鮮人超過一千三百人，他們遭受的是高強度的勞動和被拖欠薪資的生活，頻頻出現逃跑甚至死亡事件，更多的人患上終生不能治癒的肺病——這樣陰暗的歷史，韓國人認爲，佐渡金山不宜成爲人類文明遺產。

佐渡金山，一無所有的佐渡島上最著名的地標，因此成爲日本和韓國之間諸多「歷史戰」的條目之一。這場「戰爭」仍在繼續。二〇二二年二月，聯合國教科文組織以「部分遺跡說明不夠完善」爲由，暫停了佐渡金山的世界遺產審查，一年之後，日本政府再次提交了修改後的申請書，目標是在二〇二四年讓佐渡金山順利加冕世界遺產。來自韓國的抗議未能奏效，日本世界遺產研究所的某位發言人甚至還搬出了西班牙曾經的殖民地波托西銀礦（Mina de Potosí），指出「擁有黑暗歷史的世界遺產從來都不稀奇」。

事實上，我剛一踏上佐渡島的土地，就看見港口大廳到處掛著爲申請世界遺產造勢宣傳的橫幅和海報，眼下這就是島上的頭等大事。四周的牆面上，繪製著湛藍的大海、新綠的水稻以及飛翔在天空中紅白相間的鳥類。伴手禮商店的一些當地原創產品洩漏了它們的名字，在一個帆布袋上，畫著同樣的一些鳥兒，旁邊寫著一句玩笑話：不要把朱鷺帶回家！

朱鷺（學名爲 Nipponia nippon），佐渡島上另一個勉強可以冠上「國際化」的代表物。比起備受爭議的佐渡金山，它的故事要和平友愛得多，甚至還和中國有一些關係。朱鷺曾是遍布日本各地的野生鳥類，受農業現代化影響，農藥和化肥嚴重破壞了它們的飲食生態，數量銳減，一九七〇年之後，全日本僅在佐渡島上能找到它們棲息蹤跡。二〇〇三年，隨著佐渡島上最後一隻朱鷺死去，正式宣告了這種鳥類在日本滅絕。讓佐渡島朱鷺「復活」的契機，來自中國在一九九九年贈送的一對養殖朱鷺，它們在島上經過人工繁殖產下後代，並於二〇〇八年回歸自然，自由飛翔在佐渡的天空上。此後，佐渡官方每年都會向外界公布島上的朱鷺數量，二〇二二年的最新數據已經達到四百八十隻。它們被一些人視爲日本的國鳥，另一些人在談及中日友好成果之時，也屢屢將它作爲象徵。

如果去佐渡，就想親眼去看一看朱鷺！我曾聽到一些老一輩的日本人感嘆。如果到了島上，他們一定不會失望，儘管野生的朱鷺在佐渡廣闊的自然裡不太容易目睹，但島嶼中心處如今有一間朱鷺主題公園，人工飼養的朱鷺成天站在巨型籠子中央，隨時滿足人類願望。

我對礦山和朱鷺興趣寥寥，我來到佐渡另有目的。一年前開始，我在京都的一間私立大學裡修了一門關於日本傳統文化的課程，由此接觸到日本第一項當選世界無形文化遺產的藝術：能劇。日本歷史上最著名的能劇大成者、創造了「秘則爲花」[10]美學觀的世阿彌，自幼是室

⑩ 編註：日文原文為「秘すれば花」，意指在藝術和表演中，適當的隱祕與未揭示的元素能增添美感及吸引力。

町幕府將軍的寵兒，卻在七十一歲的高齡被流放到佐渡島，創作完成了最後一部短謠曲集《金島書》，之後消息不明，推測是度過最後十年的晚年生活後，死在了離島上。

世阿彌來到佐渡島並不是一個意外。大半個世紀前的日本，佐渡島由於它遠離都城的偏僻地理位置，加上冬日暴雪嚴寒的生活環境，被欽點爲流放目的地，收容那些因政治和宗教關係失去立足之地的人們。世阿彌可以視作一個失敗藝術家的代表。早於他的兩百年前，有一個失敗的掌權者，在承久之亂中失敗的順德天皇，也被流放到佐渡島，至四十六歲去世，他被囚禁在島上二十二年，再也沒有越過茫茫大海。那之後還有一個宗教人物來到此島，日蓮宗的宗祖日蓮聖人，但這位的運氣比前兩位好多了，不甚嚴重的言論過失，不過三年就被赦免回歸了……類似這樣，從奈良時期到室町時期流放到佐渡島上的失勢者，有記載的就超過七十人。

失敗者被流放的殘酷命運，意外地爲偏僻的小島帶來融合的契機。無論藝術家、掌權者還是宗教人物，來到佐渡島的貴族們帶來了彼時繁榮的中央文化，讓京都文化逐漸在佐渡生根，成爲「流人文化」[11]的副產物。日本的傳統藝術和工藝在離島上蓬勃發展，又被大海隔絕了外界的侵蝕，完好地保存至今。在今天的佐渡，數得上來的民間藝能多達十幾種，幾乎是一幅日本傳統藝能的縮略圖。

我來到佐渡島，便是爲了看能劇。全日本的能劇演出舞台，超過三分之一在佐渡。島上的演出劇目，七成是世阿彌留下的。這不算什麼新奇事，日本各地皆是如此。在京都的平安神宮附近也有一間能劇會館，一年到頭排滿了演出，但佐渡島的特別之處，在於每年從五月到十月期間，會舉行在城市裡難得一見的「薪能」演出。我看過一些現場影像，不同於在劇場裡莊嚴觀看的高深氛圍，佐渡的舞台全部建在神社裡，人們在戶外觀看，四周點燃篝火，濃濃煙霧籠罩之下，彷彿夏天夜晚的篝火晚會一般，伴隨著謠曲的吟唱聲和笛子與鼓的伴奏聲，呈現出一種恍若隔世的神祕感——那是瞭解日本文化的本質必須懂得的「幽玄」之境，我的老師這麼說。

我動了去佐渡觀看薪能的心思，經過一番研究，確信六月是最好的日子。此月最熱鬧，

⑪ 編註：「流人文化」是指日本歷史上被流放到偏遠地區的人所形塑的文化。

島上各處幾乎每週都有演出，幾個有著百年歷史的神社舞台，也都安排了著名的劇目。在島上長住不是問題，只是交通有些折騰，佐渡島無愧於它作爲「日本最大離島」的盛名，從南到北開車需要一個小時，公車路線範圍有限，通常只在部分區域循環，要找到契合的轉車時刻表十分困難。幸而六月演出密集，當地觀光協會爲了那些不能自駕的人們開設了一班「薪能穿梭巴士」，可從市中心的公車總站乘車，單程車票五百日圓，但每場演出只有一班車，僅可容納四十人，先到先得。我三月時打電話到佐渡交通公司預約，總算都約上了，一個男人在電話裡確認過我預訂的旅館地址之後，再三提醒我：「演出本身也要預約，你可別忘了！」這個離島上的大多數事物，暫時還沒接入網路時代的便捷，不同神社的薪能演出由各自集落的組委會負責，需要一個接一個打電話去詢問，有一些立刻接受了預約，有一些對方也搞不清楚狀況，又輾轉打了更多電話確認。「視疫情的情況，沒準也可能隨時取消。」還有人記下了我的姓名和電話後說：「一旦有變化，馬上通知你。」

1

從輪船靠岸的兩津港前往相川地區，由最東至最西，要橫穿佐渡島的心臟地帶。船程不過一小時，公車也要一小時，車費隨路程增加，我下車前確認了一眼：八百四十日圓，不算便宜。一位頭髮快要掉光的老頭走在我前面，胡亂在口袋裡抓了一把扔進投幣箱。司機難得是位女性，著急地叫住他：「車費不夠！」他舉起一隻手擺了擺，沒有停住腳步的意思，在司機無奈的笑容中，悠然下車了。

今天的相川地區只居住著佐渡島上十分之一的人口，但由於靠近金山，便於觀光，不少飯店和旅館扎堆[12]於此。佐渡島上最有人氣的一間青年旅館也開在這裡，就在公車站牌後面，

⑫ 編註：扎堆，意指一群人聚在一起。

我一眼就看見了它：一棟兩層的小樓，看起來並不嶄新，應該是由舊民宅改造而成的。內部裝修倒是很新式：中間一個木製長條吧台，擺放著長長一排精品咖啡豆，又有幾台生啤機器。吧台內的兩個年輕女孩接待了我，要求我填寫好入住資料，帶我到廚房、浴室和洗衣房轉了一圈，才終於走上二樓打開房門——這棟房子裡，所有住宿的房間都在二樓，但房間簡陋，不過打出一個稍高的台子，放了兩床榻榻米，幾個衣架隨意地掛在牆上，像那種桑拿房專設的休憩室。二樓更大的空間，被改造成一個共享辦公區，電腦、印表機和投影機等會議設備配置齊全，還與時俱進地爲直播主們準備了藍牙麥克風、錄音器、攝影燈和單眼相機，不只針對住客，只要九百日圓，誰都可以使用一整天。這樣的空間，據說佐渡島上僅此一家。至於一樓，外人也可以隨時走進來，坐在吧台前喝一杯咖啡或者啤酒，住客還可以窩在開放式廚房的起居室裡，聚餐或是聊天。

重新坐在一樓的吧台前時，我得知了這一設計的用意。接待我的其中一位年輕女孩說，旅館的老闆伊藤，一位四十一歲的本地男性，原本是個料理人，有天意識到佐渡島上都是些面向老年人、早晚餐全包的日式傳統旅館，竟然找不到讓年輕人輕鬆入住的便捷住宿，於是在二〇一八年改造了一幢七十年前建造的老旅館，變成了眼下這間背包客棧。他給這裡取名爲「Perch」，意爲讓鳥兒在飛翔間隙得以短暫停留的「棲木」。

年輕的人們來到佐渡棲息，目的各有不同，時間或長或短，但有一點共性：無論在經濟還是生活上，他們之中的多數都不太自由富裕，需要在旅途中隨時工作，或者說來到佐渡就是爲了工作，因此一個共享辦公空間是非常必要的。同時，選擇住在旅館裡的年輕人們應該也渴望交流，和旅行者交流，也和本地人交流。

「那邊去年修了一個桑拿房，」女孩指了指一樓深處，「下午三點之後開門，你要是有興趣，可以試一試。」

桑拿房？我短暫地陷入疑惑。女孩拿過一本佐渡觀光雜誌，翻至某頁遞到我眼前，果然，照片上有幾個男人裹著毛巾，正斜靠在一個木頭房間裡，旁邊有行字：「佐渡唯一一個正宗芬蘭式桑拿房。」接著我看到了老闆伊藤的臉，他被壓縮成一個頭像，對雜誌記者說：「佐渡島上雖然也有一些溫泉有桑拿房，但在我看來，那些都不是眞的桑拿。在北歐，桑拿是成年人的社交場，我想試一試，能不能也在佐渡島上爲客人和本地人之間，打造這樣一個交流的場所？」

我不打算剛到佐渡就去感受芬蘭，還是想先看看這個島上留下了些什麼。我之所以在這時上島，也是因爲從一張觀光海報上得知，這天傍晚七點，在金山下的商店街有一場夏日祭典。

這個祭典號稱從江戶時期延續至今，人們會身著傳統服飾，手持紙燈籠，一邊演奏傳統樂器，一邊跳舞前進。佐渡人稱之爲「宵乃舞」。

我向女孩打聽去祭典的方式，得知一個「噩耗」：佐渡的計程車全靠電召，不能妄想在街上揮揮手就有車停下來的情況，事實上，在大街上，極大可能連一輛計程車都遇不到。並且，她強調，計程車公司在晚上八點準時下班。這意味著，我研究著手機上的公車時刻表，我要乘坐祭典的接駁車在八點半之前回到金山下的公車站，然後搭乘末班車回來，一旦錯過這班車，極大可能要露宿街頭。

佐渡的交通是如此不便，觀光業也沒有做好周全的應對手段。就在我和前台女孩說話時，一位男性住客拖著行李箱走出了Perch，不到五分鐘又折了回來，他臉上帶著萬念俱灰的笑容：「沒有公車班次了。」

女孩對我要去參加祭典這個想法表示詫異，她自從幾年前來到佐渡，一次都沒去過祭典，也並不眞的想去。祭典的話題在我們之間引發了短暫的冷場，爲了打破沉默，她建議我來一杯生啤，聲稱全佐渡島上只有這裡能喝到這些酒。我湊近看了看吧台上那些酒桶，並不是居酒屋常見的朝日或者麒麟之類的大衆品牌，三款啤酒，一款是我非常熟悉的「京都釀造」，還有兩款來自北海道的上富良野地區……「手工地啤」蔚然成風，城市裡的年輕人之間也正在流行。老闆伊藤是熱愛者中的一員，因此 Perch 的吧台成爲一個日本全國地啤的展示台，不定期更替種類，產地多爲東京、大阪、奈良、宮城和山形，有幾款來自新潟縣的十日町，還有一款產自佐渡。

「佐渡島上也有自釀啤酒？」我感到新奇。

「去年新開的一間啤酒釀造所，還沒有正式上市，除了在釀造所，只在這裡能喝到，」女孩說，「那位社長是北海道人，聽說就是因爲佐渡島上沒有本地啤酒才來的，不過他平時住在新潟市內，週末和節假日才來佐渡開店。」

我很想喝喝看佐渡島上年輕人的嘗試，不過未能如願。「昨天賣光了，新貨還沒到。」爲了證明此言屬實，女孩帶我去看了看堆在 Perch 門口的幾個不鏽鋼空桶，依稀從上面能辨認出幾個字符：t0ki。佐渡島的地產啤酒名叫「朱鷺」，這很合理。最終，我喝了一杯來自北海道的啤酒，爲了趕上第一班開往祭典的公車，準確地說，其實只喝了半杯。

在前台女孩對我表示詫異的時候，我就應該猜到，佐渡的夏日祭典有多麼冷清，接駁巴士上的遊客，加上我也不過四五個人，其餘全是趕往會場的表演者，從他們的大聲聊天中可以判斷，都是自發參加的本地住民。因此祭典的遊行和舞蹈也很隨意，不同的團體組成一個小隊，依次登場巡遊，多是來自當地幾個民謠組織，也有商工會和高中社團組織之類的，就像是傍晚的廣場舞一般隨意。難得的讓這場祭典顯得正式的兩個地方，一是某位代表在開場發言中稱「今年，讓我們爲了祈願世界遺產而舞吧！」並且號召到場者捐款給金山的觀光設施建設；二是演出者的和服衣領上都印著「佐渡金山，朝向世界遺產」一行大字，無時無刻不在提醒人們：世界遺產，是當下佐渡島上的頭等大事。

我按計畫在晚上九點回到Perch，立刻被前台的女孩叫住，從冰箱裡拿出我以爲已經被倒掉的半杯啤酒，瓶口覆蓋著一層薄薄的保鮮膜。於是我坐下來，繼續和她閒聊：祭典沒什麼意思，不去也不會有任何遺憾，以及我來到佐渡島的目的其實是觀看薪能。

「薪能？」她再一次沒能掩飾詫異，搖搖頭，「你的興趣可眞是夠古典的！」

次日，我便在佐渡島看了第一場薪能。穿梭巴士在傍晚六點從公車總站出發，穿過無人的山部地帶，沿途停靠在幾家溫泉旅館門前，一站一站接上人，一個小時之後才抵達目的地。這也是六月佐渡的第一場薪能演出，演出場地位於兩津地區的椎崎諏訪神社內：一個建於明治時期的木造能劇舞台，距今已有一百二十年歷史。據說它還是佐渡島上演出次數最多的舞台，每年五月到十月（八月除外）上旬的週六，總是在演出之中。

神社裡的薪能演出像一場老式露天電影。面朝舞台的空地上擺滿了長椅，擠著上百人，天色暗淡下來以後，便有兩位身著白衣紅裙的年輕巫女舉著火把登場，點燃舞台前方的兩個篝火架，在劈里啪啦的木柴燃燒聲中，笛子聲悠揚響起，衆演員款步登場。這場演的是一齣名爲《巴》的劇目，故事大概是平安時代的一位旅行僧，在旅途中遇見流淚不止的美麗女人，原來是平安時代著名武將木曾義仲的女武者，她一路陪伴主君至戰敗陣亡，內心對愛情的執念無法消解，變成了幽靈久久徘徊於此地。對於能劇愛好者來說，這齣劇目並不陌生，木曾義仲作爲日本歷史上的著名悲劇英雄，是在大河劇裡也常常登場的人物。大衆已經非常熟悉。然而只有在這個舞台上，將軍只存在於口述之中，它徹底變成了一個哀切的女性人生故事——在「神·男·女·狂·鬼」的能劇世界觀裡，執念未了的女幽靈，也是最常見的設定。

我心中惦記著所謂「幽玄之境」，但很難通過僅僅一場演出就領悟它，只是在佐渡島上，我隱隱察覺到，與從前在劇院裡觀看能劇相比，此時的世界確實有那麼一些微妙的不同。興許是台上戴著面具的幽靈女子在吟唱踏步之時，她的頭頂照耀著眞實的彎月，在火光搖曳之中，又有微寒的海風掠過；興許是現場並不全然沉浸於架空世界的寂靜，總有孩童在觀眾席上跑來跑去，遠遠的街市偶爾傳來救護車駛過的聲音；興許是觀眾席的後方架著「長槍短炮」，台上卻久久唱著悠揚的歌。一個全然生活化的藝術世界，只有在親臨現場之時，才能因爲那份眞假難辨的交錯而微微震動。

晚上回去時，我也是這麼與前台的年輕女孩說的：「非常不錯，比起昨天的宵乃舞，就更不錯了。」這天是週六，Perch 多了一個意外之客：傳說中那位年輕的啤酒釀造師。原來，他還沒有摸索到用這門事業養活自己的辦法，於是週一到週五還在新潟市內的一間公司做朝九晚五的上班族，週末才來到佐渡島釀造和販賣啤酒，他在島上沒有房子，就總是住在這裡。

年輕的釀酒師在傍晚關上啤酒釀造所的大門，駕車一小時回到 Perch，此刻因爲過度疲倦，癱在沙發上，沒有心思再應付我。與我一同坐在吧台前的是與他同樣二十五歲的妻子，大阪人，在北海道上了四年大學，然後前往東京就職，工作了四年，因爲丈夫說想來佐渡島釀造啤酒，便辭掉工作跟著來了。爲什麼一個北海道人要跑到遙遠的佐渡島來釀造啤酒呢？原因過於簡單：丈夫當時就職的那家公司，社長就是佐渡人，對方偶然提起「佐渡島上一間啤酒釀造所都沒有，不如你來做做看呢？」就真的動心了。這對年輕的夫婦正盡情享受著年輕賦予他們的自由與隨心所欲。丈夫完全沒有釀造啤酒的經驗，就跑到千葉縣一家啤酒釀造所修行了幾個月，算是入了門，此後兩人來到佐渡島上，租了個場地，開始了試錯的實驗。如今，位於兩津港口附近的釀造所，已經能穩定提供三個種類的手工啤酒，並且還在積極嘗試其他各種大膽的口味。

「我今天下午就去那邊喝啤酒了！」坐在吧台前的另一位中年男人說。前一晚我看到他也坐在這裡，他自稱姓「齋藤」，是土生土長的佐渡人，家就在附近，因此沒事的時候總是泡在Perch。齋藤和釀造啤酒的夫婦早就成了熟人，又談論起另一些我不知道名字的人來。

晚上十一點過後，前台的女孩準備下班，大廳就要熄燈，年輕的啤酒釀造師才終於動了動，緩慢地從沙發上拔身出來。他邀約我次日前往釀造所喝一杯，我很心動，但分身乏力。六月是佐渡的薪能月，我不能錯過任何一場演出。

週日的演出就在Perch幾公里之外的大膳神社，神社內有佐渡島上現存最古老的能劇舞台，建於江戶時期，距今已超過一百七十年歷史。這間神社位於一片田園風光之中，四周皆是大片綠盈盈的初夏稻田。不同於京都庭園草木的綠，佐渡島上的新綠，是剛插秧的水稻的綠，平坦，搖曳，泛著一閃而過的水光。與這般自然風景融爲一體的是神社內的能劇舞台，屋頂不再是前一日所見那般由瓦片鋪成，而是三角形的厚重茅草屋頂。也不同於佐渡島上大多數設有遮風擋板的能劇舞台，這個木造茅草舞台終日敞開，向人展示著中央木壁上一幅樸素的畫——一株翠綠的老松斜上方，懸掛著一輪紅白的太陽，是典型而傳統的大和印象。在舞台屋頂上還有兩個從前留下的圓孔，是演出能劇代表劇目《道成寺》時，用來掛上那口重要的道具大鐘。

我走進大膳神社時，舞台上已經很熱鬧了。作爲能劇演出的預熱，兩個身著鄉土服裝的女人正在說著狂言，其中一位抓耳撓腮地模仿著猴子的神態，底下笑成一片。底下的人，也不似前一日那樣坐在長椅上。舞台前的草地上鋪著幾張竹席，人們便紛紛蹬掉鞋子，盤著腿席地而坐，青草的香氣夾雜著篝火燃燒的煙味，令它像是一場盛夏的消暑活動。之後上演的能劇劇目，也不再是淒婉的幽靈故事，而是一齣十分歡樂的《猩猩》，登場主角是一隻在人類夢中出現的紅色的猩猩，熱愛縱情喝酒，在醉意中狂舞，還會贈予酒伴可以讓世代繁榮的酒壺。佐渡的人們看起來更喜歡這樣的演出，在猩猩的快樂醉態之中，不斷有人鼓起掌來。

在大膳神社的猩猩面前，我才覺得離佐渡的能劇近了一點。無論是在課堂上學習到的能劇知識，還是坐在劇院裡觀看的能劇演出，無一不在提醒我：能劇是艱深、晦澀、高高在上的，是需要安靜觀賞的高雅藝術。其實京都的平安神宮每年也會舉行一兩場露天薪能演出，已經是延續了半個世紀的夏日活動。我曾慕名看過一次，現場掛著「嚴禁拍照」的告示，觀眾們正襟危坐，有人穿著最正式的和服前來，有人手上捧著一本《能劇辭典》，不斷對照翻閱，令我這樣一個入門者感到壓力倍增。佐渡島的能劇不同於我以往看過的任何一種，大膳神社的演出，人們可以隨時進來，隨時坐下，可以閒聊或鼓掌，打開手機錄像，似乎每一個環節都在昭示：能劇是開放、沒有門檻、平易近人的。它才是佐渡島上眞正的庶民祭典。

那天，我聽到了這樣的說法：「雖然如今已經很少見，但直到幾十年前，還能看到人們在演出時飲食喝酒的熱鬧景象！佐渡島上的薪能，最早是島民們在春季的插秧和農活告一段落後，爲了祈願五穀豐收而供奉神佛的一種儀式，因此每逢此時，村民們就會從各地帶著便當和酒前來，像慶祝祭典那樣聚集在一起，拍手和歡呼也是理所當然的。直到大正時期，還有激動過頭的觀眾在演出時衝上舞台去的插曲！」

告訴我這些話的，是當我在演出結束後回到 Perch 時，依然坐在吧台前的齋藤。他面前有一瓶佐渡產的日本酒，已經喝了一半，熱情地邀請我一起喝完剩下的半瓶，說是對我表示感謝。我感到奇怪，又回想起來，下午出門遇到他時，他就對我說過「謝謝！」我不過才來佐渡第三天，有什麼值得他鄭重道謝的？

「因爲啊，」齋藤神祕一笑，「你昨天去看的那場演出，那位『巴』的演出者，是我媽媽。」

這確實出乎我的意料了，能劇在佐渡島上如此盛行，隨便就能遇到演員的家屬嗎？

「我媽媽……不能稱之爲『演員』吧。也許在東京和京都的能劇舞台上都是專業演員，但佐渡完全不是那麼一回事，」齋藤說，努力搜尋著準確的措辭，「我媽媽雖然學習了一輩子能劇，現在也在教其他人表演，但她有自己的本職工作，並不是專業的能劇演員。說是愛好，也不太準確。總之，在佐渡島的能劇舞台上，大多數人都不以能劇爲生。」

來到佐渡之前，我已有的概念是能劇自古是日本特權階級的娛樂，孕育出衆多流派，一些傳統流派的生命線延長至今，培育出各自專業的演出團體，其中不乏明星大腕[13]。如今，尤其當它成爲日本傳統文化的代表之後，能劇正在變得愈來愈清高，讓普通人望而卻步。卻未曾想到，佐渡島的能劇是庶民的舞台。

據齋藤所說，佐渡島的能劇在江戶時期進入鼎盛期，每個小小的集落都擁有自己的能劇舞台，彼時在宴席和慶典上，人們也總能隨時表演起來。這在全日本都是罕見的，甚而還衍生出一種說法：「京都人講究穿，大阪人講究吃，佐渡人講究舞。」直至昭和時期，利用農業勞動的空餘時間練習能劇，在島民之間還是非常普遍的現象。我試圖想像了一下：一個幹完農活排演京劇的農民？或是結婚典禮上的客人隨口就是一齣《貴妃醉酒》？這實在不可思議。

「佐渡的能劇，就是你看到的這樣，有人稱它是『民衆能』，又或者『庶民的能』，」齋藤又舉了個例子，「今天你去看《猩猩》了吧？那齣戲裡也全都是業餘的本地人，演猩猩那位女孩，剛從高中畢業。」

⑬ 編註：大腕，意指在某個行業或領域中非常有名、非常成功或有很高地位的人。

事實如此，在佐渡島上，能劇不僅是庶民的，還是女性的。在日本傳統藝術的舞台上，這非常難以想像。無論能劇、歌舞伎還是文樂，自江戶時期被掛上「女人禁止入內」的門牌之後，幾百年來都沿襲著這一心照不宣的行業準則。當然劇本的主角總有女性登場，但女性長久地失去了扮演女性的權利，這使得那些在舞台上專門扮演女性的男性，例如在歌舞伎中衍生出的「女形」演員，可以得到「精湛演技」的評價，甚至獲得「人間國寶」的殊榮。有一種觀點認爲，要想瞭解日本社會男女不平等的眞實狀況，就去看一看傳統藝術的世界——女性置身於其中的生存狀況，是全日本女性地位的縮影。現代日本人討論社會進步，喜歡談及明治維新、全盤西化帶來的開放，但其實直到一九四八年的戰後復興階段，日本才誕生了第一位女性能樂師。同一時期，日本的茶道和花道流派也開始大量招收女性學生，將其稱爲「女性的婚前修行」——爲了挽救日益冷清的傳統文化，女性市場確實潛力無窮。但對於女性，「謝謝參與」便足夠了，各個傳統文化領域的代表者和發言人，還得是男性。日本的歌舞伎至今仍是專屬於男人的藝術，女性的最高地位是成爲替這些男人解決日常瑣事的「梨園之妻」。能劇不如歌舞伎大衆化，也沒有那般壁壘森嚴，但在當下仍只提供給女性很小的容身空間，根據能樂協會的數據，登記在冊的一千多個會員之中，僅有一百六十多人是女性。且爲了加以區別對待，將她們主演的舞台稱爲「女流能」，還有一些傳統流派，至今堅持著「傳男不傳女」的作風。

我未曾親眼目睹過「女流能」，因此無論看到「巴」還是看到「猩猩」，都沒有想到誇張面具和厚重戲服下的竟然是一位女性。齋藤對我的奇怪感到奇怪，他自小耳濡目染，在佐渡島上，女性的劇目，自然是要由女性來演的。

這是一個值得玩味的現象，在人們心中偏僻和落後的離島之上，竟然有著對於傳統藝術的寬容環境和進步的性別觀念。我後來看到一篇採訪，佐渡有一個能劇推廣組織，發言人將島上這種「無論是庶民還是女性，都被允許登上能劇舞台」的做法，稱爲「治外法權」，認爲恰恰要歸功於被茫茫海洋隔絕的封閉環境，才使它得到一張赦免書。

此說固然有一定道理，但我同時還意識到，身分和性別門檻的湮滅，還出於在這個人口不斷減少的島嶼上，爲了讓一門傳統藝術不至於走向消亡的妥協之舉。佐渡島上如今保存有三十五個能劇舞台，占據了全日本總數的三分之一，可以說是舞台密度最高的土地，但其實在鼎盛時期，島上的舞台甚至超過兩百個。傳統的舞台隨著人口減少和經濟的衰敗不斷消失，現存的三十五個舞台之中，作爲定期演出的只有八個，其餘的因爲建築老朽化、缺乏資金維護等原因，已不能再使用。佐渡的能劇舞台歸屬於每個集落，由於它祭神的初衷，基本建在神社或寺院之中，其中規模最小的舞台，位於千年歷史的安養寺羽黑神社內，如今集落裡只剩下十六戶人家，平均年齡超過八十歲，由這些獨居的空巢老人來管理，可想而知是多吃力的一件事。

聽齋藤說，安養寺自三十年前開始舉辦薪能演出，近年已經停止，而需要兩三年更新一次的舞台茅草屋頂，經費也成了問題，目前暫時靠人們募捐支撐著，前途讓人感到悲觀。少子高齡化的現實蠶食著佐渡的傳統藝術，後繼者不足的問題隨之而來，別說是表演能劇的年輕人愈來愈少，就連神社的巫女也漸漸不夠用了。

「你沒想過學習能劇嗎？」我問齋藤。

其實他小時候學過，母親自他童年時便登台演出，難免也想把他帶入那個世界，但沒過兩年，他就拒絕再練習了。那段時光對齋藤來說只剩下淡薄的回憶，他的童年趕上了日本經濟高速發展的時期，輪船帶來了島外的流行事物，電視機或者遊戲機，他的興趣很快就轉移到這些新奇有趣的東西之上，至於能劇？對一個小孩來說，太沒勁了。

如今齋藤已經年過三十，更加沒有意願繼承母親的興趣，「傳統藝術」幾個字在他的認知裡，無非是上一代人的過時愛好，他的生活裡全部和能劇相關的事，就是在母親演出的時候，到現場爲她拍幾張照，再發到社群網路上。齋藤，如同童年時期沉浸於輪船帶來的外來事物那樣，在中年之後仍然對島外的文化表現出近似痴迷的熱情，只是，當下來到佐渡島的新事物，不再以機器爲載體，而是以人爲介質。他每週去喝一兩次北海道人釀造的佐渡啤酒，在Perch享受純正的芬蘭桑拿，也熱愛去日本人開的港式茶餐廳吃西多士……一些國際化的混搭成果正在佐渡島的土地上長出來。

這種國際化，同樣隨時發生在Perch，它是外國人在島上最青睞的住宿地點。「疫情結束之後，外國遊客也該回來了，」前台的女孩對我展望未來，「我差不多也該走了。」

「接下來要去哪裡？」我問她。

「去國外吧，」她第一次主動和我說起她的私事，「其實我是埼玉人，十八歲就去了澳洲留學，剛回日本就來了佐渡。」

四年，是她能夠停留在佐渡島上的最長時間。她對於開發離島興致不高，在島上的前三年，甚至因爲不會開車，幾乎沒有離開這片街區。她當然不願意年紀輕輕就被固定在這樣一個地方。爲了讓我深刻理解那份「佐渡一無所有」的心情，她建議我：「不如你也住到佐渡來，就會瞭解了。」

「不行，」我給了她一個最現實的拒絕理由，「我不會開車。」

2

傍晚七點我來到了 La Barque de Dionysos。在佐渡島上，鮮有人能準確說出這個法式餐廳名字的發音，人們只是簡單地用片假名將之音譯，不會深究它的意思其實是「戴歐尼修斯之舟」，也不知道店主的用意是在致敬古希臘神話中的葡萄酒之神。不過因爲它很有名，島民都知道這是一間與葡萄酒淵源深厚的餐廳，主人是移住到島上的一對跨國婚姻夫婦，妻子是日本人，丈夫是法國人，並且還是在法國小有名氣的自然派釀酒師呢。

讓－馬克・布里格諾（Jean-Marc Brignot）和妻子聰美是這些年日本觀光和生活類雜誌

上的常客，他們作為佐渡移住者的一個代表案例，經常被關心如何在這個離島上一邊從事農業勞動，一邊種植葡萄，一邊經營餐廳，實踐著自給自足的生活方式。而來自法國的釀酒大師將要在佐渡釀造一款島葡萄酒，這實在令人期待。

在六月裡，夫婦倆照例每週只營業三四天，且僅在晚餐時段。我沿著海灣走向海岸的民家集落時，一輪紅日正從海面緩緩落下，世界染上一層薄薄的玫瑰色。集落寂靜無聲，不見居民身影，La Barque de Dionysos 是附近唯一的料理店——海邊的木造獨棟，外觀看起來與普通民宅並無二異，只能通過掛在門前的名牌和比一般人家稍大些的玻璃窗流露出的昏黃燈光，判斷出它正在營業。有一隻黑白雜色的小貓蹲在門口，像是等候多時，見我走近，熱絡地圍上來直打轉，帶著我沿門前的小徑朝裡走去。聽美在屋內。屋內也是一樣昏黃的色彩，坐下之前，我和她一起站在那扇窗戶前遠眺著最後的落日沉入大海，她說，她在島上尋覓多時，終於定下此處，就是看中了能夠這樣隨時眺望大海，這讓她感受到某種類似於鄉愁的情緒。

「佐渡比我想像中大多了。」我對聽美寒暄道，為了吃上這餐飯，我搬到了附近一家民宿，這樣才能保證晚上喝過酒之後，我還能步行回去。於是聽美對我的佐渡之旅的第一句評價便是：「所以你要靠公車在島上行動，是很困難的一件事啊。」

「我只是臨時待在這裡，因此多少能夠克服，也算是一種新奇體驗。要是生活下去，不自己開車可不行。」對於日本的離島，我多少已經有了些概念：它的第一張通行證，名爲駕照。

這是聽美在佐渡島居住的第十年。這天沒有別的客人，店內成爲我倆的專屬空間，她一邊轉悠在開放式廚房裡準備料理，一邊高聲向我說起她的島生活。她和丈夫是在二〇一二年的冬天來到佐渡的，帶著十一個月大的兒子和四個大行李箱，就是全部家當。那之前她已經離開日本很久了。她出生在東京北邊的茨城縣，高中畢業即前往法國留學，畢業後在巴黎工作了十年，在那裡邂逅了如今的丈夫。丈夫自小受生活環境影響，憧憬葡萄酒職人的自然派生活方式，年輕時便輾轉於法國各地的酒莊修行，二〇〇四年在瑞士和法國勃根地之間的侏羅山（Jura Mountains）山腳下購入一片土地，開始獨立釀造葡萄酒。聽美與丈夫因葡萄酒結緣，不久後她也辭掉在巴黎的工作，移居到那個小鄉村一起釀起酒來。五年後，兩人的第一個孩子出生，聽美心裡冒出個念頭，想讓孩子在日本文化環境中成長。恰巧丈夫也一直有個想法，去法國以外的地方挑戰釀造葡萄酒。兩人只談了一次，一拍即合：「那麼，就去日本吧！」

回到日本，是在三一一東日本大地震的幾個月後，如同很多年輕人在那之後撤離了東京一樣，聽美深感關東地區的居住環境缺少安全感。他們鋪開一張日本地圖，尋找哪裡有既安全、又適宜從事農業的土地。他們想在日本繼續從前在法國鄉村的那種自然派生活方式。就在那張地圖上，聰美看到了日本海上一座醒目的離島，出現在她一次也沒去過的新潟縣海域，她和丈夫的心思再一次不謀而合：這個島，看起來很有趣！

兩人都從未有過在小島生活的經驗，而「佐渡是個島」，成爲他們來到這裡至關重要的原因。此後又做了一番調查，得知島上有朱鷺棲息，猜測當地自然環境應該不錯，適合進行農業勞動，一切都符合理想。後來，那位法國釀酒師在一本雜誌上說：「光是『島』這一點就非常好。對於在大陸生活的法國人來說，島是童年時期憧憬的冒險意向，島是去探險的地方。雖然提起島，人們總是想起『限制』，但在我看來，這種限制是正面的。歐洲是一種大陸文化，而日本是一個島國，與其他國家交流較少，因此道德和文化才能得以保持。某種程度上，我認爲佐渡是日本的縮影。」

如今，兩人順利地從事著農業勞動，當初那個十一個月大的嬰兒也已經是五年級的小學生了。聰美給我準備料理的時候，也替他做了一份晚餐，他從二樓走下來，大聲地朝我打招呼。日本文化在這個少年體內埋下什麼種子，尚未明晰，但他身上顯然洋溢著一種不同於城市少年的、山野之間的活潑氣息。聰美也留意到了這一點，對於孩子來說，生活在這樣的島上會很快樂——他們既擁有山，又擁有海。

移住到佐渡的第二年，La Barque de Dionysos 開業了，再三權衡之下，夫婦倆決定每週四天在地裡勞作，三天在店裡營業。這家店實行完全預約制，一般在週四、週五和週六接受預約，遇上沒人預約的時候，也就不營業了。一切都顯得隨意，餐廳定位卻是深思熟慮過的，精選日本少見的法國葡萄酒以及來自山與海的饋贈——佐渡時令食材做成的料理。蔬菜幾乎全是聰美自己種植的，魚類也是佐渡當下季節的漁獲物，保證剛「出水」不久。這天我吃到的是一種佐渡鰺魚，大約再過一週，主菜就會變成章魚——在我居住的城市，章魚四季可見，但佐渡島上僅視春、夏爲章魚時節，此時它們個頭巨大、肉質緊實。

不過，近來聰美又發現，早春之前，超市裡盡是些來自摩洛哥的章魚。新聞裡早就有報導，自上世紀七〇年代起，日本的章魚漁獲量不斷減少，如今一半以上依靠進口，人們在壽司店吃到的章魚，極大可能來自摩洛哥或者茅利塔尼亞。這些非洲沿海國家由於沒有食用章魚的飲食傳統，所有的章魚都出口到海外，支撐著全世界的日本料理店。從前人們對離島抱有的封閉或是落後的印象，今天已經甚少體現在佐渡，超市裡的魚櫃陳列品來自全國各地，有時還很國際化。聰美第一次意識到這一點，是一眼瞥見了「挪威產醋醃鯖魚」的標籤，她覺得不可思議，心想「誰會買這種東西呢？」可令她意外的是，那個專櫃幾乎每天都賣空。後來，才有一位佐渡人告訴她：這是因爲佐渡近海的青花魚是秋天的產物，捕撈一年裡最爲脂肪肥厚的青花魚，以鹽醃製食用，是秋天才能享用的美食，在秋天以外的季節，佐渡青花魚則肉質枯瘦，不受漁師歡迎。挪威產的青花魚就不一樣了，它們終年掛著厚厚的脂肪，因此在佐渡的青花魚季節以外，遠渡重洋而來的挪威青花魚，就成了島上老頭老太太們親切的日常食材。

我詢問聰美有沒有吃過佐渡島上的摩洛哥章魚或是挪威青花魚，她表現得像一隻被踩到尾巴的貓，聲調高昂：「當然沒有！」我認爲這很有趣，建議她不如試試，她嚴詞拒絕：「不要！太奇怪了！」

「要說對季節變化的感知，也許城市人更敏感，因爲超市裡擺放著來自全國各地的產物，全國各地最先上市的食材，總是第一時間出現在東京的超市裡。」聰美說，這一現代化的生活方式不可避免地波及到佐渡，但她和島上的老年人們不同，並不享受這件事。在物質充足、流通便利的時代，聰美願意參與其中的生活方式，是看起來最簡單的，實際上卻處處考驗著現代人的耐心：耐心等待自己土地裡長出來的東西成熟，耐心等待大海裡的東西進入剛好的季節，在每一個季節裡實踐這個季節應有的生存方式。這種自給自足的風潮，過去很容易被認爲是日本人特有的對季節的敏銳感知使然，但聰美給了我另一種答案：「所謂日本人的季節感，是凡事總愛追求搶先一步。各地的料理店不是很流行『初物』這種說法嗎？料理人們挖空心思在全國搜尋最早上市的食材，而不關心自己的土地裡正在生長什麼。」聰美在法國的鄉村生活培養出對後者的耐心，來到佐渡島之後，受到青花魚和章魚的警醒，又培養出一種小心：山菜在什麼季節採摘，竹筍在什麼季節冒頭，想吃到應季的食材，就要隨時留心，否則一不小心就會上了「冒牌貨」的當。

實踐一種簡單的生活方式，常會被人斷章取義地認爲十分容易，事實上，在一個選擇過剩的現代社會，它充滿了捨棄的困難。如同捨棄了永遠保鮮的食材那樣，聰美還捨棄了許多便利化的現代手段。例如電話，店裡沒有預約電話，客人只能在Facebook上發消息預約。其實最初她也學習其他餐廳的做法，在店裡裝上了固定電話，不料紛擾接踵而至：當她在地裡勞作或是在做其他工作的時候，電話裡塞滿了客人的留言，都要一一回覆過去，還經常遇到打不通或者無人接聽的情況……類似的繁瑣事項多了，她決定拆掉電話。文字訊息就很好，隨時看見，隨時回覆，也不需要那麼多禮儀。

「討厭這種方式的客人就不會來了，也沒關係，」她又自嘲地笑起來，「好像不是一間親切的店呢！」簡單的生活就意味著要放棄這些客人，聰美覺得她和那些更喜歡使用電話的人，也許就不是一類人。

如果一間店要符合店主對簡單生活的想像，例如不接受電話預約，不進行推廣宣傳，只接受現金付款，每週還只營業三天，那就意味著它同時要承受來自現實的壓力，最直接的是——賺不到什麼錢。這間餐廳確實不能成爲聰美夫婦的生活來源，他們還要做一些別的工作，才能維持在佐渡島上的日常生活開銷。

這種困境不只是一間任性的店才會遇到的，實際上，外來者如果想在佐渡這樣的離島上經營一間餐廳，多數人都會遇到類似的問題：島上的人口僅有五萬，除掉小孩和高齡者，多少人能成爲一間店的客源？不用算也知道，和東京、大阪的數字遠不能比。在佐渡島上，那些可以維持生計的餐廳，最多是一些大衆化、價格低、速度快、爲當地人日常三餐服務的定食店。一間瀟灑、時尚、倡導自然生活的法國料理店？門檻太高了。比起島上的居民，光顧 La Barque de Dionysos 的其實更多是遊客，他們隨季節更替而變得不穩定：來到佐渡的遊客集中在每年的四月至十月，冬天的離島酷寒，不是人們心中理想的旅行地，只能吸引寥寥幾個獵奇者。

佐渡島的冬天給人造成的寒冷印象，其實和氣溫關係不大，島上最冷的時候，也不過只到零下五度，比北海道差遠了。人們認爲佐渡島冬天寒冷，一來是因爲島上冬日積雪，白雪皚皚的景象，不太符合一貫對熱帶海島的想像。二來則是海風使然，強勁海風席捲起來，確實會顯著降低體感溫度，讓人覺得嚴寒難耐。天氣糟糕的冬天，聽美成天待在家裡，哪兒都去不了，農業活動也只能暫停。但窩在家裡也絕非安逸生活，一家人簡直提心弔膽，這棟木房子從前是一間和服店，建築時間已經超過九十年，他們接手過來，只是換了屋頂，把內部重新裝修過一遍，沒有再進行加固工程，一年中的大多數時候倒也相安無事，只是進入冬天，它就會被海風吹得輕輕搖晃，每天都發出「咔噠咔噠」的響聲。「幸好颱風不來，」每個冬天過後，聽美都會產生一種劫後餘生般的慶幸，「颱風要是來了，應該馬上就會倒掉吧。」

固然冬天如此，聽美還是認爲佐渡好，比農業發達的北海道更好。就算有天氣惡劣的日子，島上的冬天還是可以種植農作物的，例如蘿蔔、白菜和大蔥。綠葉蔬菜能夠在冬天存活這一點，令她覺得佐渡是環境優越的島。北海道也曾是聽美考慮的移住目的地之一，那裡是公認的物產豐裕，但她曾在一個冬天前去考察，發現當季的農作物只有胡蘿蔔、馬鈴薯和南瓜，綠葉蔬菜無法在寒冷中生存，全都需要從本島運過去，價格十分高昂，於是果斷放棄了北海道。佐渡更接近自然，更充滿了一種「自力更生」的精神，她想。

生活在佐渡島的第十年，聰美嘗試種植了各種蔬菜，丈夫仍在繼續培育葡萄樹。佐渡島上沒有過種植葡萄的歷史，這個法國男人憑藉著「有很多長在山上的野葡萄」的觀察結果，認爲「釀酒用的葡萄也有極高可能在佐渡生長，這是一片遠超預期的肥沃土地」。只是，雖然夫婦二人很想盡快在佐渡釀造葡萄酒，但葡萄這類果樹不同於蔬菜，也不同於稻米，並非種下就能立刻收穫的快捷農作物，培育它們慢慢從土地上結出果實，需要非常有耐心，耗上十年或者更久。在培育佐渡葡萄的漫長時間裡，法國釀酒師沒有閒著，他在二〇一七年找到北海道一家酒莊，利用當地種植的 Niagara 葡萄釀造一款名爲「熊可樂」的白葡萄酒，每年推出，但產量極少，迅速售罄，成了一些人口中的「幻之酒」。

葡萄酒愛好者們專程來到 La Barque de Dionysos。有位長居日本的香港人是這裡的常客，先後來了三次，最近一次來，向聰美徵詢意見：「我也差不多該認眞考慮移住到佐渡了吧？」客人們對她那種自給自足的生活心生嚮往，認爲島生活是一種對抗現代文明的方式。佐渡島上有一個移住者支援中心，聰美不時會受邀前去交流分享，對於已經實踐這種生活長達十年的她來說，從事體力勞動的艱辛程度，遠超過心血來潮的城市人所能想像。她問那位香港的客人，這也是她一直以來向那些移住諮詢者提出的問題：「首先要想淸楚的是，來到佐渡，你靠什麼吃飯？」找到一份穩定的工作，是島生活的前提。最近兩年，佐渡的移住風潮達到了一個小高峰，每年有超過五百人搬到島上來。過去的移住者只能選擇務農或是公務員之類的傳統職業，這兩年漸漸發生了一些變化，疫情加速了日本社會的數位化，一些人開始在哪裡都能工作，尤其是作家、藝術家和IT從業者，佐渡島上出現了很多類似的身影。

聰美在佐渡島交際圈中的多數便是這類移住者：畫家、料理人、英語老師、網頁設計師……其中還有不少是外國人，她數了起來：「法國人有四個，義大利人有兩個，巴西人有一個，加拿大人有一個……五萬人的小島上，住著三十多個外國人，不覺得多了點兒嗎？」外國人是察覺到佐渡的什麼魅力來到島上的呢？她一言蔽之：「盡是些奇怪的人。」

今天在佐渡島上生活時間最長的外國人，是一位已經年近七旬的加拿大老先生。此人的職業是畫家，妻子是東京人，他是因爲想要學習製作日本傳統的東洋人偶，也即佐渡島上的另一項非物質文化遺產——人形戲中的「文彌人形」，才來到島上的，此後一住就是四十年。「四十年前，在一個外國人都沒有的離島上生活，到底是什麼感覺呢？」聰美搖搖頭，表示不可思議，「他現在一口佐渡方言，我經常完全聽不懂他在說些什麼。」

住在佐渡島上的外國人，似乎多少都對日本文化有些憧憬。例如那唯一的巴西人，其實是第三代日裔，他痴迷於傳統的竹太鼓，如今在島上以竹爲生，製作各種竹製工藝品與造景，還幫人管理竹林、挖掘竹筍……聽說他經營著一家公司，只要與竹子有關的業務，全部承接。

日本傳統文化在這些外國人身上施展的魔力，同樣發生在聰美身上，她主動告訴我，次日她要去參加能劇練習。島上一個專業的能劇演員是她的老師，從兩年前開始，她每週去他家裡練習三次。在佐渡島上，誰都能參加這種能劇學習，平時是老師和學生一對一練習，到了老師判斷可以登台的程度，便會和衆人一起爲演出排練。得知我是來島上看薪能的，聰美表現得很欣喜，因爲接下來我計劃觀看的某場演出，她也會上台，不過不是演主角，而是坐在舞台一側吹奏笛子——她很擅長這個，在法國時她學的就是長笛吹奏。儘管在能劇的世界裡只是個外行，她也從未因爲登台而忐忑，在能劇教室裡，盡是些和她一樣的業餘學生。

「這就是佐渡島的特別之處，」聰美道，「在東京，也有在業餘時間跟著專業老師學習能劇的情況，很多人以這種方式練習了幾十年，但在東京，絕對不可能有像我們這樣完全是一張白紙的普通人登上了舞台。」

佐渡島的本地人們，如同不久之前齋藤對我說的那樣，從很早之前起，就有用業餘時間練習能劇、然後在薪能舞台上演出的傳統。齋藤沒有見過那時的盛景，聽美當然也不可能見到，但她時常有耳聞——她的能劇教室裡，還有一些七八十歲的老年人，老頭老太太們總是對她回憶往昔，說在他們年輕的時候，薪能是島上人氣最高的娛樂活動之一，約上朋友去神社看演出在那時深受歡迎。

聽美對此有點兒遺憾：「在娛樂不發達的時候，佐渡島的人們把薪能作爲日常娛樂，現在反而沒有那麼親近了，完全變成了正式演出。」

我在過去的短短幾天，也有了一些自己的看法：即便是今天，比起京都，佐渡島上的薪能也更有一種祭典氛圍。大膳神社裡坐在草地上觀看的人們，令我覺得很難忘。

聽美於是向我提起島的另一頭，有一間湖畔神社，周遭許多溫泉旅館，她認爲有些風景還是消失了：「從前的遊客就直接穿著旅館準備的浴衣和木屐，傍晚蹓躂去神社看能劇演出，一手拎著紙燈籠，一手抓著冰啤酒。」

世阿彌在佐渡島上留下的能劇本質是什麼？我在島上的博物館和資料館都未能得到解答，

卻在和齋藤及聰美的聊天之後，似乎有了一些線索，那或許是佐渡能劇根植於日常生活中，保留了起初的原貌，和每一個時代的人們一同成長和變遷。在佐渡，每一個能劇舞台都與民眾的生活密切相關，它們不只是歷史建築物，也是日常生活交流的介質與場所，是當下和未來。

我對聰美提起齋藤。佐渡果然是個內向型的島嶼，她立刻想起來那是誰，驚喜地說：「你遇見了齋藤老師的兒子啊！」我對她說起齋藤對能劇的態度，以及我由此得出的一個判斷：「你是因爲長期生活在海外，反而對日本的傳統文化產生了興趣嗎？」她同意很大原因確是如此，畢竟，在去法國之前，她和身邊的同齡人們一樣，輕易將傳統視爲過時，感受不到其中的絲毫吸引力，從未想過要接近。在巴黎的日子，聰美才第一次接觸了日本的花道，跟隨一位草月流的老師學習了五年。

她沒有對我這樣一個專程跑到佐渡來看薪能的外國人感到驚訝，就像我在 Perch 遭遇到的那樣，因爲她認識的那些來日本觀光或是生活在東京的法國人，已經有許多人表現過比我更甚的熱情，在佐渡島上，聰美看到一個通用於日本皆準的事實：在三四十歲的人群中，外國人比日本人對日本的傳統文化更感興趣。

可是，傳統文化的處境在哪裡不是一樣呢？從前她以一個日本人的身分，前往法國學習傳統長笛，異鄉人的不安很快消散而去，因爲她班裡的同學，來自比利時、荷蘭、美國或是日本，外來者遠遠多於法國人。也許這才是傳統文化的未來希望，終將藉由外人新鮮的視線得以新生。佐渡是一個幸運的案例，離島的封閉性讓傳統文化極小地受到衝擊，得以用原始的面貌延續至今。同時，離島的開放性又讓外人到來，先是京都人，接著是東京人，然後是世界各地的人們……島是如此複雜精密，它充滿了限制，又無所不連接。

在佐渡島上，聰美成爲傳統文化的日常參與者。她再也不打算離開這個小島，儘管她熱愛全世界旅行，但最終還是會回到這裡。人一旦置身於這樣的生活，就很難再回歸城市，偶爾她會爲了出差或訪友前往東京待幾天，但與東京的交集到此爲止。在東京生活一年？人會變得奇怪的吧！她對東京最直觀的感受，是那裡「疲倦的人實在太多了」。更何況，今天的離島上什麼都不缺，就算沒有的東西，快遞從東京寄來，第二天就能收到。

我是得益於離島的開放性和便利性而出現在這裡的外來者，又多虧了一個因爲身體不適而臨時取消預約的客人，得到和聰美共度的一晚。我坐在這間法式餐廳裡，感覺更像是坐在某戶人家的起居室，對於長久生活在城市的人來說，這種氛圍過於珍貴。也許還多虧了那隻貓。替我帶過路之後，它便大膽地跳到我的腿上，自作主張地趴著不動一整夜。我很少見到這樣親近陌生人的貓，不知是否也是離島環境使然。聰美說，爲了防止有客人對貓毛過敏，接待客人的時候其實都會把它趕出門，但它太聰明了，總是會找準時機討得客人歡心，最後還是回到屋子裡來。在我表示過毫不介意之後，聰美也就任由它坐在我身上，只是每端上來一道菜，尤其是那些魚肉料理和奶油蛋糕的時候，都要提醒一句：「當心貓！」一家能整夜抱著貓吃飯的店，這也是佐渡島的氣質。

這晚我離開時，已是滿世界蛙聲，道過了再見，又被聰美叫住，示意我抬頭——半輪清明的月亮正掛在空中，散發出無限耀眼的光芒。

「佐渡的月亮確實比京都的更明亮。」我道出了幾天來一直的感受。

「是因爲四周完全沒有照明的緣故，」聰美說，「而且空氣清澈。」

這世界上也許不存在哪裡比哪裡的月亮更圓的道理，我想，但確實有某地的月亮更明亮、更清淨、更永恆，滿溢著無聲輪迴的生命力。在佐渡島上，這樣的月亮照耀著正在重建生活的人們。

3

我在佐渡島的環島旅程，之後又換了好幾間住宿，這些住宿定位不同，各具特色。有一間叫「長濱莊」的民宿，因爲性價比超高的海鮮蓋飯上了電視，我也去住了一晚，房費八千八百日圓，包含早晚兩餐，晚餐端上來份量巨大的壽司、刺身和各種魚貝料理，甚至還有一隻水煮螃蟹——我感嘆在京都一個月也吃不了這麼多海鮮，而京都的朋友，看過我發的照片之後表示擔憂：能盈利嗎？眞的沒有在做虧本生意？島民們依靠山與海的饋贈過著超乎想像的低成本生活，對遙遠的都市人來說不能理解。

我原本還打算預約一間種植葡萄的民宿，也是一對幾年前移住到島上、正在栽培釀酒用葡萄的年輕夫婦經營的。他們改裝了一棟古民宅，每天限定接待一組客人，並且精心準備家庭料理。可惜這間民宿是佐渡島上的網紅，提前幾個月就被預約滿了，整個六月我都在等待有人臨時取消，一個也沒有等到。島的南邊還有一位理髮師，在自己家開闢出一間房間，租給停留半個月以上的久住者——在佐渡島上，長期住宿比短期住宿更有需求，主要提供給那些前來考察和體驗生活的計畫移住者，島上很多這種定位的民宿，可以連續住上幾個月，每月五六萬日圓，比東京的房租便宜多了。我還在佐渡市中心找到一家剛開業半年的公寓，四十平方公尺的三居室，裝修得簡約時尚，基礎家電一應俱全，櫃子塞滿了影碟和唱片，如果住半個月以上，每天只要五千五百日圓，我一個人住在那裡，感覺到舒適與奢侈。這個公寓的名字暴露了它的定位：「Stay&Work 佐渡」——爲那些在佐渡長住的外來者提供和在城市裡同等條件的居住場所，融入當地生活又具備私密性，是這個日本第一大離島上的新鮮事物。

還有一間在 Airbnb 上預約到的民宿，位於金山腳下的海濱公園附近，這一帶曾是相川地區最繁華的街區，警察局、消防局、幼兒園都集中在此，還有一間 LAWSON 便利商店。只是從商店街上那些大門緊閉、鏽跡斑斑的餐飲店裡，能看出來這個地區衰落已久。商店街附近有佐渡島上最有名的一家隱祕燒鳥店，我在傍晚推門進去，店內籠罩在騰起的煙霧之中，吧台前坐滿了人，頭上綁著一條白色毛巾的店主拒絕了我等位的請求，禮貌地表示今天晚上都不會有空位。我沒有因爲被拒絕而感覺受到歧視，因爲關於這家店流傳最廣的一個故事是日本大明星福山雅治想要包場，也被委婉拒絕了。「拒絕福山雅治的燒鳥店」，佐渡人得意洋洋地談論它，似乎在這個說法裡，蘊含著一種佐渡品格，又或是一種離島態度。

從燒鳥店出來我飢腸轆轆，最後去了商店街上唯一一家亮著燈的餐廳，賣的同樣是串燒，只是因爲那家燒鳥店太出名了，令它顯得像是一間高仿店，儘管寫在黑板上的當日菜式衆多，可無論烤蝦還是牛肉串都平淡無味，烤青椒更是苦得無法下嚥，唯有一道微焦的烤捲心菜，我吃完了半顆，又追加了半顆。當然，在佐渡島，一家味道不怎麼樣的串燒店，並不意味著它就不是一個好去處。這家店的店主很健談，對島上一切所知甚詳，與吧台前一位小青年相談甚歡。那人一個半月前被派遣到佐渡工作，對離島生活頗爲滿意，幾杯酒之後，絮絮叨叨地談論起他心中的佐渡魅力，第一名是島上的山路飆起摩托車來特別有挑戰性。晚些時候，又走進來了一位店主的熟人，坐下沒幾分鐘就朝我遞來名片，自稱姓「原田」，在附近經營著一間夜店，這天正好是休息日。

「這位原田，只要是佐渡島上的流行事物，什麼都知道。」店主道，並極力慫恿他向我推薦幾個佐渡去處。原田並不推辭，首先建議我爬山，其次建議我海釣，還說我應該去看看瀑布，他表示有位朋友近來正在負責這項觀光業務，深受城市來的年輕人歡迎，隨後打開 Instagram

向我展示各種圖文，表示如果我有興趣，他可以向我介紹。聽聞我此行目的並不在自然風光，而是來看薪能之後，他又有了新的想法：「說起佐渡的傳統藝能，你聽說過鬼太鼓嗎？島上有一個名叫『鼓童』的太鼓團，很出名，每年在全世界巡演。」

這是我第一次聽到「鼓童」的名字。按照串燒店店主的補充，他們才是佐渡島上最有名的專業演出團體，不侷限於島內，在國際上都有很名。「我還是個小學生的時候，就看過鼓童的演出了，今年我四十九歲，所以能夠確定，佐渡鼓童已經有四十年以上的歷史。」店主說，在他童年時的鼓童演出，還只是單一樸素的太鼓演奏，隨著時代的變遷，已經進化成一種包含演唱和舞蹈、符合現代審美的綜合舞台藝術。

原田自稱是鼓童的粉絲，有幾位演出者是他的偶像，他強烈建議我八月再來佐渡，屆時島上將有爲期三天的鼓童演出，比祭典熱鬧多了。「你絕對來看看比較好！」他說，鼓童的演出者之中，既有年輕人，也有老人，帶著一種拉我入夥的熱情，特別強調說：「還有很多帥哥！」

原田又道，由於佐渡鼓童實在太有名，吸引了來自全國各地的愛好者想加入。這些慕名來到佐渡的人們，首先要參加研修，過著一種沒有手機、每天早上五點起床開始排練的生活，還被安排了每天十公里的跑步訓練，三餐也要自己動手製作。成爲研修者有門檻，需要通過面試，成爲鼓童的門檻更高，研修結束後有嚴格的考核，十個人裡面經常一個都進入不了正式的演出團體。

除非我在八月來到佐渡，否則在島上很難見到鼓童的身影，原田說，這些人兩個月前剛結束了世界巡演，眼下正在進行全國巡演。這番話讓那位剛被派遣到佐渡島上的小青年恍然大悟：「我十年前就在電視上看到過鼓童演出，一直想著要現場看一次，但是來了佐渡島上，發現根本沒有演出！」

雖然我在六月遇不上鼓童的演出，但原田建議，島上有一間太鼓體驗交流館，是鼓童活動的據點，終年對外營業，在那裡也許能得到一些有趣的資訊。

鼓童如此有名，串燒店裡每個人都知道，確實令我產生了一些興趣。但在那之前，我已經計劃好要去另一所交流館：朱鷺交流會館。

在我對著長濱莊一桌子吃不完的生魚發愁的那個晚上，電視播放著佐渡島上的大新聞：六月，十四隻人工繁殖的朱鷺被放歸野外。在佐渡島上，每年都會舉行兩次這樣的放飛活動，這已經是第二十六次。新聞還說，如今在佐渡自然中繁衍的野生朱鷺數量，已經遠遠超過人工放飛存活下來的數量。

朱鷺交流會館是新潟大學和相關 NPO 組織爲了保護朱鷺而在佐渡島上設立的基地，我從一個日本人的 YouTube 影片得知這個地方，那人說它是佐渡祕密的住宿場所，很少有人知道，但很便宜，條件也不錯，就臨時起意想去看看。會館遠離街市，距離最近的公車站還要再步行一公里，四周皆是山林與稻田，我沿著一條小路朝它走去，隨時可見蒼鷺佇立於稻田中央，悠然地梳理著翅膀——如果要見識佐渡靜謐原始的自然，我認爲此地最好。

朱鷺交流會館的大廳展示著許多朱鷺保護活動的照片和資料，又陳列有不少專業書籍，確實是一個可以快速瞭解佐渡島朱鷺物語的方式。會館門口圈出了一塊特別區域，在一些特定的時段，站在那裡可以觀測不遠處樹林裡朱鷺活動的身影。可惜我沒趕上時候，會館裡也根本沒有幾個人。

這是一個簡陋至極的住宿設施，空蕩蕩的大房間一無所有，只有櫃子裡堆積著地墊和被褥，臨睡前需要自己拿出來鋪在地上。我看過大廳的資料，已經明白了這裡的用意，它主要提供給那些來修學旅行或是企業研修的團體，對於學生們來說，十來個人在這個房間裡並排躺下都不成問題，而在沒有團體接待的淡季，出於一種盈利需要，就開放給遊客預約。我在走廊上的另一個房間裡，還看到擺放整齊的作業服、長筒靴、鏟子和水桶，是爲了戶外體驗項目而準備，會館後面有一片獨立的山林，人們可以在這裡體驗諸如植樹之類的山林保護工作，也可以在稻田裡參與生態池的建造和田間步道的修復工作，從而瞭解朱鷺生息的自然環境。

如果能參加自然保護活動也挺好的，可惜我獨自一人，不值得人們大費周章，而且這間會館似乎人手不足，只有一個接待人員白天孤零零坐在前台。但來到這裡也不是沒有收穫，我最感興趣的朱鷺放生過程，從大廳的那些資料裡得到了清晰的解答。日本人對於朱鷺的救助與保護，可謂謹慎小心，國家每年投入一億日圓，而它也早已不侷限於佐渡島，而是依託整個日本社會的合力。人工繁殖的朱鷺幼鳥，爲了防止大型感染事故導致群滅，除了飼養在佐渡朱鷺保護中心、野化放歸基地和朱鷺交流會館的島上三地之外，還被送至東京都多摩動物公園、石川縣立動物園、島根縣出雲市的飼育中心等處，確保它們在多地存活。至於長大的朱鷺，在被放生之前，還要在島上的專門設施進行三個月的野生適應訓練，它們不只要學會長距離飛行，還要學會捕食和逃避天敵之類在殘酷自然界的生存手段，然後才能從籠中回歸野外。回歸自然的朱鷺，腳上掛著特殊標記，兩名專門派來的自然巡查官負責調查它們的棲生狀況，NPO組織和民間志工也會對它們進行長期的追蹤和觀察，關注著它們在自然界中的生存境遇。

爲一種鳥的生存煞費苦心，佐渡島也許是全日本唯一一個這樣的地方。爲了讓這種鳥不再遭遇二次滅絕的命運，島上從朱鷺復歸的那一天就開始推行環境保護型農業，至關重要的一點是栽培不使用農藥，其次是在稻田中修建魚道和生態池，目的是爲朱鷺的食物——諸如泥鰍、青蛙和田螺之類——營造宜居宜繁衍的環境。爲了一種鳥類的生存而改善更多生物的環境，佐渡島的選擇爲這個小島帶來了更大的名聲，二〇一一年，聯合國糧食及農業組織將這裡認定爲「全球重要農業文化遺產」。

從佐渡回到京都之後，我在網上購買了佐渡產越光米。這是一種被標記爲「與朱鷺共生之鄉」的認證米，近年來成長爲一個品牌，在東京首都圈尤其受歡迎。儘管五公斤裝白米的售價達到三千八百五十日圓，比普通白米貴很多，但絲毫沒有妨礙它的人氣，人們認爲這是一種安全安心的稻米。原因是，在佐渡島上，並非所有的稻米都可以掛上「與朱鷺共生之鄉」的稱號，官方公開的認證標準明確規定它應該符合以下所有要求：栽培在佐渡島上、採用「生物多樣性農法」、每年進行兩次的生物調查、減少五成以上的農藥和化學肥料以及水稻田周邊沒有噴灑除草劑。

日本各地的不少幼兒園和小學，將營養午餐使用的白米換成了佐渡米，一來是追求食品安全，二來也是爲了讓孩子們以這種方式參與日本的環境保護。北陸地區有一家著名的酒藏，也將被認證的佐渡米作爲唯一釀酒用米，它的價格更高，但產量有限，釀酒師很是以此爲傲。即便從未到過佐渡，也能以各自的方式和離島發生關係，表達對離島價值觀的支持，在日本，這樣的事情發生在最普通的人們身上。

朱鷺交流會館門前那條小路，有一個下午我沿著它往更深處走去，這一帶不愧是朱鷺的生息地區，到處是初夏碧綠的稻田，經過一片杉樹林，又經過一片柿子園，終於在天色昏暗下來之前，到達了一間名叫「茂左衛門」的蕎麥麵店，它由一幢舊民宅改建而成，孤單地矗立在廣大的自然之中，從經營的角度來說，選址不算好。

這裡是聰美告訴我的店。在我們聊起佐渡食材的時候，她突然詢問我是否愛吃蕎麥麵，說有位朋友在島上開了間蕎麥麵專賣店，不是常見的簡單蕎麥麵，而是略爲高級的「蕎麥懷石」套餐。我得知店就開在朱鷺交流會館附近，認爲可以順路去試試，聰美便給了我它的聯繫方式，我發了條訊息過去，次日收到回覆，向我確認：「要預約四千日圓還是六千日圓的套餐？」

事實上，在去蕎麥麵店的前一天，我已經先見過了它的女主人。這晚我照例去神社看薪能，果然看見聽美坐在舞台一側吹笛子，在她旁邊的是同一個能劇教室的佳子女士，也就是茂左衛門的店主。

我第二次見到佳子，她正半蹲著向一桌年輕小情侶介紹一款日本酒，他們比我早一些來到店裡，看起來已經喝了不少，對蕎麥麵和日本酒的搭配讚不絕口。蕎麥麵是佐渡傳統的手打蕎麥麵搭配濃口沾醬，酒卻不侷限於島上，精選了數十種日本各地的地酒。這間店固然很有佐渡特色，料理的食材從佐渡的土地上長出來，桌椅也都由佐渡木材打造，但卻又融合了所有聽美喜歡的外來元素——這個晚上縈繞在店內的音樂，始終是歡快的沖繩民謠。

佳子是眾多佐渡島移民中的一位。她是神戶人，年輕時在東京工作，結婚生子，丈夫出生在佐渡島上的兩津地區，島上沒有大學，高中畢業便隨著人潮去了東京，也在那個國際大都市裡順利就職，卻總想著有一天要回到故鄉。兩人在二〇一四年一同回到佐渡，同年夏天茂左衛門開業，店名來得不費力氣，買下的這幢民宅，原來的屋主就是這個名號。

因爲已經從聰美那裡聽說過我的事情，佳子便提前準備好了一冊劇本，我剛坐下她便遞過來。一冊已經翻舊了的名爲《半蔀》的寶生流劇本，她說是最近在教室排練的一齣戲，裡面記載著故事脈絡、台詞、道具、姿勢等等，完全用草書寫成，我只能讀個大概，她說她也是學習了很久以後，才能完全瞭解其中意義。

也是在加入能劇教室許久之後，佳子才恍然大悟：說起島上的能劇，也許外來者會輕易想起流放的世阿彌，但其實眞正形成今天佐渡能劇的，是在他死去一百年之後，被江戶幕府派來管理佐渡島的德川家家臣大久保長安。大久保出生在一個猿樂師的藝術之家，本人也是寶生流的能劇演員，對能劇理解深刻，當他前來佐渡赴任時，帶上了陣容齊全的能劇演員，此後在島上各個神社和寺院演出能樂以供奉神佛——此舉不僅讓寶生流成爲延續至今的佐渡最大能劇流派，也大力推動了能劇在島上的庶民化熱潮。盛況從江戶一直持續到明治時期。一九〇六年，一位名叫長塚節的詩人來到佐渡並寫下遊記《佐渡之島》（佐渡が島），文章中便提到他在島嶼南部的赤泊村觀看能劇的場景：觀衆裡有農民、漁師和小孩，演員則是桶屋店主、石屋店主和旅館老闆等等。

佳子接觸到能劇是個偶然，兒子升上了島上的中學，課程安排中有一項：每年二十個小時的能劇學習。全日本只有佐渡的中學生被要求學習能劇，這是離島煞費苦心地讓年輕人瞭解本土傳統文化的教育法，負責在中學教授這門課的是島上一位寶生流專業演員，後來成了佳子和聰美的老師。

這位老師的人生也是一個離島回歸故事。他的祖母據說是佐渡第一位女性能樂演員，他因此自小被帶入能劇的世界，後來離開小島去東京上大學，大學畢業後回到新潟縣的長岡市，成爲一名高中老師。能樂作爲業餘愛好，一直沒有間斷，他在四十歲那年與佐渡島上一位能劇大師相遇，決心回到島上，全身心投入能劇世界，到了五十四歲那年，他終於取得寶生流的師範資格。從二〇〇八年起，他開始在島上的中學教授學生們能劇，同時開設私人教室，來者不拒。如今，他已經擁有三十多位從零開始的弟子，各個年齡層都有，很多人和佳子、聰美一樣是移住者，甚至還有一位中國人——這些外來者對佐渡能劇表現出更甚於島民的強烈熱情，是過去島上未曾出現過的新現象，或許也能給未來的佐渡能劇帶來某種啓示。

趁接待客人的空檔，佳子見縫插針地對我說著這些佐渡能劇故事。我準備離開時，天色早已黑透。「你眞的準備走回去嗎？」她不放心地問。我其實心裡有點兒打鼓，似乎記得在當地政府網站上那篇「佐渡沒有」的文章裡提到過一句，說島上是沒有野豬和熊的，那便也不用太害怕，但我探身看了一眼，外面的世界黑黢黢一片，別說是路燈了，連半點兒星光也沒有。這個時間這個地點的佐渡，計程車肯定也是叫不到的，我再一次深深感受到，在這個島上，如果不自己開車，隨時會陷入寸步難行的困境。

最後，佳子決定送我回去。當她駕駛著小型廂型車駛上林間小路，我看著伸手不見五指的窗外，才後知後覺地慶幸沒有步行回去。我感到有點兒抱歉，她表示不必介意：「反正今天店裡的工作也結束了。」不同於街市裡那些翻桌率很高、營業至深夜的蕎麥麵店，這裡是偏僻的山間，提供的是「蕎麥懷石」，此時又是觀光淡季，每天晚上也就接待兩三組客人而已。我小心地詢問起她的生活狀況，她毫不介意地說，因爲中午也在營業，還做著一些別的工作，基本可以支撐三人家庭的基本生活。

在佳子身邊我又一次想起世阿彌來，儘管佐渡島上的人們多數時候僅僅把他當作一個過去時代的著名人物來談論，鮮少提及他的藝術理論。但此刻，我兀地想起他那句著名的「知道花」的名言來，嚴格說來這是一個藝術理論，「花」指的是在藝術領域精湛的表演技巧，擁有這種能力，可以視爲「持有花之種子」。然而，持有花之種子的人，未必知道該如何讓其眞正開花，知道如何讓種子開花的人，才是「知道花」的人。要讓花開花，就必須讓自己在一生中積累的所有東西都能夠隨時表現出來。並且，演技的成敗也被生物規律所左右，一個人即使經過充分訓練，演出的成敗也受運勢影響——在這種情況下，需要適應自然命運的起伏，並且不斷地努力，等待成功，這就是所謂的「知道因果之花」的人。世阿彌晚年的「知道花」理論，其實說明了一個很重要的眞相：藝術的完成和演出的成功是兩件不同的事情。

我在佐渡島上遇見的人們，比如佳子和聰美，我僅僅只看過一次她們的演出，不能對她們的藝術造詣妄加評論，但比起藝術本身，我感受到她們正在生活中也努力尋求著另一層面的「花」的意義。他們一邊摸索著生存的方法，一邊尋找著精神上的歸宿，對物質金錢的需求是「剛剛好」，因此看起來對眼下的生活感到滿意。藝術的完成和演出的成功是兩件不同的事情，生活的完成和金錢上的成功也是完全不同的兩件事情。適應自然命運的起伏、並且不斷努力實踐的人們正生活在這裡，從這個角度來說，我想，佐渡倒也不是一個什麼都沒有、寂靜到死的地方。

4

六月造訪佐渡島，遇見的每個當地人都用一種機不可失的口吻問我：「去看過大野龜了嗎？」這座島上的觀光景點乏善可陳，最北邊懸崖地帶的烏龜形狀巨大岩石，是難得的當地人也會在週末前往的地方。這裡在初夏時節盛開一種名叫「飛島萱草」的黃色野花，據說全國僅有佐渡島和更北邊山形縣的飛島兩地能夠目睹它的風姿。大野龜被認爲是日本最大規模的飛島萱草群生集落，數量達到五十萬株，當地人又稱它爲「魚告花」（ヨーラミ），它的花期預告了日本海魚類產卵季節的到來，由此進入最佳捕魚期。如果不是因爲疫情，每年這裡還會舉辦「佐渡萱草祭」，上演鬼太鼓和民謠之類的代表性民俗活動，終日熱鬧。

作爲日本最大的離島，佐渡島和其他小島給人的體感不太一樣，多數時候你很難意識到它是一座島嶼。人們描述它的「大」，通常用的說法是：面積是東京二十三區的一點四倍，伊豆大島的十倍。又因在島嶼中心有山地隔開，諸如海風拂面、浪聲襲來之類的感受，在佐渡島上並不會隨時出現。只有前往海岸沿線，在環島一圈的「佐渡一周線」道路上，海景隨時映入眼簾，才能肯定自己的確置身於島嶼之上——這條長達一百六十七點二公里的縣道，也是現今日本最長的地方道路。

佐渡島是這麼大的一個島。大野龜距離市中心將近五十公里，島上公車班次又少，未必能當日往返。我打開地圖，沿著「佐渡一周線」在大野龜附近搜尋，最終在南部幾公里之外的海邊找到一間民宿，網頁上只留下一個孤零零的電話號碼，再無其他資訊，無法窺得內裡樣貌。電話打通了，一個蒼老的男性聲音接起來，表示仍有空房，報了一個比想像中要低的房價，接受了我住一晚的預約。

到達名叫「山佐莊」的民宿，是在次日兩個小時的公車旅途之後。下車時車廂裡只剩下我一個乘客，司機在揚長離去前把我叫住，詢問過歸程時間後，果斷扔給我一張宣傳單，道：「週末搭乘公車需要打電話預約，否則車可能不來。」我再一次確認了此地的偏僻。這條被當地人稱爲「內海府線」的公車路線，從二〇二二年六月開始，部分區間在週末和節假日變成了事前預約制，要在前一天下午五點之前致電交通營業所，若無人預約，公車便不再通行。人口持續減少給這個島嶼造成日益深刻的經濟困擾，預約制的公車就是代表現象。附近村落的住民多是高齡者，隨著他們的離世，廢棄的房屋愈來愈多，公車站被廢棄也只是早晚問題。

我站在山佐莊門前喊了好幾聲，才有一個老頭從廚房裡走出來，他身材精瘦，看上去很精神，但始終拖著一條腿，因此走得很慢。這座海邊的雙層小樓，在日本海的海風侵蝕中變得破舊，玄關前散落著幾雙雨鞋和一些雜亂的釣具，老頭遞過來一張紙讓我塡寫入住信息，也不是那麼規範的一張登記表。在這間民宿，一切都很隨意、很臨時、很生活，它顯然不是那種遊客會首選的目的地，那麼誰又會住在這裡呢？塡好表格後，老頭將我領到二樓，六疊大小的房間裡連一張矮桌也沒有，倒是有一扇面朝日本海的窗戶，框進一幅晴好的海景，傍晚時分還會框進一幅海上日落。老頭在轉身下樓前叮囑的幾句話，解除了我對這間民宿的疑惑——「你最好早點兒去洗澡，」他說，「今天的客人都去釣魚了，會在下午四點回來，到時你恐怕搶不到浴室，」他頓了一頓，接著說，「今天的客人都是男性，就你一個女的。」

我能在這天的山佐莊得到一個房間純屬運氣，下午四點過後，每個房間都擠進了好幾個客人。我是他們之中的一個奇怪存在——不釣魚，還是個女的。晚飯時間，一樓餐廳僅有的一張長條桌兩端坐滿了人，我因此不得不和三個來自茨城縣的大叔拼了桌，他們難以掩飾詫異，不打算保持禮貌的社交距離，我剛一坐下時便被提問：「你是怎麼找到這裡的？」他們從五年前開始住在這間民宿，沒遇見過我這樣的客人。更早以前，至少持續了二十多年，他們每年結伴來佐渡島釣魚，連續三天，從早上四點到下午四點之間待在岩石上，目的地始終是這個名叫北鵜島的村落。

我對他們同樣充滿不解。在我看來，日本顯然有更多比佐渡更知名、更熱鬧的釣魚勝地，這個島上的魚類並不那麼出名，至少不具備吸引人連續二十年不斷到來的魅力。

從他們口中，我得到了一個最現實的理由：主要是近。從茨城縣開車到新潟的港口，耗時三小時，人和車一起上船，經過兩個半小時的船程，就能抵達佐渡島港口，自駕至外海府地區，再花上四十分鐘。他們通常在清晨出發，下午就能到達民宿。還有另一個原因，在佐渡島，尤其是北鵜島一帶，正因釣魚客沒有蜂擁而至，海裡的魚很多，他們總是能滿載而歸。這幾個人都在工廠工作，是最普通的工薪階層，釣魚可以成為一種愛好，卻不能成為一種奢華的愛好——他們也有前往九州的海釣計畫，最終都因爲「又遠又費錢」而作罷。佐渡島是他們最經濟合算的目的地。釣魚客不同於遊客，他們也許瞭解在佐渡島釣上來的每一種魚，甚至能夠在魚竿被拽動時就立刻喊出那魚的名字，但除此之外對島上其他一切所知甚少，好些人甚至連正在申請世界遺產的佐渡金山也沒有去過，只是不斷往返於海岸民宿和海上岩石之間。

釣魚客們設備齊全，汽車後備箱裡有好幾個保冷箱，供他們將戰利品帶走——從佐渡島回去之後的一週內，這些魚每天都會出現在家裡的餐桌上。三人中最年輕的一位，看起來剛剛四十歲出頭，翻了半天手機相冊，向我展示了一張懷抱大魚的照片，稱那是他在七年或者八年前釣到的一條真鯛，長達九十公分，比牆上一張大型真鯛海報的體積還要大。「只有這一條，太大了實在裝不進水箱。」他說，最後只能借用民宿的廚房肢解了，分給衆人帶回去。

類似於這樣巨大的收穫，在業餘的釣魚客們看來，人生有一次就是輝煌了，可以炫耀一輩子。「釣魚這種事，屬於自然的恩惠，有的時候來都來了，可遇上壞天氣，兩手空空就回去了。」三人中年紀最大的一位，自稱是那位年輕人的師父，再過兩年就要從工廠退休了，感慨自己就從來沒有過這樣的運氣。他試圖灌輸給我一些釣魚這件事的哲理性，例如：「徒弟跟著我，學習的不光是釣魚，還有人生。釣魚是修行，人生也是修行，兩者是共通的。」

「在早上四點出發，也是一種修行嗎？」我問他。

他笑：「是因爲魚在那個時間剛剛醒來，肚子很餓，這時一定能釣到很多。」又抱歉起來，「所以明天會從一早就很吵，大叔們一窩蜂爬起來，一窩蜂衝出去，可能會吵醒你。」

釣魚客們要前往岩石釣魚，需要搭乘海上交通工具。早上四點，由民宿的老頭開船將他們送去，下午四點，老頭再開船去將他們接回來。雖然並不太遠，不過十分鐘的船程，但對於獨自經營民宿的老頭來說，這是很艱苦的日常，要負責船的接送，製作早晚餐，打掃房間，有時候還要從事農業活動。民宿的老頭，也就是他們口中的「北村先生」，我這才第一次知道了他的名字，同時得到了一個意外的情報：「北村先生可是個超級名人！像他這樣的人，全日本只有兩個，經常上電視的！」

我聽從三人的指示，起身去觀看在餐廳牆上掛了一周的照片，拍的都是一些水稻插秧的景象。和我腦海裡的插秧活動稍微有一點兒不一樣，首先那是一塊不規則形狀的水田，其次田裡共有三個人在插秧——都是身穿當地民俗服裝的女性，最奇怪的是她們並沒有站成一排，而是在水田中央站成了一個三角形，彷彿在進行一種宗教儀式。北村先生出現在照片裡，不在她們中間，而是在田埂上，正拿著一壺酒緩緩注入水田中。一些照片裡，不規則水田已經插滿了秧苗，人們圍坐在田埂上，喝酒吃飯糰，看起來很熱鬧。又有一張可愛的小畫，寫有一首〈插秧之歌〉，似乎是在伴隨著這一活動時總要唱的一首歌。我最後還找到一張剪報，介紹的是在佐渡島北端的北鵜島村落，至今還殘留著日本最原始的水稻耕種儀式，即北村先生繼承的這一種，名爲「車田植」。

要瞭解北村先生的身世並不太難。日落之後，我窩在訊號不佳的房間裡搜尋網路資料，他甚至出現在維基百科的詞條之中，只不過在那裡，他不是以本名「北村佐市」，而是以「北村家」這一代號出現的。「北村家」傳承的這種車田植形式，其實是古代人們祈願豐收的一種民俗活動，它隨著現代文明進入日本而逐漸消亡，如今只剩下佐渡島和岐阜縣還殘留一二。北村家是佐渡島車田植的唯一傳承者，因它作爲一種古代日本民間神道和農耕信仰的日常儀式，得到了文化意義上的肯定，在一九七九年被認定爲日本的「國家重要無形民俗文化財產」，此後每年到了插秧時節，北鵜島的北村家總會出現在新聞裡。網路上的最新一條新聞時間是二〇二二年五月二十日——在面積兩百平方公尺的稻田裡，北村先生如往年一樣朝水田注入神酒，被稱爲「早乙女」（這個詞的本意指專門從事插秧活動的「植女」）的三名女性從稻田中央向四周倒退著插秧，田埂上還有另一位女性在高唱〈插秧之歌〉——今年一起合唱〈插秧之歌〉的，還有七名中小學生，他們是內海府地區全部的在校學生。

偏僻的北鵜島究竟是一個怎樣的存在？一九五八年，五十一歲的日本民俗學家宮本常一來到了佐渡島，後來他在《我的日本地圖：佐渡》（私の日本地図 第七卷 佐渡）一書中提及北鵜島，當時這個地區還沒有修建道路，他經歷了翻山越嶺從一個村落途經另一個村落的艱苦之旅，寫下這樣的句子：「北鵜島雖以漁業爲生活手段，但山地斜坡上的水田也很廣闊。然而從山下爬上來種田，辛苦程度幾乎要折斷骨頭，因此人們在田畔修建了散落的野外小屋，在進行水田勞作的時候，他們就住在這裡。」宮本常一也觀察到了此地獨有的車田植形態，總結它是「一種從中央向周圍插秧的漩渦狀種植方式」，在他當時的考據中，「這種圓形的種植稻田方式在全日本只有佐渡的北鵜島一地殘留著。但根據一九五五年的報告書，除了被稱為『車田植』、『車植』之類的名字，在能登半島、飛驒和土佐等地也都有圓形種植的稻田。」

在宮本常一之前，日本最著名的民俗學者柳田國男也注意到了北鵜島的車田植活動，他專程記錄了北村家的插秧活動，觀察得更為細緻，並且指出了它在儀式上的意義，說它「將一枝楢樹插在三束秧苗的中間，並在種植時歌唱，以此讓田神降臨在楢枝之上」、「北村家以三束秧苗為中心的車田植做法，是為了樹立一個明顯的標識，便於神明從天而降」。

柳田國男去世十多年後，北村家的車田植才成為民俗文化財產，一時間變得熱鬧起來。最初的幾年，從地方電視台到NHK都拍攝了相關紀錄片——只可惜，那些影像資料因為年代久遠，無法在網路上觀看。

我瞭解北村家故事的那個晚上，日本海的狂風將民宿搖晃了一夜，房間幾乎不具備隔音功能，海浪撞擊海岸的浪濤聲夾雜著四周此起彼伏的呼嚕聲，持續了半夜，臨近清晨，又連續傳來拉門聲，走廊上有人咚咚跑了起來，我便知道是海釣的人們要出發了。那之後世界終於寂靜下來，我才擁有了短暫的睡眠。早上八點過後，當我坐在一樓吃早餐時，整棟房子就只剩下我和北村先生了。

「昨晚睡得好嗎？」北村先生端了一碗海草味噌湯出來，桌上已經擺好了烤魚和漬物，「昨晚風太大了，房子嘎拉嘎拉的。」

「挺好的。」我並不太介意前一晚的喧譁，在我想像中，一間海邊民宿的生活形態就應該是這樣。我接過北村先生手裡的湯，抬頭間看見廚房門口貼著一張手寫告示：承接各類宴會。民宿的早餐和晚餐都很簡單樸素，但北村先生以一己之力製作十幾個人的份量，想來也並不是一件容易的事情。

如果新聞裡的資訊無誤，北村先生今年已經六十八歲了，一條腿不知是什麼時候壞掉的，增添了他進行每一項活動的難度。在他拖著腿收拾釣魚客們留下的餐具的間隙，我試圖打聽一些車田植的事情，他顯然因為我對此的興趣而愣了半晌，沒有直接回答我的提問，緩緩走了出去，幾分鐘後拿來一張光碟，道：「先放個紀錄片給你看看吧？看過之後如果還有想問我的話，我再回答你。」

光碟片看起來年代久遠，北村先生應該也很久沒操作那台老式DVD機器了，搗鼓了很久，電視才終於出現了畫面。長達四十分鐘的影片是一個堆滿了灰塵的時間膠囊，北村先生從中跳出來，長著一張年輕的臉龐，他也已經說不上來那是他的三十歲或是四十歲了，對著鏡頭侃侃而談，想要將一門傳統文化傳承下去，眼睛裡飛揚著意氣風發的神采。

北村家傳承下來的車田植儀式，至少已經有一千年歷史。這一祭祀田神的環節，在古代日本人種植水稻的活動中不可缺少。今天，北村家造型不規則的兩百平方公尺車田被視爲「神田」，種植的不是白米，而是糯米——這一做法也源自日本古代傳說，糯米是稻靈的宿所，帶著神性。北村家種植的是一種名叫「赤糯米」的古代米，因是神田，即便進入現代農業階段也拒絕機器種植，禁止使用肥料和農藥之類化學藥品。至於車田植的時間，要選擇在五月中旬舊曆上標注著「大安」的這個日子。根據古代中國傳入日本的「六曜」曆法，「大安」被視爲萬事皆宜的大吉之日，直至現代社會仍被沿用，在沒有農耕活動的城市裡，人們仍會首選這一天作爲結婚之日。

到了車田植當天，身爲「田主」的北村先生得起個大早。從早上七點就要正式開始儀式，第一站不是稻田，而是家裡的神棚。裝飾在「床之間」的神棚，是傳統日式住宅中不可或缺的存在，也是日本人在日常生活中與神明共處的一個重要證據。這天早上，北村先生要將三束事先準備好的秧苗和三個白米飯糰一起供奉在裝飾著天照大神掛軸的神棚前，然後進行祈願，內容千年不變，唸的是「五穀豐登」。進行過家中儀式後，才開始車田植儀式。經過祭祀的三束秧苗，隨後被北村先生帶往車田，早上九點，他站在田埂上，緩緩向田中注入裝在一升瓶裡的神酒，再一次祈願過後，才將三束秧苗分給三名早乙女，她們隨後從三個方向進入車田，聚集到中央點，開始沿著順時針方向插秧。還有一名專門負責演唱的女性坐在田埂上，唱那首民歌曲調的〈插秧之歌〉，簡單的歌詞描述的也是車田植景象。由於車田面積並不大，北村家的插秧活動不到兩小時便能結束，但車田植儀式還未結束，在最後一個重要環節裡，勞動者和參觀者一起坐在田畔，召開酒餚會，下酒菜也是來自稻田神明的饋贈：樸素的白米飯糰或者赤米飯糰。由於參觀者衆多，北村家要從這天早上五點就開始捏飯糰，至少準備一百個，還要製作一些諸如醃漬蘿蔔乾、鹽煮烏賊之類的小菜，以便不失禮節地招待來客——農業活動之後人們聚集在一起喝酒，也是從前祭典中的慣常做法，儘管我只是從北村先生播放的影像中看到，也能感受到那份快樂。

北村先生從年輕時開始車田植儀式，已經持續了三十多年，從未間斷。「爲什麼要做這件事呢？」我問他。

「因爲從前人們就是這麼做的。」他只有這一個簡單的答案。

而事實上，北村先生本人也並未親眼目睹過「從前」的完整樣貌，在他出生的時候，整個佐渡島上就已經只剩北村一家在孤獨地繼續著「車田植」這項被時代淘汰的儀式了。

日本農業的巨大轉折發生在明治時代。日本政府自一九〇〇年開始實施《耕地整理法》，根據這一法律，原本分散、小面積、不規則的稻田被統一整備爲規則的方形，且出於增產目的，家家戶戶都擴大了稻田面積，種植方式也從時針式的「車田植」變成了直線式的「正條植」。佐渡原始形態的車田，正是在這一時期紛紛被改造爲規則的方形。傳統的種植形態遭遇的另一個毀滅性打擊發生在昭和時期，進入高度經濟增長期後，即便在佐渡這樣的離島上，農業機械也迅速普及，機器種植令插秧和收穫都變得輕鬆高效，能夠賺到更多的錢——方形的稻田更便於機器種植，原始形狀的車田於是爲人們所棄。

我好奇的是，北村先生爲什麼沒有加入新時代的風潮？

「我也只留下了一塊車田而已。」北村先生搖搖頭。北村家總共留下來一公頃稻田，只有五十分之一保留了車田的原始形態，其餘的也不可避免地規整爲方形，和當地的大多數農民一樣，每年春天用小型機器進行種植，秋天收穫新米後就交給當地農協販賣——每年生產一百三十公斤稻米帶來的收入，明顯不能維持北村先生的生活，於是他還要同時做一些林業和漁業工作，都是島上最傳統的工種。四十年前佐渡島上一度遊客激增，他又開始經營這間民宿，在泡沫經濟下的遊客風潮中紅火過一陣，如今也如同它的外觀那樣，漸漸衰落，靠那些釣魚客的定期到來勉強維持生計。

待我看完紀錄片，北村先生也收拾乾淨了餐桌。送走幾位提前離開的釣魚客之後，他提議帶我去看一看車田。北村家世世代代依土地而生，那些稻田就位於村落背部的山間地帶，山體距離村子並不遙遠，卻十分陡峭——如同宮本常一在六十多年前所描述的那樣。北村先生開一輛小貨車，幾分鐘後停在稻田入口處，那裡由當地政府立起兩塊牌子，一塊解釋何爲車田，另一塊則介紹標示爲「國指定 重要無形民俗文化財」的車田植活動，很顯然，這裡已經被官方認定爲佐渡的一個重要觀光景點。北村家的稻田全部位於此地，不規則的車田被包圍在規整的方形稻田中央。這些日子北村先生忙於接待釣魚客，幾塊稻田裡的水已乾涸，一個月前剛插下的秧苗在烈日中奄奄一息，他指著盡頭一條蜿蜒的小路，示意我爬上後方的高台，那裡可以俯視車田的眞實形態，他自己又拖著一條腿，去給稻田放水去了。

到了高台我才意識到，原本我以爲是一個扭曲圓形的車田，其實是更加複雜的形狀。它前方後圓，原來是一個古代墳墓的形態——這令它的祭祀意味又增加了幾分，如今能在奈良一帶看到的最古老的天皇古墳樣式，和它的造型一模一樣。我久久地眺望著那個古墳圖形，因這種神祕的隱喻感到震動，同時感嘆著此地景致絕佳。在北鵜島村落，山腹稻田面朝遙遙無盡的日本海。初夏時節，新綠與淡藍組合在一起，撞擊海岸的浪濤聲也與清晨的鳥叫聲混雜在一起，對於我這樣來自島外的人來說，這裡確實可以成爲一個景點，它擁有某種都市人正在追求的療癒與避世特質——可以是烏托邦，也可以是桃花源。

然而它並不眞的如此。當我從高台走下來，再度站在北村先生身旁，他有意無意地向我講起了車田的困境。如今進行著車田植活動的只剩下五名成員：以「田主」身分主辦儀式的北村先生，三名居住在村裡負責耕種的早乙女，還有一名女性專門負責唱歌——從前歌者至少有兩三人，但隨著當地人口減少，最近一直是由北村先生年邁的姐姐在扮演這一角色。這五人如今都是超過六十歲的高齡者了，姐姐更是已經八十八歲，由於找不到後繼者，她從七十五歲一直唱到了現在，前兩年身體不好，唱得十分艱苦，但她堅持只要自己活著就不能斷了這項儀式。歌者也好，早乙女也好，都要擁有一定技能，因此不只是在插秧活動這一天，她們還要在冬天不斷進行練習，以日漸衰老的肉體維繫著這一項文化財產。在北鵜島村這樣的地方，隨著老人的離世，未來或許連公車站都會消失，再也沒有住民，更別說是能夠繼承一項傳統活動的年輕人了。

北村家活在北鵜島村落的一個尾聲。在北村先生還很年輕的時候，他曾經搭船離開島嶼，跑到東京去工作。在那個時代，水路還不發達，這是一場路途遙遠的逃離，是異想天開繽紛絢爛的城市夢，當時有許多小地方的年輕人，便是通過這樣的「上京」之路，開闢出嶄新的人生。但北村先生的逃離極爲短暫，爲了照顧年邁的父母，他在一年後就回到了佐渡，爲父母送終之後，再也沒有離開。成爲車田植的繼承人，是冥冥中宿命的安排，如果他那時在東京扎下根來，這項傳統活動也許會更早從佐渡島上消失，但他回來了，用了一生在堅持一件只有他還在繼續做的、沒有任何經濟收益的事情。

「車田植畢竟是一項國家民俗文化財產，在這樣的光環之下，也沒有年輕人願意繼承嗎？」

北村先生再次搖搖頭，認爲我這種想法過於天眞，愈是在這樣偏僻貧瘠的地區，人們對於金錢和物質的認知才會愈發現實。村落裡的年輕人都離開了，外來的年輕人也不會對又累又不賺錢的農業活動產生興趣，他嘆了一口氣：「人們還是願意做更賺錢的工作，買更好的車⋯⋯現在是這樣的世道了。」電視台和報紙每年來採訪，在全日本卻找不到一個繼承者，這是一個尷尬的現實。

佐渡島的車田植只有一個可見的並不明媚的未來：如果北村先生死了，這項儀式就會徹底從地球上消失。北村先生認定這是必然會發生的事情，只是早晚問題。他沒有孩子，因此北村家代代相傳的傳統活動，沒有下一代繼承者。這不能完全歸咎於他的人生選擇，就算有了兩三個孩子，缺乏繼承人的現象在今天的傳統文化中仍然比比皆是——很多事物都是這樣消失的。

離開北鵜島那天，我坐在玄關口等一輛預約的公車到來。釣魚客們還滯留在海上的岩石之上，北村先生在二樓打掃房間，吸塵器的聲音轟隆作響。他偶爾走下樓來一會兒，和我說兩句話，在禮貌性閒聊的話語中，我還是聽出了他的一些惋惜。

他開玩笑說：「車田植，你要來做做看嗎？」

「不行，我五音不全。」我用玩笑回應了他。

這或許根本不是一個玩笑，我們心裡都清楚，這件事我做不了，很多人都做不了，尤其是外來者更加做不了。一年一次的農業活動，不可能成爲一種經濟來源，我在離島上遇到的那些移住者，無一例外在考慮著嚴峻的生存問題。在島上能做什麼工作呢？北村先生不能成爲一個參考答案。他一生從事的農業林業和漁業，無一不是外來者無法勝任的技術活。生活已經夠費力了，誰還有餘力去保護一項民俗活動呢？

「我雖然幫不上什麼忙，但明年車田植的時候，我想來看一看。」我確實很想親眼看一看即將消失的活動。這項活動裡存在我對鄉土的想像，而我最關心的問題是：「現在大家還一起坐在田埂上喝酒嗎？」

「就只是插秧而已，」北村先生第三次搖了搖頭，「現在大家都是開車去田裡，如果喝了酒，會被警察抓的。」

5

我最後還是去了太鼓體驗交流館。島的南部有一個小木港，曾是佐渡重要的金銀輸送港口，江戶至明治時期活躍在日本海上的商業船隻「北前船」停靠於此，如今已不作爲主要港口使用，從前繁榮的集落成爲觀光景區，在六月裡十分寂靜，有幾家住戶經營著以船板搭建的特色民宿，標榜「每天只接待一組客人」，但生意似乎並不理想，遊人寥寥。這裡受歡迎的是一種「木桶船」，乘坐傳統洗衣桶改造成的小船，是社群媒體上最常見的佐渡觀光照。在串燒店遇到的原田對我提起的佐渡太鼓體驗交流館就在附近，路線公車專門在它正門口設置了一個停靠站，可見將此地作爲觀光地標的用心。

兩層樓建築的體驗交流館免費對外開放，如果付五百日圓，還可以得到十五分鐘的太鼓體驗，因而它還有個別名：打鼓館。我走進去的時候，館內沒有別的遊客，一位二十歲剛出頭的青年接待了我，向我示範該如何正確敲擊會館中央那個巨木製成的太鼓——當鼓棒撞擊到鼓面上不同位置時，發出的聲音各不相同，太鼓的演奏便基於此——他深呼吸了一次，掄起鼓棒重重地敲上去，旋即從太鼓腹部傳來悠遠而綿長的回響。我是一個外行，敲過兩次便意識到力量不夠，且十分耗費體力，我朝會館的另一端望去，那裡有幾十個小太鼓圍成一個半圓形，看起來應該省力得多。青年告訴我，這個下午，來自島外的小學生修學旅行團已預約前來體驗，到時候他將站在那個圓弧中央，帶領他們一起進行太鼓合奏——這是他一年中的大半工作，全國各地的中小學生是這個設施的主要接待對象，我這樣心血來潮的散客只是少數。

據這位青年介紹，佐渡太鼓體驗交流館已經開放了十五年，運營它的是一個名爲「鼓童文化財團」的公益財團。鼓童的歷史比這幢建築久得多，如串燒店老闆的推算，眼下正在進行的已是四十週年全國巡迴。這一年他們的行程排得滿滿的，年初重新啓動了因爲疫情中斷兩年的歐洲公演，回國後又在佐渡島上進行十場連續演出。佐渡島的鼓童們，一年有三分之一的時間在海外演出，三分之一的時間在日本各地演出，剩餘三分之一的時間才會出現在佐渡島上。

佐渡鼓童在日本的演出，有時候甚至一票難求，原田是這麼說的。其實他們在國際上的人氣並不遜色於在本國，自從一九八一年在柏林藝術節上進行首秀之後，鼓童就設定了一個目標：將融合各種文化和生活方式的地球稱爲自己的目的地，並在世界各地進行巡迴演出，命名爲「一個地球之旅」（One Earth Tour）。如今，鼓童已在全球五十三個國家和地區進行了超過六千五百場公演，是海外公演最多的日本演出團體之一。我找到一篇二〇一六年他們在巴西演出時的新聞報導，標題毫不掩飾感情：「在地球旅行的『鼓童』，身體之美令人瘋狂！肉體美和充滿汗水的驚豔表演，森巴之鄉巴西也爲之沸騰！」海報上是裸露上半身的男性群像，在陰翳的光影裡掄起鼓棒的肢體動作，凸顯出輪廓分明的肌肉曲線——難怪每天要進行體能訓練，我在那一刻明白了意圖：展現肉體之美也是綜合舞台藝術的一部分。

那次演出之所以受到追捧，原因之一是鼓童時隔八年終於重新來到巴西，但更主要的原因，是因爲演出的導演是歌舞伎最著名的女形演員坂東玉三郎。進入新時代之後，鼓童的演出以「發掘以太鼓爲中心的傳統音樂的無限可能性」爲出發點，不僅聘請坂東玉三郎擔任藝術總監，又排練歌舞伎的劇目作爲大阪歌舞伎座一百週年的紀念演出，還積極與各種類型的藝術家嘗試跨界合作，從古典、爵士、搖滾到舞蹈，甚至還與虛擬歌姬初音未來舉辦互動專場。專場的宣傳語寫著：「太古以來傳承至今的傳統音樂與數位技術孕育的未來音樂，日本引以爲傲的兩種音樂互相融合。」只要能夠推廣太鼓文化，便不拘泥於形式，佐渡鼓童正在做著這樣的示範，它擺脫了日本大多數傳統文化在規則上的束縛，以一種完全開放、完全自由的態度，玩得風生水起。

今天的鼓童團體內共有超過三十位專業演員。「你以爲都是佐渡人嗎？不是的，多數是從島外來的。」小青年說，「過去還有過外國人成爲研修生的案例。」看來原田的情報無誤，鼓童的研修生計畫深受歡迎，它也不像其他傳統藝術那樣保守地只傳授給有限的特定出身的人，而是完全開放性的、選拔式的，近年隊伍還加入了幾位女性。

我從青年口中得知了一些鼓童的祕密。例如，在目前的演出班底中，年紀最大的一位已經七十歲，他從五十年前就開始演奏太鼓，是鼓童的象徵性人物，是場場巡演都有粉絲追隨的「超級巨星」。又如，「封神」實在具有偶然性，能夠通過研修生選拔、順利成爲鼓童、最後再成爲明星的那些，可以說是鳳毛麟角，不比逐夢演藝圈輕鬆簡單。再或者，鼓童的一天異常辛苦，夏天在早上五點起床（冬天延長到五點半），以一個拍子木的敲擊聲爲起床標誌（在日本傳統舞台上，這種樂器被用來宣布表演開始），一直到晚上十點準時就寢，一天之中的十七個小時被嚴格劃分日程，其中練習時間包括四個分段，共計六個半小時，在練習與練習之間，穿插著體能訓練、準備三餐和掃除工作。太鼓的技能練習包括：發音、表演、舞蹈、歌唱、擊鼓、吹笛子等等，同時還要學習能劇、茶道和俳句等其他日本傳統文化。農業活動也是研修中重要的一部分，積極參加島上的農作業，比如種植和收割水稻，同樣是鼓童的義務，很多時候，他們還要填補島上祭典活動的人手緊缺。

鼓童研修生的招生規定年齡上限爲二十五歲，實際上這些來自世界各地的年輕人中，最主要的是一些高中畢業生，年齡集中在十九歲到二十歲之間。他們生活在體驗交流館附近的「鼓童村」基地，占地十三點二萬平方公尺的土地上，有配套齊全的練習館、工坊、錄音室、宿舍和食堂等設施。完成研修的年輕人們不一定能成爲鼓童。兩年的培訓結束後，將進行「準成員」的選考，合格者可以參加巡迴演出和各種公演，積累經驗，一年之後，他們將參加最終選考，成績優異者才會被聘爲「正式成員」。

眼前這位青年曾經也是鼓童研修生之一。他來自九州熊本縣，在電視上看過鼓童的表演，覺得這種舞台藝術很炫酷，便在高中畢業後來到了佐渡島。他的目標本來是站上舞台，然而在兩年的研修結束後，從選考中落敗，最終沒能成爲鼓童。但他運氣不算太差，沒有遠離鼓童的事業，成了這間交流館的工作人員，也即佐渡島上獨有的「太鼓講師」職業，在這裡，他已經教授了超過六萬名外來體驗者。

在向我介紹鼓童的發展歷程時，我明顯感覺到青年受過培訓，有幾個清晰的講解重點。首先是名字，他說「鼓童」這個名字是從人類心臟跳動的節奏中而來，發音爲「KODO」，而太鼓的聲音被借喻爲新生命在母親子宮內聽到的第一個聲音；「童」這個字，則是寄予鼓童們

「像兒童一樣心無旁騖地演奏太鼓而不被任何事物所拘束」的厚望。其次是溯源，佐渡島之所以誕生「鼓童」這一團體，是因爲傳統文化中的「鬼太鼓」非常有名，如今仍是島上團結著集落裡家家戶戶的鄉土藝能，在一年四季的祭典中登場，鼓童在成爲鼓童之前，它的前身正是長達十年的「鬼太鼓座」。

就在我來到體驗交流館的不久前，工作人員在整理資料時，發現了一封宮本常一寫給「鬼太鼓座」成員的信，當時這些成員剛剛結束在法國巴黎皮爾．卡登劇院（Espace Cardin）的幾場演出。信裡寫著這樣的話：「現代社會變得過於便利，佐渡和巴黎之間的距離也極大地縮小。然而，我們仍然感到巨大的疏離和脫節，感知上也存在著隔閡。我認爲現在最重要的事情，是消除不同民族之間的這種隔閡感……爲了消除戰爭，我們一直在思考需要付出多少努力，我認爲各位敲響太鼓，也是懷抱同樣的希望。」宮本的這個理念，在佐渡島的「鬼太鼓座」解散後又被如今的鼓童所繼承，這些敲響太鼓的人們認爲，交通便利和資訊流通的進步並不能消除民族間的隔閡感，但是，數千萬甚至數億的普通人們，在國家的框架之外，每個人都有自己的日常生活，他們微不足道地無法用理論或言語解釋的喜悅或悲傷，不受種族或國界影響，通過祭典、藝能和音樂等方式被聯結在一起。這也是鼓童將巡演命名爲「一個地球之旅」的原因。一位鼓童成員在部落格上曬出了宮本常一的手寫信，並且評論道：「我們相信，創造出基於太鼓共鳴的『共感共同體』，可以成爲四十七年前宮本先生那封信的答案。我們相信人類的心靈可以打敗疾病和衝突帶來的恐懼，互相分享微笑，因此我們將享受太鼓和藝能，將這項活動繼續下去。」

宮本常一是現代最早號召和投身離島振興的人。從一九五八年到去世前一年的一九八〇年，宮本在二十二年裡先後來過幾十次佐渡，推動島上的各種振興活動。佐渡人至今視宮本爲恩師，有一天，我去佐渡博物館尋找世阿彌的歷史資料，偶遇名爲「宮本常一和佐渡」的特別展，展出了一大批這位民俗學者鏡頭下的佐渡景象，主辦方在序言裡如此評價宮本之於佐渡島的意義：

宮本不僅通過獲得國家補助來改建道路和港口，更呼籲人們要確立自身的文化和生活。那麼，宮本所說的「自身的文化」是什麼呢？

廿世紀七〇年代，佐渡開始吸引大量遊客，大型飯店和紀念品商店不斷增加。宮本提倡的是，不要通過發展和觀光化來「趕上城市」，而要珍視自己的生活，通過改善自己的生活方式來發展。

他並不依賴城市的標準或權威，而是認為人們應該瞭解自己的生活，並考慮「佐渡人應該如何存在？」換句話說，自身的生活和文化，不應該被他人的價值觀貶低，而應該由自己來決定。這就是他所傳達的信息。他把這個信息交給了佐渡的年輕人。

過去的六年中，我們一直在思考宮本常一在佐渡拍攝的照片中所見到的各種佐渡面貌。在這次照片展中，我們將回顧宮本模糊構想的「自身的文化」，並結合他寫下的文字來進行探討。

在這場展覽的留言本上，有許多人寫下了感想，我花了一些時間翻閱它們，對其中一個遠道而來的人印象深刻，他寫道：「幾年前，我前去拜祭宮本老師的墓地，遇到了很多來自離島的人。我知道老師曾多次來到佐渡，通過他拍下的照片，我可以慢慢地看到佐渡從我小時候直到成年後的樣子。關於佐渡，果然有很多不瞭解它的人，看到宮本老師在島上做的這些事情，真的很好。非常感謝。」

「瞭解」，這兩個字醒目地映入我的視線。在展廳裡，宮本說的另一句話被放成大字：「島之所以落後，是因爲不瞭解島。」說的還是「瞭解」。

爲了讓佐渡人確立自身的文化，爲了讓生活者和外來者瞭解離島，宮本做了些什麼呢？在這個島上，他主導建設公民館活動，農業振興、「鬼太鼓座」的設立、佐渡國小木民俗博物館的開館和市鎮史編……今天仍持續發揮著價值。一九七一年成立的「佐渡之國鬼太鼓座」，源於音樂家田耕（Den Tagayasu，本名田尻耕三）和宮本的相識，他們決定通過在佐渡創建一個四年制大學「日本海大學」以及學習日本民俗藝能和工藝品的「職人村」，重建由北前船傳播的文化，並爲此籌集資金。「鬼太鼓座」在成立之初，就決定創作一種全新的現代太鼓音樂，這個理念得到活躍在歐洲的日本音樂家的支持，很快使太鼓這種樂器響徹全球，並引發太鼓熱潮，以至於在日本人的語境中，要特意爲其加上一個充滿文化自豪感的定語，稱爲「和太鼓」。只是，由於「鬼太鼓座」成員和主導者田耕之間的一些矛盾，導致僅十年之後，成員集體從「鬼太鼓座」出走，成立了以佐渡爲基地的「鼓童」。

佐渡鼓童的國際化之路是如此成功，以至於從上世紀八〇年代到九〇年代之間，日本各地如雨後春筍般冒出許多太鼓團體。同時，一位從「鬼太鼓座」獨立出來的成員，不久後成爲日本第一位太鼓獨奏家，活躍在世界舞台上。在海外，也新生了許多日本太鼓和西方樂器組合的音樂類型，在美國甚至還成立了「舊金山太鼓道場」（San Francisco Taiko Dojo）……對衆多前路渺茫的日本傳統文化來說，佐渡太鼓，具有讓人羨慕的榜樣性力量。

我沒能在佐渡島上親眼觀看一場鼓童演出，卻意外地見到了兩個鼓童研修生。體驗交流館的青年告訴我，第二天我要去看的一場薪能演出人員裡，有鼓童研修生參與演出，請我務必留心。太鼓的研修也包括學習能劇，能劇專業的氣息和發聲方式，在太鼓演出中會派上用場。在佐渡島上，事物的開放性無處不在，這在傳統藝術的世界裡像一陣清風，令我覺得實在新鮮，也富有希望。

那天的薪能在氣質古樸的草苅神社裡舉行，這間神社地處蔥郁森林之中，一條河流從門前蜿蜒而過，橫穿集落的中心地帶，有歷史記載，這裡從一八六三年起就開始上演能劇了，如今在每年六月十五日神社舉行例行祭典的晚上，會以薪能演出來祭神。其實草苅神社的祭典會持續一整天，白天，戴著假面的人們手持神似男性生殖器的木棒，從神社遊行到集落，跳著露骨的舞蹈。這種演出是佐渡當地祈求五穀豐登的傳統習俗，除了草苅神社所在的羽茂村山集落以外，還有其他三個集落裡也殘留著這一做法，它們一起成爲新潟縣的無形民俗文化財產。像這樣直白、大膽的祭典在全國並不是唯一，能數得上名來的至少有十幾個，一些民俗愛好者稱之爲「奇祭」。看多了京都端莊豪華的祇園祭，我也想見識一下佐渡島上充滿鄉土氣息的奇祭，可惜天公不作美，從清晨便開始下雨，遊行靜靜地取消了，我整個下午被困在神社無人的本殿前，心中感到不安：晚上的薪能還舉不舉行呢？

這天運氣不太好，大雨到了傍晚也沒有停下來的勢頭，橫鋪在草地上的十幾條簡陋木板，徹底被雨水打濕。但來看薪能的人們，還是靈機一動將木板翻了個面，在乾燥的一面坐了下來。演出的是名爲《蝴蝶》的劇目，兩位鼓童果然登場了，他們沒出現在正式劇目裡，而是擔任開場前熱身，表演了一曲能劇舞蹈，也挺像樣——草苅神社裡薪能和鼓童的合作，是十年前就開始的慣例，現場有個人告訴我，他們總是這樣獻上舞蹈，一方面也算是能劇研修的成果彙報。演出一直持續到九點過後，後來大雨演變成暴雨，又聽說往年的觀劇者總有上百人，這天不過幾十人，但人們在暴雨中也看到了最後，獻上了終場的掌聲，繽紛的雨傘擠在一起，實在令人感嘆佐渡的能劇熱情。

三天後，我又見到一個和雨有關的能面[14]。佐渡島上唯一一場不是在神社舉辦而是在寺院表演的能劇，是每年六月十八日在正法寺舉辦的「蠟燭能」。顧名思義，是在蠟燭的火光之中演出的能劇。正法寺是島上和世阿彌淵源深厚的地標之一，史料顯示，當他被流放到佐渡時，先是到了萬福寺，然後被移送到正法寺。傳說他曾在旱災時戴上一個漆黑面具表演能劇祭天，

---

⑭ 編註：能面（のうめん），日本能劇中使用的面具。

果眞求來一場大雨，這個漆黑的面具因此被稱爲「乞雨面」，從此珍藏在正法寺，只在蠟燭能的這一天對外人公開。受到疫情影響，蠟燭能兩年未在正法寺舉行，這天擠進來一百七十多名觀衆，坐在我周圍的幾位皆是歐美面孔，很難不讓人懷疑是主辦方故意把外國人安排在一起。這些外國人看得極爲專注，後來還拿起椅子上的傳單研究起捐款的流程來。

在佐渡島上，似乎每一場薪能都要靠募捐才能繼續下去。好像也不只是薪能如此，所有的傳統藝能都不得不依靠民間互助得以存續，哪怕是在國際上炙手可熱的鼓童。我看到了一份它的公開財報，上面顯示在二〇二一年，這個團體得到了將近兩千五百萬日圓的社會捐款。但兩千五百萬，同樣是其他傳統藝能望塵莫及的一個數字。

嚴格說來，鼓童演出的太鼓已經是一種嶄新的現代舞台藝術，得以不與傳統藝能共命運，眞正的傳統太鼓的處境，可以看看島上的鬼太鼓團體。鬼太鼓是佐渡島上重要的民俗祭典活動，演出者戴上鬼面具，在太鼓的敲擊聲中以獨特的動作舞蹈，祈求豐收和驅凶避邪。這種儀式在佐渡島的起源很模糊，沒有明確時間記載，但可考據到最早有它們登場的文獻資料是一七四六年的《相川例祭繪卷》，圖中有一個單腳站立打鼓的鬼，被認爲是鬼太鼓的原型；而在一七七二年的《町年寄伊藤氏日記》中，也有一條文字記載，大意是當時有個重要人物去世，禁止敲鼓演奏樂器，但佐渡金山的工匠們偸偸地打著鬼太鼓。

今天的鬼太鼓，更像是承擔著島上的一種社區功能。聰美對我說過，鬼太鼓屬於每個集落，在集落最重要的祭典中登場，她所在的集落有五百戶人家，有的集落只有三十戶人家，無關大小，都有自己的鬼太鼓團體。事實上，佐渡現存的兩百六十個集落、超過一百二十個集落節日裡，都會出現鬼太鼓表演，他們在家家戶戶門口跳起舞蹈，聯結了整個社區。每個佐渡人都以自己地區的鬼太鼓表演爲傲，每個地區的鬼面具、服裝和舞蹈動作各有差別，在佐渡人口中「不存在兩個完全一樣的鬼太鼓」。對於佐渡人來說，無論是世界遺產的薪能，還是享譽全球的鼓童，沒有一個比得上鬼太鼓，鬼太鼓才是佐渡最受喜愛的傳統藝能，男女老少皆宜。

既然鬼太鼓如此日常，就應該隨時發生。我竟然眞的偶遇了佐渡的鬼太鼓演出。朱鷺交流會館附近有一間歷史悠久的牛尾神社，我住在那裡的幾天，這裡正在舉行創建一千兩百三十年的祭典，我去觀看前夜祭，先是演了一齣薪能，接著便是長達四十五分鐘的鬼太鼓。和薪能不同，鬼太鼓沒有故事情節，光靠節奏和舞蹈引人入勝，確實平易近人，當「鬼」登場時，那些隨父母前來的小孩立刻就熱鬧了起來。第二天早上我又去參加正式祭典，同樣的鬼太鼓在神社門前的草地上繼續演出，人們在周遭圍成一圈，不時發出叫好聲，我注意到遠處還有一位坐在輪椅上的老太太，寂靜而專注地觀看了全場。我覺得在她的身上，似乎看到了佐渡人對於鬼太鼓的感情縮影。祭典結束後，我到附近一間湖畔餐廳吃飯，鄰桌有位女士過來向我打招呼：「我們剛剛在神社見過了吧？」原來她和朋友也站在不久前觀看鬼太鼓的人群中。她倆是佐渡本地人，住在島的另一端，這天專程開了一個多小時的車來看祭典，聽聞我是在旅途中偶然來到這裡，真摯地感嘆：「那你運氣眞的很好，遇上了一千兩百三十年的祭典！」

我也是通過和她短暫的聊天才知道，牛尾神社的鬼太鼓大有來頭，它是島上唯一一個受到能劇經驗者指導、吸取了能劇元素的鬼太鼓表演。從江戶時代開始，這裡的鬼太鼓開始得到當地寶生流老師的指導，因此它的鬼舞帶著能劇特有的幽靜與典雅特質，愈來愈受歡迎，逐漸演變成了一個流派，今天佐渡人稱它爲「潟上流」。

無論多麼受歡迎，由於是集落內部的活動，舞台也僅限於集落內部，這種「內部」的先天性，注定了鬼太鼓截然不同於鼓童的命運，當鼓童的研修生經歷著殘酷的淘汰機制時，鬼太鼓面臨的是由於人口減少和高齡化帶來的表演者不足的危機。鬼太鼓的存續成爲一個嚴峻問題，集落的演出團體們開始尋找各自的自救之道。在祭典時邀請外出的年輕人回到島上幫忙，或是從鄰近地區請求援助，是最常見的手段，但這樣的方式不可持續。最近一個較爲成功的案例出現在兩津港的湊地區，三四十歲的青年們聚集在一起，成立名爲「若松會」的組織，他們將重心放在當地兒童身上，小學生也可以成爲鬼太鼓成員。這是一種具有未來性的眼光，他們正在盡力將傳統文化準確地傳承給下一代。公助與自救同時進行，島外也出現了一些支援佐渡傳統藝能的力量，新潟大學的學生們從幾年前開始定期前往佐渡進行學習鬼太鼓的集訓，並在祭典時前來助演——這種關係正受到日本地方振興的歡迎。關係在流動人群與固定地方之間發生，外來者既非定住，也非觀光，而是介於這兩者之間，與某個地方產生長期的多樣性關係，而這種關係可以一定程度解決當地的少子高齡化問題。

當傳統藝能陷入危機之中，最好的解決辦法是徹底開放，這是我在佐渡島上意識到的，開放到何種程度，也決定了它未來的走向。在鬼太鼓的世界裡，我看到，首先是徹底開放年齡限制，從六歲的小學生到八十歲的高齡者，都可以成爲鬼太鼓的成員；其次是徹底開放空間限制，不侷限於集落的居民，島外的人們也可以參加，有一些地區的鬼太鼓團體，甚至還招攬美國人來學習，這個人後來參加了島上的祭典，還回到美國成立了一個鬼太鼓團體；它也徹底開放了性別限制，在傳統的規定中，女性是不能參與鬼太鼓表演的，但在二〇〇八年，有一個集落誕生了首位女性鬼舞者，那位年輕的女孩在採訪中說，自小看父親跳鬼舞，渴望嘗試的心情愈來愈強烈，於是向集落的人們傾訴了自己的想法，終於如願以償，如今通過跳鬼舞，產生了

「不想輸給其他鬼，不想輸給其他集落」的想法，以及「想變得更好、想獲得周圍人的認可」的熱情。

我十分喜愛佐渡的鬼太鼓，因爲表演鬼太鼓的佐渡人，並不是在保護什麼意義深遠的傳統文化，而是在努力確保代代相傳的日常生活的一部分。這樣的由藝能擔任的日常，構成了佐渡人獨一無二的精神。離開佐渡的那個早晨，我在一家只提供生雞蛋拌飯的小店裡吃早餐，桌上擺著一本手工製作的觀光小冊子，其中寫著這樣的話：

現在，世界正處於非常嚴峻的形勢下。氣候異常和地殼變動導致災害加劇，還存在病毒和國家之間的衝突，以及由此帶來的經濟混亂、糧食危機和民心荒廢等等。佐渡一直與都會的虛榮與富裕關係疏遠，因此年輕人的外流導致人口減少和衰退，然而，未來的佐渡可以擺脫上述情況，成為真正能夠享受精神繁榮的島嶼。

直至昭和初期，人們還沒有執著於金錢、燃料或是資源，相反充滿了娛樂、愛好和生活方式的精神成長。可惜現在，島民也漸漸沉迷於虛榮的富足之中，心靈和感性正在退化。在這個艱難的時代，佐渡有機會重新恢復其精神文化。佐渡本來就是由流亡者、北前船和金山等文化高度融合而形成的島嶼，這將是一個重振精神文化的好機會。

這段話和年輕的女性鬼舞者的話混合在一起，令我意識到，儘管這個島上盡是些看起來快要消失的東西，但佐渡人不會讓它們消失。無論是朱鷺、薪能、鼓童還是鬼太鼓，周遭皆是在努力保護和延續它們的人。文化無一不在暗湧的生機之中。讓我感到憂心的北村先生和車田植，也許在下一次我來到佐渡的時候，就有了意外的生機——在這個寂靜的離島上遇到的一切，給予我這樣的微小的希望。

由於這些微小的希望，我便再也無法贊同太宰治的意見，認爲佐渡是個一無所有的地方。事實上，即便是在被人們認爲是一無所有的地方，也必然是有些什麼的。從佐渡回來之後，我偶然得知，南邊的隱岐群島之中，有一個名叫海士町的地方，口氣很大地高喊著「沒有的東西就是沒有！」的口號。這很有趣，我想。

關於佐渡島，最著名的故事是朱鷺「復活」的佳話，如今，島上棲息著超過四百隻朱鷺。
青綠水田裡悠然站立的各種鳥類隨處可見，許多人因為這樣優越的自然條件移住到佐渡。

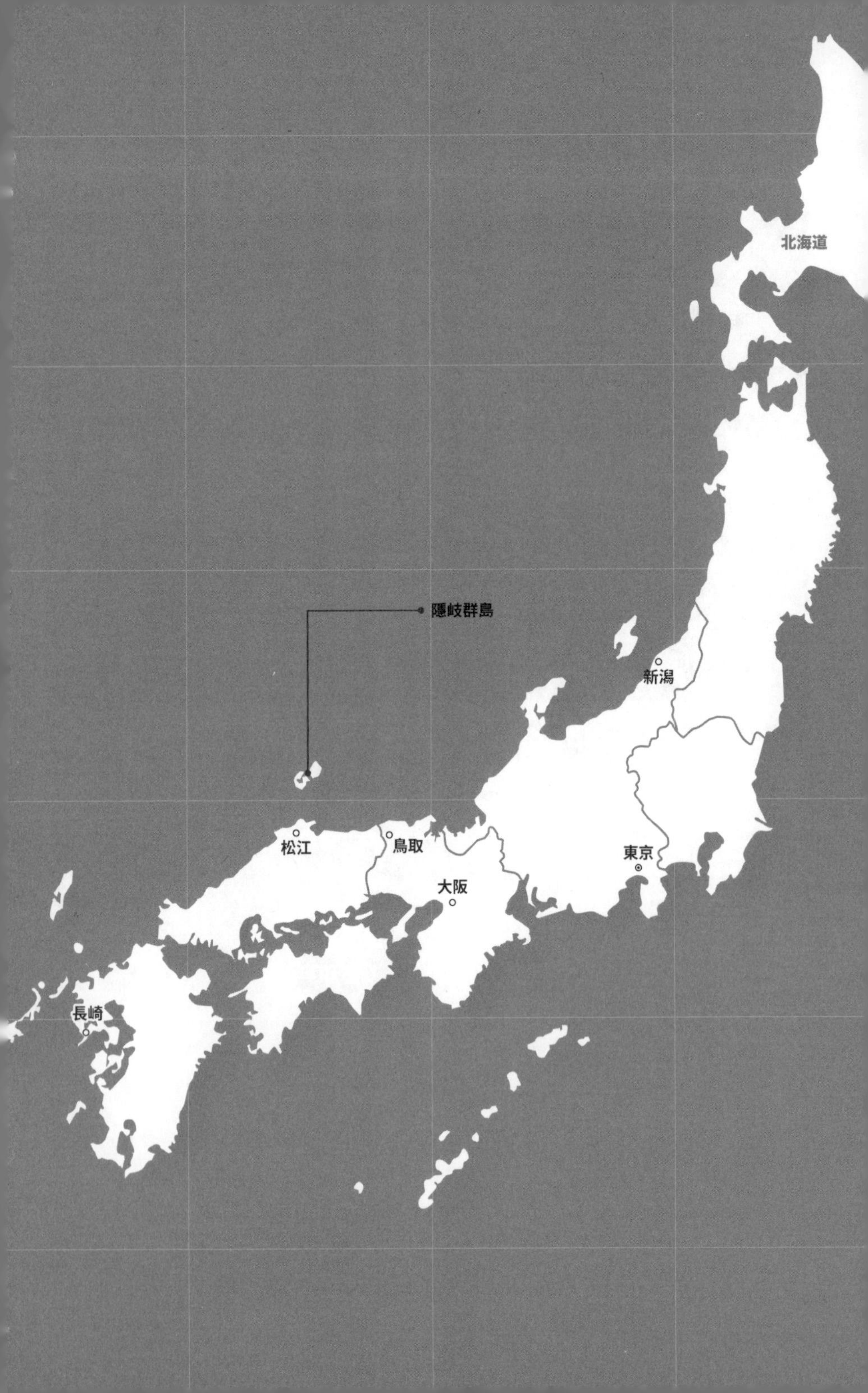
北海道
隱岐群島
新潟
松江
鳥取
東京
大阪
長崎

III

世間浪流，歸於此處——隱岐樂園

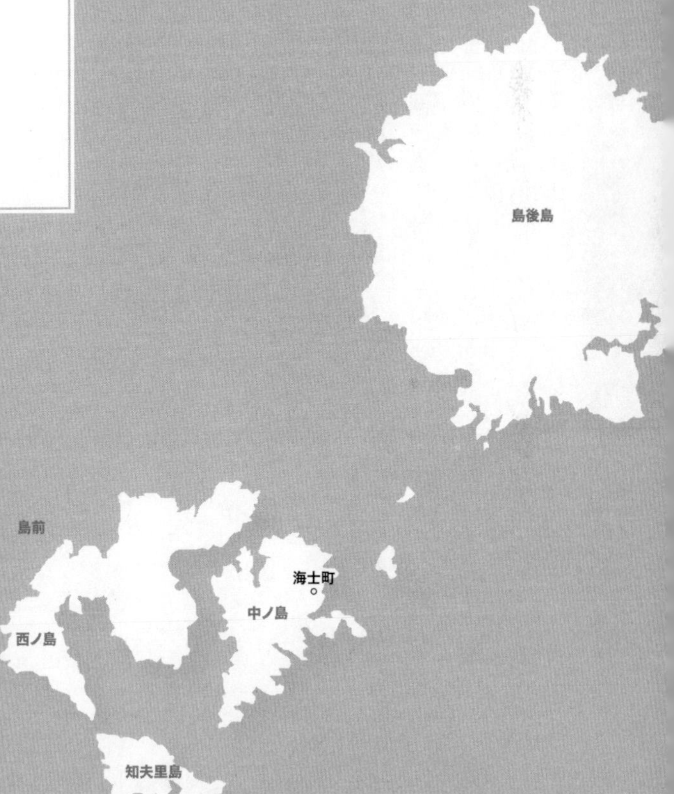

過去人們在形容這個國家的偏僻之地時，常用的一種表述是「甚至連傳教士都未曾到達」。同樣的處境如今有了更生動形象的現代化表達——該地甚至連一間便利商店都沒有。在山陰地區島根半島北部約六十公里的日本海上，漂浮著隱岐群島，就是這樣一個人們口中的「過去沒有傳教士，如今也沒有便利商店」的地方。

第一個書寫此地的外國人是後來歸化了日本國籍的英國人小泉八雲。一八九二年，來到日本的第三年，在島根縣松江市擔任中學英語教師的小泉八雲開啓前往隱岐群島的旅程，他在後來的遊記中闡釋其動機：「甚至連傳教士也從未去過隱岐島……這已足以成爲前往該地的充分理由，但更強有力的理由是，連日本人都對隱岐島一無所知。」

今天的日本人不能說對隱岐島一無所知，但仍然所知甚少。二〇二三年，我只能從網上得到前往隱岐的一些忠告，例如群島中有一個名爲中之島的，它在行政地區上的正式名稱爲「海士町」，該島的觀光協會善意地提醒外來者：在這個島上，沒有遍布日本的便利商店，沒有深夜營業的店鋪，雜貨店和小商店通常會在週日休息，必要的個人物品請自備。又及，即便島上有幾家居酒屋，也不會營業到很晚，而早晨你可能會被雞叫聲或公共廣播報時聲吵醒，因此推薦遊客和島上的人們作息一致，早睡早起。

隱岐是如此神祕，我甚至未曾遇到過一個隱岐人。直至動身前往的一週前，才終於遇到了某位去過隱岐的遊客。那是一位年過七旬的京都老太太，退休後在本地一間歷史資料館做志工，她最孜孜不倦的旅行路線是中國的古代都城之旅，而在國內，她只進行一種主題巡禮：追尋失落的天皇足跡。在日本，把在政治鬥爭中失勢的天皇和貴族驅逐出都城，這一處罰方式被稱爲「島流放」。老太太主動向我提起隱岐，日本歷史上有兩位天皇——後鳥羽天皇和後醍醐天皇，都曾被流放到這個離島，前者在島上生活了十九年後死去，始終未能逃離，由此可證它的偏僻。

需要特別一提的是，儘管千百年來的人們開口閉口提及「隱岐」，現代日本地圖上卻沒有一個島嶼叫作「隱岐島」。今天的隱岐群島由「島前」和「島後」兩個區域的四個離島構成，靠近本島的地區被稱爲「島前」，由西之島、中之島和知夫里島三個小島組成，東北側一個面積最大的島嶼則被獨立稱爲「島後」。每個小島上都有群山聳立，只剩很小一部分土地用於耕種，島民的主要收入來源於漁業。

現在隱岐已經成為一個乘坐飛機就可以到達的地方，但它唯一的機場位於島後，若前往島前，需要再換乘一次船。乘船方式也還延續著舊式做派，每個人需要先塡寫一張「乘船名簿」，登記姓名、年齡、家庭住址、目的地、乘船時間和目的，才能到窗口購票。近年來順應時代發展，也推出了網路預約，但實際上毫無用處，窗口的工作人員沒有要確定預約資訊的意思，指了指那張「乘船名簿」對我道：「開船前二十分鐘開始售票！」島後與島前的船舶班次十分有限，這就意味著在交通便利的現在，我前往中之島仍要花上一整天時間。

周長八十九點一公里、面積三十三點四六平方公里的中之島，是離島中少見的「一島一町」自治體。比起中之島，「海士町」這個名字顯然更有辨識度，當地人也更喜歡這麼稱呼它。海士町人並不對周邊任何一個小島心存嚮往，他們驕傲於自己島上豐富的地下水資源，使之成為隱岐群島中唯一一個能夠實現半農半漁、自給自足生活方式的地方。然而，就像發生在所有離島之上的現實那樣，戰後飛速發展的城市化進程捲走了海士町的人口，至二〇二三年，島上人口已減少至上世紀五〇年代高峰期的三分之一，僅有兩千一百九十八人。大部分年輕人在高中畢業後會離開小島，導致島上二十歲至三十歲的年輕人極少，高齡化率一度高達百分之四十一。

海士町，卻不像這些數字表面透露的那樣衰老、沒落而又希望渺茫。

到達海士町的次日清晨，我被推薦去一個海岸上的市集。這個市集只在每月第一個週六的早晨舉辦，不到十個小攤一字排開，售賣商品包括手工麵包、炸鯊魚漢堡、自家烘焙咖啡、蔬菜的種子和幼苗……對於經常在城市裡參加大型活動的人來說，場景難免顯得簡陋，但令我意外的是，市集上人聲鼎沸，參加者衆多，且幾乎全是年輕人——穿著白襯衫的高中生們三兩成群，二十歲剛出頭的時尚女孩們坐在海邊閒聊，年輕的父母推著嶄新的嬰兒車，稍微年長的夫婦則多有兩三個孩子圍繞在身邊——幻覺一般的人類樂園景象。日本政府憂心忡忡的少子化問題似乎在這裡根本不存在。在海岸上跑來跑去的孩子們中間，我第一次感受到了這座島的前途無量。

這種前途無量，就是日本人印象中的海士町，一個被稱爲「離島奇蹟」的地方。曾經因爲高齡化和人口外流逐漸走向死亡的小島，因爲外來者的到來正在重新煥發生機。走在這個島上，會遇見比其他各地更多的年輕移住者，據說有五百位外來者正同時生活在這裡，占據島上總人口的百分之二十；其中不少移住者是帶著小孩來的，他們正在或計劃在島上多生幾個孩子，這種現象爲小島的兒童教育方式帶來了變革；而島上的高中，在不到十年時間裡，學生人數翻了一倍……我在週末市集看見的年輕人，除了日本隨處可見的「移住者」這一身分之外，更多的人擁有專屬於這個島嶼的標籤：「島留學生」、「成人的島留學生」、「島體驗者」……身分各異的年輕人因爲不同的契機來到這裡，令海士町成爲了日本廣爲人知的移住政策領跑者。

我對外來者在這個島上經歷的變遷感到好奇。八百年前從京都被流放至此的後鳥羽天皇成爲島上觀光業的中心，可以說他是這個島上有史以來最著名的人物。而一百三十年前來到此地的外國人小泉八雲，我懷疑他是今天島上僅次於天皇的知名人士，因爲人們甚至爲他在島中央建立了一個廣場，取名爲「八雲廣場」，照片展覽區講述著他和世界各地的海之間的故事。廣場旁邊的小公園裡，立著小泉和妻子的銅像，介紹說這裡曾是岡崎旅館的舊址，小泉夫婦來旅遊時，在這家旅館住了九天。而小泉，也在他的隱岐遊記裡，記錄了因爲自己是第一個來到島前地區的外國人，遭遇人山人海的圍觀，人們在馬路上浩浩蕩蕩地尾隨身後，當他坐進房間裡的時候，男人和男孩們爬上屋簷，三面窗戶上擠滿了人臉，最後，屋簷被壓塌了，引起了警察的騷動。

今天的隱岐，已經沒有人會再爲了外來者的到來而大驚小怪。幾百年前的外來者成爲這個島上最知名的人物，而新的外來者又成了日本的地方移住代表，每個月都有典型案例登上全國各類地域振興雜誌：在高中首次引進留學制度的教育者、開設海參加工廠並將產品賣到海外的創業者、打造了離島未曾有過的高級飯店形態的飯店經營者、利用業餘時間進行咖啡豆烘焙和蔬菜種植的夫婦……外來者正在取代原住民發聲，成為媒體上常常登場的「移住者明星」。我最近一次看到他們的身影，是在《Discover Japan》二〇二三年春天推出的專題報導「人們聚集在隱岐的理由」上，文中寫道：「位於隱岐群島的小鎮海士町，沒有購物中心、便利商店和電影院。儘管如此，全國各地的人們仍然搬到這裡居住，使它成為地域振興的榜樣，充滿希望。」不光是日本人，今天的海士町，還住著美國人、德國人、牙買加人、菲律賓人——它再也不是那個因為外國人的到來而擠塌了房頂的、沒見過世面的小島了。

就在海士町的移住者成為雜誌常客的同時，日本人的生活觀念也正隨著城市日漸暴露的不安全感而發生巨大變化。二〇一一年東日本大地震後，東京首都圈的一些年輕人選擇離開城市，向地方和農村移住；而在疫情的幾年裡，東京的人口開始減少，歷史性地實現了遷出人口大於遷入人口——有數據顯示，二〇二一年，日本全國的移住諮詢超過了三十二萬件，達到史上高峰。如果城市對年輕人愈發失去吸引力，那麼未來的海士町，勢必將會迎來新一波熱潮。

是的，它看起來確實前途無量。

這就是我決定前往隱岐的初衷，我的內心充滿了好奇：人們爲什麼選擇住在海士町？讓人拋棄了城市生活的小島上究竟有些什麼？這漸漸成爲了一個不親自去看看，就無法得知眞相的謎題。

1

我記錯了公車時間。中午，我在島上一家隱岐牛專門店吃了燒肉套餐，喝了兩大杯生啤，再走去公車站，發現車已經在五分鐘前開走了，下一班車要等到一個半小時後。我只好走進港口大廳去求助觀光協會，工作人員替我打了個電話給計程車公司，幾分鐘後來了輛車，司機是位老先生，途中向我科普：整個海士町只有兩家計程車公司，他所在的這家共有兩台計程車，但司機只有一位。另一家只有一台計程車，只爲島民所用，不面向遊客。

「這樣就夠用了，多數時候沒有需求。」他說，來到島上的有限遊客，不會選擇搭乘計程車，他們要麼租一輛車自駕，要麼就租一輛電動自行車——隱岐的觀光協會目前正在大力推廣後者。

我成爲一個罕見的計程車乘客，因爲我和福田約好了在隱岐神社門口見面。爲了快速瞭解這個小島的歷史，我決定讓福田成爲我在海士町第一個去見的人。今年三十九歲的他在島上一家自然機構工作，主業是研究隱岐昆蟲，也負責一些歷史和自然生態的導遊工作。雖然對我來說，這個島上缺乏具有吸引力的觀光景點，但我還是打算請福田帶我去幾個他推薦的地方。他表示可以先去隱岐神社，島上最具代表性的歷史地標。

如同那位京都老太太告訴我的一樣，被流放到隱岐的天皇有兩位，一位是後醍醐天皇，但他僅在西之島過了一年艱苦日子，便逃離小島回到京都，並且推翻了當時掌權的鎌倉幕府。早於後醍醐天皇一百年來到隱岐的後鳥羽天皇，就沒有那麼好運了，一二二一年，他也同樣試圖推翻鎌倉幕府，該事件成爲日本歷史教科書上濃墨重彩的一筆：承久之亂。後鳥羽天皇在這場戰爭中不幸失敗，被流放到中之島，此後十九年一直被囚禁於島上，直到六十歲高齡死去。

八百年時間漫漫，今天的海士町沒有留下任何關於後鳥羽天皇的日常紀錄，無法得知他度過了怎樣的生活，但島上的人們在講起他的時候，總會習慣性地省略掉「天皇」這一高高在上的頭銜，用一種生活化的語氣稱他爲「後鳥羽大人」。隱岐神社裡展示著後鳥羽天皇的火葬場（遺骨已於後世運回京都）以及他曾經生活過的寺院遺跡。這個神社如今也是島民舉辦各種日常活動的據點，它擁有一條被高大櫻花樹覆蓋的參道，在初夏瀰漫著鋪天蓋地的綠意，福田告訴我，春天櫻花盛開時，樹下處處坐著人，海士町的人們熱愛在此賞花飲酒。

我隨著福田在神社裡走了一遭，後鳥羽天皇生活過的那間寺院早已不復存在。它在這個小島上經歷了漫長的時間，還是在明治時期掀起的廢佛毀釋運動中未能倖免，付之一炬。曾經的寺院連一塊磚瓦也未留下。當地人仍象徵性地在遺跡處圈起柵欄，柵欄外有一處小水塘，福田特意帶我去看它，池水渾濁，飄滿落葉，不足以成爲一個觀光景點。但福田把他厚厚的資料夾翻到中間一頁，向我展示了一張從前寺院內建築平面圖的歷史圖，圖上有一個註明爲「勝田池」的池塘。

「後鳥羽大人在這裡留下了一個有趣的故事。以前池塘周圍種有許多松樹，到了夜晚，松濤陣陣，蛙鳴喧囂，於是他寫了一首和歌抱怨這件事。那之後，松濤消逝了，蛙鳴也停止了……」這個島上雖然沒有留下任何後鳥羽天皇的生活紀錄，但他創作了許多和歌，流傳至今。

這個故事便有一首和歌爲證。福田笑著說，不必把傳說當眞，但至少可以得出一個結論，流放到這個島上的人們，野心抱負無處實現，餘生無事可做，只好每天吟詩作對。但福田並不對被流放到隱岐的後鳥羽天皇的命運抱有特別的同情，他研究過，歷史上被流放到離島的人們，多數因受到重挫或壓力過大，兩三年後便鬱鬱而終。「但後鳥羽大人四十一歲來到島上，活到六十歲才去世，要知道，當時日本人的壽命平均不到五十歲，他是如此長壽地生活在這個島上。」福田說，他結合自己在海士町的生活體驗，得出了一個穿越時空的肯定結論，「我想是因爲隱岐的自然豐裕，可以緩解壓力吧！」

福田並非專業的歷史人士，這些關於後鳥羽天皇的故事是他來到島上之後自學的。出生於九州福岡縣的福田，是島上衆多移住者中的一位，但他不是趕著最近的風潮來的，這已經是他在島上生活的第十年。在他到達隱岐之前，甚至連這個地名也沒有聽說過。當時，他想要在日本國內尋求一個和自然相關的工作，意外地發現機會寥寥，幾乎沒有。

「導遊工作有很多空缺，但是調查動物和植物幾乎沒有人做，除了大學的研究機構。有一些組織以調查爲趣味，但沒有收入，不能算作謀生手段。」福田清晰地回憶起自己當時的心情，「現在的日本怎麼回事！我爲此非常生氣。」

受到這樣的文化衝擊，必然是因爲有差異和對比。那一年，福田剛剛從澳洲回到日本，他在塔斯馬尼亞（Tasmania）島上讀大學，學的是自然保護專業，切身感受到了當地人是如何熱愛自然，以自然爲中心的教育和工作又是如何欣欣向榮。他原本以爲回到日本也能找到類似的工作，最後卻在失望與憤怒之中，得到了唯一的機會：二〇〇六年作爲私人組織成立，並於二〇一二年成爲非營利組織的「隱岐自然村」（NPO 法人 隠岐しぜんむら），正在招收從事「自然環境教育、生態旅遊活動、野生動植物調查」的工作人員。

來到隱岐自然村的第十年，福田對我說，如今的日本也漸漸發生了變化，與自然相關的工作機會正在增加。我向他追問其中原因，他露出微妙的笑容：「不是有了 SDGs（永續發展目標）嗎？」自二〇一五年起，日本政府開始大力倡導這一目標，並提供各種補貼與激勵制度，各地也增加了相關職缺，但一切還在探索階段，從業者依然十分有限。

福田所在的自然村，如今只有四個正式員工，其中在生物調查之餘從事導遊工作的人，只有兩個。事實上，這裡並不是一個觀光的島嶼——二〇二二年，整個隱岐群島的遊客數量僅有十萬人，如果單獨計算海士町，數字要減少到三萬人。有限的遊客絕不會在冬天到來。島上的冬天風強浪大，船舶時常會連續幾天停運，即便旅行團也不願意涉足。因此，福田必須配合季節的變遷，調整工作內容，在夏天完成更多的導遊工作，其他季節還要做一些別的工作——在這個島上，很多人都要靠同時從事好幾份工作才得以生存。

這兩年，福田也會去給島上的學生們授課。日本的中小學有一些關於當地自然教育的教學要求，但學校的老師們全都來自島外，且多數待上三五年就會離開，對島上的事物一無所知，這時學校就會來拜託福田這樣的專業人士，請他講一講島上的生物知識，例如蒲公英或是昆蟲。類似這樣的學校自然教育，以我從前所見，在日本許多地方都會推行，但在隱岐，它不是由學校，而是由成立於二〇二二年的地方組織「隱岐群島地質公園推進機構」主導並資助的，學校不必再爲此支付費用。

我和福田準備前往下一站，就在我伸手要拉開副駕駛車門的時候，被他制止了，他示意我坐到後座去。這使我在沿途不得不一直費力地直起身和他說話。我費力地跟著廂型車穿過整個島嶼的心臟地帶，經過小學、市政府和圖書館，在住宅區裡，他指著一個嶄新而現代的住宅群向我介紹，這是由政府建造的移住者專用獨棟住宅，附帶庭院和花園，面向育兒家庭，價格十分低廉。如今這裡已經成爲新的移住者聚集區，共有二十戶人家、超過五十人居住在這裡，由於總有小孩跑來跑去，日常十分熱鬧。至於那些單身的移住者，在另外的地區有一些嶄新的小戶型公寓，一室一廳附加廚房和廁所的設計，和城市裡的單身公寓並無二致。

移住者在這個島上是如此無處不在，福田說，他的老闆，那個自然村的創建者，也是二十五年前移住到島上的。我想我或許曾經在哪個新聞報導裡見過這位老闆。我們又聊起另外一些名字，全都是這個島上無人不知的移住者名人。

「我從昨天就一直在想，在海士町，無論過去還是現在，名人全都是外來者。過去是天皇，現在是移住者先鋒……包括你，一個向我講述這個島嶼歷史的人，也是一個外來者。」我對福田說出了我的疑惑，「島上的原住民在幹什麼呢？」我意識不到他們的存在。

福田思考了一會兒。「島上的人，大概沒有外來者身上的生存意識吧，他們不想變得有名，也不需要努力尋找一種方式在島上立足。他們只要靜靜生活就好了。」他又繼續想了一會兒，「不過，這個島上的人從很早以前就意識到了，外來者能帶來很多新的東西，知識也好，資金也好，和外來者一同生活，能得到很多好處。原住民早早有了這種意識，於是自古就孕育了接納外來者的文化，這種文化也是我認爲這個島最好的地方。」

剛到海士町沒兩天，我確實也隱約意識到了它不同於其他離島的地方。離島，由於其地理環境的孤立，內部通常十分頑固，對於完全地接納外人天生具有抗拒。但我所見所聞的海士町，完全接納一切，爲外來者提供援助，任由他們建設甚至改造這個小島。

隱岐之所以形成今天這樣的開放感，在都城的天皇被流放至此之前，已經有了契機。福田從歷史書中讀到，五百萬年前島上火山頻頻噴發，使這裡自石器時期起就孕育了貴重的黑曜石，後世成爲聞名日本的黑曜石產地，興起了和本島之間頻繁的貿易活動。隨著貿易的發展，隱岐的水產也被運往本島，受到天皇和貴族的喜愛。那些專程前來進行黑曜石和水產貿易的本島人，成爲活躍在隱岐的第一批外來者，從很早之前，島上的原住民就從他們那裡獲取經濟利益，同時得到島外的資訊和情報。而在被流放的天皇死去五百年後，江戶時期後半段至明治時期，活躍在日本海中的商船「北前船」也會停靠隱岐群島。這些船隻往復在日本海的各個海岸進行商業貿易活動，隱岐的水產被運到長崎一帶售出，再載著鹽、糖、米等珍稀物品回到島上。在進行貿易活動的同時，商船也將各種文化帶到了這個小島上，島上的女性與船上的外來者之間的戀愛和婚姻關係，從那時起便常有發生。

福田的廂型車停在一個名叫「明屋海岸」的懸崖上，他領著我沿台階而下，走過沿海小徑，去看漂浮在茫茫海面上的一顆心。如果不用浪漫主義的手法描述它，那它其實只是海上岩石被海水浸蝕出的一個洞，從某一個角度看會呈現出類似桃心的形狀。福田說，來到島上旅遊的高中女生們，每一個都會對著這顆心哇哇亂叫，接著合掌許願。他執意認定我也會爲它感到驚喜，不斷催促我：「你不求個良緣嗎？」

比起那顆在另一個角度看起來更像是米老鼠的桃心（誰會對著米老鼠祈求良緣呢？），我對海岸上的一個巨型介紹牌更感興趣，那上面有一張隱岐島的地圖——只有島前三島，島後並不在其中。儘管都是隱岐群島的一部分，可是島前人和島後人是如此一致地認爲，他們與對方並不屬於同一個地域。

「島後是都市哦！」就連福田也這麼脫口而出。生活十年之後，他已經擁有一個島前人的思維，島後有超市、有藥妝店，那些是典型的都市設施。在島前，只有從前延續下來的住宅區裡的個人小商店，它們作爲島上唯一的購物場所，每一家店都被塞滿了各種類型的商品。

不僅是島前人這麼覺得，島後人也充滿了身爲「都市人」的自覺。福田用一種揶揄的口氣談論起他們：「在島前，我們每個島都有名字，叫中之島、西之島或者知夫里島，但島後就叫島後，只有地域名，沒有島的名字。如果去問島後人爲什麼，他們一定會告訴你：『因爲我們不覺得這裡是島！』」作爲一個島來說，除了生活設施機能齊備，島後還擁有相對巨大的人口基數——超過一萬三千人，島前三個島加起來，也只有它的三分之一。

因此，儘管每天都有船舶往返，但在島後，有許多一生都沒有來過島前的人。福田將此歸結爲：「他們認爲這裡是農村。」而在島前，同樣也有許多一生未曾踏足島後的人，福田作爲一個島前人，基於自己的體驗向我解釋，如果要去都市，不如去更大的，例如搭船去本島的島根縣首府松江市，能買到更豐富的東西，何必專程跑去島後呢？

雖然島民之間鮮少往來，但作爲一個群島地區，幾個島的官方和民間機構經常聚在一起開會。只要參加過一場會議，就能洞察島與島之間存在著明顯的性格差異——不只是島前和島後，就連島前幾個靠得很近的小島，個性也截然不同。西之島是漁業之島，人們脾氣直來直去，有意見就直說；知夫里島是三島中最小的一個，島上基本由牧場構成，人和牛一起生活，養成了悠閒自在的樂天派，溫柔、平和，無論對方說什麼，都會說好呀好呀。至於海士町人，福田的結論是這個島的人和京都人性格很像，不會直接說出內心意見。

如果幾個島一起開會，會變成什麼樣呢？福田有一個段子，我猜他經常對客人說起，已經說得繪聲繪色：「島後的人，因爲自視爲都市人，常常覺得自己代表隱岐，開口發言就是：『我們隱岐啊……』西之島的人聽到這話就不樂意了，立刻打斷：『請等一等哦！包括島前在內才是隱岐！』這種時候，知夫里島的人就會出來打圓場，附和著說：『是呢是呢！』至於海士町的人嘛……他們絕不會在會議上對大家的意見提出異議，但一回到島上，就會私下偷偷議論：『那樣是行不通的哦！』」

這麼一說我就明白了：「島後是東京，海士町是京都，西之島是大阪，知夫里島是奈良！」

「這樣比喻就非常容易理解了！」福田大聲笑起來，非常認同我的類比，接著又說，「搞不好，後鳥羽大人來到島上的時候，把京都人不說眞心話的性格一起帶來了。」

我看著那張地圖，還剩下一個未解之謎。島前三島之中，以西之島面積最大，人口也最多，可爲什麼移住者都集中在中之島呢？

「因爲只有海士町有高中，從以前開始就是這樣。十幾年前，海士町開始推行『高中的魅力化』政策、注力於教育的時候，吸引了很多有實力的精英人士來到這裡，他們又將這裡的事情傳播出去，更多的人因此來到了海士町。」福田說。他是第一個向我提及「高中的魅力化」，也即海士町的「島留學」計畫的當地人，之後在海士町的每一天，都有人對我提起這個詞。「島留學」計畫只是海士町的一個開始，從中可以看出當地政府非常懂得利用國家政策進行本土振興。此後，他們活用國家的補貼和激勵制度，又開發出更多元化的吸引外來者的項目。但在福田看來，海士町能做到的這些事情，在日本其他地區很難實現，最大原因便在於這個島的開放性，是它自古以來對外來者全盤接受的思考模式，使它能夠靈活運用制度、海納百川。

明屋海岸後方有一片平原，傳說是在六百萬年前的火山噴發時期形成的，從高處望下去，它就像一個小型火山口的底部。爲了讓我一目瞭然，福田把車開上了山道，我們短暫地停留在路邊，俯瞰著深處青綠色的草地，平原中央建造了幾排整齊的白色建築物，一些黑色的圓點不規則地散落在其周圍，我立刻意識到，它們是牛群——我中午剛吃過的隱岐牛，傳說中身價不菲的黑毛和牛。那裡原來是隱岐群島中唯一的隱岐牛農場：隱岐潮風農場。

福田特意將我帶來此處，似乎就是爲了向我講述這個故事：成功將隱岐牛進行品牌化的農場，背後是一間建築公司的探索與轉型。

一九六〇年創建的飯古建設，是海士町唯一的建築公司，在過去六十多年裡，它一手包辦了島上全部港口、橋梁、道路和防波堤，爲島民的生活建造了最重要的基礎設施。一九九六年，該公司開始進軍漁業，嘗試島嶼特有的多元化經營方式，契機是已故的前任社長認爲：「只有與山海相關的本地產業充滿活力，建築業才能繼續生存。」但建築業在這個小島上的衰落不可避免，二〇〇三年，海士町拒絕了全國掀起的「平成市町村大合併」[15]風潮，選擇了自治獨立，這令來自國家的公共工程經費大幅削減，生存面臨危機。再三思慮之後，飯古建設決定從畜牧業中尋求生路——二〇〇四年，他們全資成立了這個農場，致力於培育島上過去沒有的黑毛和牛。二〇一六年，「隱岐牛」正式進行品牌化，它的認定條件極爲嚴苛，必須是從出生到出售都在隱岐島上度過的、還未繁殖的雌牛。此後，隱岐牛獲得了A4至A5最高等級的肉質評價，加上每年只在市場上出售兩百頭的稀有性，被日本人稱爲「幻之黑毛和牛」。

確實，這天中午是我第一次吃到隱岐牛，之前我也從未在任何肉類市場見過它們的身影。據福田說，全日本只有兩個地方可以吃到隱岐牛，一個是東京，它們流通在一些高級料理店，

⑮ 編註：關於平成大合併，三三〇頁有進一步的解說。

另一個就是海士町，在我去的那家隱岐牛專門店裡。將數量有限的隱岐牛精準地投往遙遠的東京市場，我認爲是一種利於品牌化的策略，同時它又極具海士町風格——這個小島，始終致力於吸引那些大都市的人們。不過，按照福田的說法，此舉背後也是受現實條件所困，島上雖有農場，卻沒有屠宰場，所謂的隱岐牛，都是以活牛的狀態運送到東京，再在那裡進行肉類加工。

因此，在隱岐，至少在黑毛和牛這件事上，並不存在「食材在原產地更物美價廉」的常見情況，我在港口的隱岐牛專賣店吃到的那些牛肉，全都往返於東京一遭才回到島上，由於還要負擔昂貴的運輸成本，島上的價格甚至比東京還要貴一些。於是我才明白了，難怪那間餐廳的中午時段人滿爲患，無論是島上的老頭老太太，還是一些看起來像建築工人的壯年男性，都會成群結隊地來吃牛肉——因爲中午提供優惠的特價套餐，到了晚上，就不是一般人日常輕易能夠消費的價格了。

福田帶我去的島上最後一站，有一座金光寺山。這山中亦有一個外來者的故事。京都人耳熟能詳的美男子小野篁，大概是這個島上有跡可循的最早流放者，比後鳥羽天皇還要早三百多年被流放到此地，原因聽起來甚至有些好笑：他被選爲遣唐使前往中國，但由於害怕死在海上惡劣的自然環境中，裝病沒有上船，此事很快便暴露，激怒了天皇。隱岐的島民之間盛傳著，小野篁在寺院裡每天從早到晚地念經祈禱，希望能夠早日回到都城，此舉打動了神靈，他果眞在一年後被赦免了。

小野篁曾經誦經的寺院，是走向金光寺山山頂的途中一站。在山頂的高台上，有一片開闊的平地，可以遙望蔚藍的隱岐海面，一些零散的無人小島點綴著它，風光無限。島民們特意在此設置了一些木頭桌椅。福田在一張長椅上坐下來，拿出一張日本地圖，又在上面覆蓋以東南西北的指向，向我講解起了「流放的風水學」。日本的陰陽道深受中國陰陽五行思想影響，對方位十分重視，認爲在一個地域的東北方，通常是「鬼門」，而在西南方則有「裏鬼門」，這兩個方位作爲鬼的進出口，連接它們的一條直線則被視爲鬼的通路——都是需要避開的不吉方位。從福田展示的那張組合地圖來看，隱岐處於京都位置絕佳的西北方，完美地避開了上述不吉方位。

只是，我感到疑惑，一個被流放的罪人，還要專門替他尋找一個方位吉利的好地方嗎？按照對此類故事的刻板印象，他們應該被放逐到一片最艱苦惡劣的環境，死得愈快愈好。

「以下看法，完全出於我作爲一個日本人的思考，」福田說，「後鳥羽大人是一個充滿智慧，也極具戰鬥力的人，從整個日本歷史上來看，都是很強的一位天皇。這樣的人如果在流放之地慘澹死去，大概率會變成厲鬼回到京都，引發瘟疫和地震。所以，流放這樣一位天皇，必然要經過慎重的方位上的判斷，要讓他變成鬼也無路可走。」

鬼怪故事到此爲止，福田突然轉換了話題，告訴我這個山頂偶爾會有人來搭帳篷。他說，島上的人們要錄用新職員時，會專門安排到這裡住一個晚上，因爲他們認爲筆試和面試也許能考察一個人的學識，卻很難判斷他的品性和處事方式，而通過露營，可以快速地觀察一個人。這種考核方式，當地人稱之爲「露營錄用」。

生活在海士町第十年的福田，對這個島所知甚詳，甚至比對他的故鄉更詳細。這是大量學習、積累和實地考察的結果。人們對於島嶼生活的想像，多半認定它閒暇、悠然或是緩慢，但福田正在經歷的島生活，與這樣的關鍵詞截然相反。「島生活是很繁忙的！」他一再對我強調。平日工作多，行程表密不透風，週末也要參加各種地域活動。我們見面的次日，就是世界環境日，雖然是週六，但他要主辦一個帶領高中生去海岸回收垃圾並探討海洋環境保護的志工活動。每個週末，福田總是和高中生在一起，從城市裡來到海士町的島留學生們，其中不乏對自然興致盎然者，福田帶他們去山裡進行植物和昆蟲調查。最近有位高中生對日本的外來入侵物種產生了強烈的求知欲，他們便去島上尋找牛蛙。關於牛蛙，日本環境省的官網上寫著：這種外來生物如今遍布日本全國，只要是其口中能容納的會活動的生物，什麼都吃。這對生態系統造成了嚴重的危害。

「看到這樣的文字，大家理所當然會把外來物種當成一種壞東西。但是，生物本身並沒有好壞之分，它們只是爲了活下去而食用其他生物。問題在於那些隨意把它們帶進來的人。」福田說。作爲一位自然調查研究員，他不希望年輕人擅自對生物產生一種「這是壞的」的片面觀念，他的責任是向他們解釋清楚來龍去脈。觀察與講述並非全部，他還會把「食育」作爲這個活動的重要環節，他們肢解了牛蛙的四肢，炸來吃了，並且一致認爲它十分美味。也不光是動物和昆蟲，有時也會觀察植物。這個週日，福田要帶著高中生們去觀察蒲公英，蒲公英也分爲日本種和西洋種，他們計劃採摘西洋蒲公英的花朵製作成糖漿，再試著用它做點兒什麼好吃的東西。

那些在城市生活中長大的孩子，來到島上就會尤其熱衷於這樣的自然活動，福田的高中生業餘活動小團體，如今有了五六個固定的成員。至於那些從小生活在島上的孩子，情況就有些不同了，他們已經太熟悉自然了。比起觀察生物，他們更喜歡參加社團活動，在棒球部和籃球部裡進行艱苦的體育訓練。他們之中沒有一個人有興致去尋找牛蛙和蒲公英，但他們全都想去體驗城市裡的大型遊戲中心——隱岐群島上沒有大學，這些年輕人在高中畢業後，必然會出去一次，然後至少擁有兩至四年的時間來經歷夢寐以求的都市生活。

但事情也在發生變化。相比從前年輕人「出去了就不回來」的情況，福田認爲海士町對於他們的吸引力正在增加：「離開隱岐的高中畢業生們，肯定也有人在城市生活中才開始瞭解離島的好處，他們會在大學畢業或工作一段時間後再回到島上。」這是一個最佳路線，看過了世界再回來，才能用世界的眼光來建設這個島，「島留學的孩子之中也有這樣的，他們從外面來到這裡讀高中，再出去讀大學，有朝一日意識到果然還是更喜歡島，就會回到島上工作。」

福田敏銳地感覺到了，雖然海士町人口目前仍在一點點減少（今年剛剛跌破兩千兩百人），但從比例上來看，減少的是高齡群體，而年輕人正在從外面的世界來到這裡。這些年輕人之中，不少是從城市裡的大企業辭職而來的，海士町正在積極爲這樣的人才創造工作機會。而隨著網路遠距工作普及，那些不需要在島上找工作的年輕人也許會願意來此生活。福田樂觀地認爲，未來的某一天，海士町一定會迎來一個人口增長轉負爲正的時間節點。

海士町就是這樣一個移住者的島嶼。來到這裡的第二天，在金光寺山山頂上，面朝晴朗大海，我就第一次被海士町人半開玩笑地邀請了：「既然你用電腦就能工作，要不要考慮搬到島上來？」

我沒有立刻拒絕他的邀請，於是福田繼續向我介紹著「住在島上的好處」。比如房租超級便宜。福田說他住的房子，一室一廳的八疊空間，每月房租只需要兩萬日圓。比如吃飯基本不花錢。這個島上的人們，即便沒有土地，也會在自家院子種菜，蔬菜基本自給自足，還時常能從鄰居那裡得到一堆。想吃魚的話，隨時可以出門去釣，不必去魚店購買……遠距工作的人，拿著東京和大阪水平的薪資，付出島上水平的生活費。「能存下一大筆錢呢！」

東京和大阪的都市人，來到海士町，應該不只是因爲生活成本而感到驚異，衝擊同樣來自生活文化上。海士町人從來不鎖門，如果要給某家人送東西，就直接打開門放進去，這是一種約定俗成。福田向我說起一段親身經歷：「我剛來的時候，有很長一段時間，每天回家玄關都擺著蔬菜，完全摸不清頭緒是誰送來的，直到有一天，終於接到一個忍無可忍的朋友的電話，他在那頭質問我：『給你送了那麼多菜，你怎麼從來不感謝我？』我才終於解開了疑惑。」類似這樣的生活狀態，也是福田喜歡這個島的重要原因，一種不設防的人際關係，意味著它在某種程度上充滿安全感。

「要是外面來了個做案手法高明的大盜，」我想了想，「估計會變成島上的大事件！」

福田笑起來：「是的，我想他任何地方都進得去！」

我被福田科普的島知識，除了吃飯不花錢和鑰匙毫無用處之外，還包括水龍頭裡的水最好喝。起因是我得意地與他分享「島上自動販賣機的飲料比京都貴」這一觀察結論，他卻因爲聽到我在自販機買礦泉水而瞪大了眼睛：「沒有一個海士町人會買那種東西！」他說，海士町擁有隱岐群島之中最豐富的地下水資源，島上從未遭遇過乾旱，甚至沒有建造過水庫，人們世世代代依靠地下水生活，地下水是那麼美味，絕非城市水龍頭裡那些帶著消毒物質的水能比。在告別之前，他再三提醒我，晚上回去一定要打開水龍頭喝喝看。

在與福田告別之前，他還向我展望了他的人生，他打算就這麼生活在島上，做一個「永遠的移住者」。在福岡的父母擔心他在偏僻之地的生活孤獨，他卻認定這樣的生活最好，如果回到福岡，絕不會有一份日日與自然朝夕相伴的工作。儘管日本各地與自然相關的工作正在增加，但隱岐仍然是其中一個最有魅力的地方。在這個島上，由於過去少有昆蟲的調查活動，爲他留下許多可以大展拳腳的空間，有那麼多未被發現的生物在等待著他。這十年來，福田已經找到了二十幾種過去沒有在隱岐群島，甚至沒有在島根縣內發現過的昆蟲，它們的資料如今由他發表在一本縣域研究雜誌上。

我與福田在傍晚來臨前告別了。雖說是告別，但我第二天又遇見了他，兩次。一次是在早上九點半的飯店大廳，他依然穿著他那件標誌性的淺黃色T恤，準備和中學生們會合去海岸撿垃圾。兩個小時後，我又在海岸的市集上遇見他帶著中學生們撿垃圾歸來，周圍的孩子們禮貌地跟他打招呼，每一個人都親切地叫他：「小福！」

我隔著一段距離看著市集上的熱鬧景象，心中有個猜想，這些跑來跑去的孩子中間，也許很快會出現福田的孩子，他將和身邊的這些外來者一樣，爲改善小島的少子化做出重要貢獻。我並非憑空猜測。前一天他告訴我，他計劃在明年結婚。他和女友交往有一段時間了，對方是三年前移住到島上的東京人，在學校當老師，他去學校教授自然課，兩人便相識了。福田有點兒慶幸這段邂逅，笑稱如果再不結婚的話，就要被島上熟識的老太太包辦婚姻了。「你能想像嗎？和一個完全沒見過面的女人結婚！」我還暫時不能想像島上的老太太們是怎樣的風格，但我爲他找到眞愛而感到開心，並且，隨著他結婚生子，遠在福岡的父母應該就會不再那麼擔心，他永遠住在島上的願望就會實現了吧。

福田在市集上晃悠了很久，他停留在每一家小攤前跟店主閒聊，最後和一群人蹲在一家販賣蔬菜苗的「茜的農場」前，人們看起來都是熟人，聊得熱火朝天。這確實是我在京都難見的一種景象，但這一切完全如它表面看上去的那樣令人羨慕嗎？我又想起我問過福田的一個問題：「在海士町的島生活中，有什麼令你覺得困擾的地方嗎？」

「閒話和謠言？」他迅速回答了我，「在一種狹窄的人際關係中，各種傳聞很容易流傳開來。」爲了向我解釋「狹窄的人際關係」，他列舉了一種狀況：「比如說，今天你坐在我的副駕駛座上，我帶你在島上轉一圈，中途被某個人目擊了，很快在人們之中就會傳開謠言：『小福的副駕上坐著一個女人哦！那是新女朋友吧？』如果我已經結了婚，謠言就會演變成：『明明已經結婚了，還帶著別的女人在兜風！』加之海士町人從不當著本人的面直接說這些事，從而演變成在當事人完全不知情的情況下，流傳著各種虛假情報。這一點非常讓人討厭。」我很慶幸我向福田提出了這個問題，否則我恐怕永遠都不會知道，爲何我會被他堅決地攔下伸向副駕車門的手，爲何我又整個下午非得費力地坐在後座不可。

這天晚上，我預約了島上唯一的義大利餐廳。這是一間完全顛覆我對離島認知的店。我從未想過在偏僻之地能吃到一餐如此國際化的料理，它擁有日劇中那樣時尚而昏黃的燈光色調，內飾設計現代簡約，菜式按照流暢的節奏一道一道端上來。服務生是一位中年女士，身穿一絲不苟的黑色馬甲和長褲，每端上來一道菜，總要向我細緻講解食材與工序。這間店裡所有的一切，和停靠在它幾公尺之外海岸上的一輛賣炸雞和咖哩的移動餐車形成了鮮明對比，後來我才知道這場景是那麼眞實，它是一種複雜而多元的海士町形態。

我是前一天在飯店圖書館的一本講述海士町人故事的書上看到這家店的。它的主廚是一位一九七五年出生於海士町的女性，學生時代受到在義大利所品嘗的海鮮麵的衝擊，萌發了「在海士町開一家義大利料理店」的志向，她先是到島根縣松江市學習，又去了東京，此後獨自一人前往義大利佛羅倫斯的料理店修行。二〇〇九年，她回到故鄉海士町，又經過四年，終於開了自己夢寐以求的餐廳。「我只喜歡做有趣的工作，」這位主廚在採訪中說，「這樣的工作只有在離島上才能實現。在東京或是名古屋，那是不可能的。」

由於白天和福田說了太多話，我迫切地需要獨處時間，打算靜默地吃完這餐飯便離開，也確實如願持續到了尾聲。直到甜點端上來，服務員突然開口跟我寒暄，得知我是一位住在京都的中國作家之後，「其實啊……」她笑了起來，彷彿一句話已經醞釀許久，「你兩天前關注店裡的 Instagram 的時候，我就注意到你了，你剛剛走進來的時候，我心想這個人來了啊！」

「其實啊……」，我很喜歡人們說出這個詞時的語調，它帶著一種禮貌、矜持與尊重對方的距離感，但同時又充滿了即將揭曉答案的曖昧情緒，一種不動聲色的親密感。這種親密感，一直瀰漫在接下來長時間的談話中，一直延續到她問我：「接下來去哪裡？」

「準備去宮崎家住一陣子。」我說，又想是不是應該解釋得更清楚一些。

「宮崎家啊，」她完全沒有遲疑，「我們店裡放著宮崎家生產的稻米和味醂呢！」早前我向福田提起宮崎家時，他也立刻就反應過來了。

我第一次有了一些切身體驗，海士町確實擁有一種狹窄的人際關係，我甚至不用說出全名，只需要報出「宮崎家」三個字，人們就立刻知道那是誰了。這個小島，是一個真正的熟人社會。

2

我到達宮崎家那天，集落裡發生了一場小型火災。當時我在港口等待宮崎家的男主人雅也，距離約定好的時間已經過去了一會兒，還遲遲不見人影，「不守時」這種狀況鮮少發生在日本人，尤其是初次見面的日本人身上，我開始變得焦慮，擔心對方記錯了時間，猶豫著是不是要打個電話。正在遲疑之間，一輛小型廂型車駛進了停車場，旋即一個女人下車朝我走來，一個穿著背心、皮膚黝黑的小男孩也從副駕一側敏捷地跳了下來。這便是我與宮崎家的成員——美穗和陽太的第一次見面。在車上，美穗不斷地向我道歉，說正要出門，周邊突然發生了一場小型火災，道路暫時被封閉了，因此才耽誤了時間。又說丈夫雅也還留在火災現場幫忙，晚飯也許要推遲了——島上消防員人手不足，各個地區的壯年男子都要兼任地域消防團的工作，當行政上的人力和資金都極爲有限的時候，地區的建設和守護只能靠居民自己來完成。

這輛作爲宮崎家日常交通工具的廂型車被塞得滿滿的，陽太回到了副駕駛座，他今年七歲，正在上小學二年級，是這個家的長男。我拉開後座車門，發現裡面有一個小女孩被固定在嬰兒椅上，正笑咪咪地看著我，她是這個家最小的孩子，還不到兩歲。在最後一排，還有兩個女孩探出頭來打量我，大方地自我介紹說今年四歲，我回頭打量了幾次，確定她們是一對雙胞胎。這天是週日，也是宮崎家最忙的一天，保育園、幼兒園和小學都休息，孩子們全部留在家裡——宮崎家的孩子們性格活潑，幾乎沒有安靜下來的時刻，對於我這樣一個突然到來的外國人，連一秒鐘的適應期都不需要，輪番進行著轟炸式的提問，又爭先恐後地說起家裡和學校的各種事情。我在一片嗡嗡嗡聲中，只聽見哪一位道：「今晚要舉辦年糕大會！」

宮崎家位於距離港口十分鐘車程的一個集落，這個地區沒有現代型公寓，和周圍大多數民宅風格統一，是一幢兩層的傳統木造獨棟建築。我一到宮崎家，就被陽太拽去了後院，穿過一片欣欣向榮的小型菜園，來到了院子深處一棵高大的枇杷樹下。正是枇杷成熟的季節，樹上掛滿了金黃色的果子，一架高高的梯子搭在樹上，陽太三兩下爬上去，用一把綁在竹竿頂端的巨型剪刀伸向頂端的果實。他要用剛摘下的枇杷招待我，但我只覺得提心吊膽，擔心梯子不穩他會摔下來，又擔心剪刀太大會誤傷到他……我帶著一種在城市日常受到的安全教育經驗，想要阻止他，告訴他梯子危險，剪刀也危險，應該由成年人來進行此類操作。然而我還沒來得及行動，他已經從梯子上跳下來，剪刀扔在一旁，撿起地上剛被剪落下來的還帶著樹葉的枇杷遞到我眼前，「吃吧！」隨後把我帶到院子裡一個簡易的抽水設備前，是福田對我說過的海士町美味的地下水，用那水簡單地洗了洗枇杷。枇杷果然清甜，我一口氣吃了好幾個，下意識要去尋找垃圾桶，陽太眼疾手快把我手裡的一把皮都搶了過去，直接扔到了地裡——雅也和美穗平時是這麼教他的，如此便可以成爲土壤的肥料。陽太又帶我去看院子裡正在生長的夏季蔬菜，向我介紹：紫蘇、小蔥、生菜、青椒和茄子。不久後我發現，生活在這個家裡的孩子，無論是七歲的還是四歲的，包括不到兩歲的，都熟識各種蔬菜、其他植物及昆蟲。

我對宮崎家的第一印象，就從一棵枇杷樹開始。直到傍晚之前，我都沒有時間好好打量這個家。才從枇杷樹回到玄關，我就又被雙胞胎姐妹拽了出去。在後院的另一頭，吊在一棵大樹枝幹上的，是雅也用麻繩和木板爲孩子們製作的簡易鞦韆，兩個小女孩爬上去，一個坐在前方，一個站立於後方，要求我把她們「用力推得高高飛起來」。這樣很危險！我心裡的警報瘋狂作響。但我已經開始意識到，這種擔心也許是多餘的，因爲美穗其實一直默默注意著孩子們在做的一切，並且基本持一種放養態度。那些令我感到緊張和危險的東西，一架高高的梯子，一把巨大的剪刀，一個高高飛起來的鞦韆，在這個家裡，似乎見怪不怪。我一次也沒聽到美穗對孩子們說過「不行」，反倒是，在雙胞胎又嚷著要我帶她們一起去後山的時候，美穗低聲對我說：「這個家裡的孩子，都是主見過強的人，你要學會拒絕他們。」

爲了歡迎我的到來，宮崎家決定舉辦一場年糕大會。從零開始的年糕大會。後院的空地上有一個簡易的手工爐，要先用竹子生火，然後在爐上架起兩層的木製蒸籠，蒸籠上鋪一層布，再放上宮崎家自己栽種的有機糯米——蒸好了糯米，才有了製作年糕的原材料。整個生火的過程是陽太獨自完成的。我對一個七歲男孩掌握的野外生存技能感到驚訝，但在宮崎家，這也是一種日常。陽太看起來經常幹這事，準確把握調整火候的時機，劈起竹子來也乾淨俐落。待火勢穩定之後，他又拉我去磨黃豆粉。前廳的走廊上放著一個沉重的石磨，幾個孩子向我傳授方法：把乾燥的豆子扔進去，轉動磨盤，如此重複幾次，豆子變成粉末，粗粉變成細粉，最後收集成一大碗，是年糕的專用沾醬。

在我到達宮崎家的兩個小時裡，宮崎家的孩子們已經完成了摘枇杷、盪鞦韆、生火、蒸糯米和磨黃豆粉等各項活動。他們終於安靜下來的時刻，是美穗在牆上給他們投影播放動畫片《哆啦A夢》時，幾個孩子聚精會神地擠在沙發上，不再吵鬧。我這才有時間觀察這個家，別說是 iPad 和遊戲機了，就連個電視都沒有。美穗說，投影機的娛樂時間也很有限，只在週末晚飯前用來播放一個小時的動畫片。

這天的動畫片甚至沒有播滿一小時。傍晚，雅也回來了，站在玄關向家庭成員們彙報說：

「火災已經解決了！」他手裡拎著一桶活蹦亂跳的魚，向孩子們發出邀請：「有人要去海邊嗎？」對宮崎家的孩子來說，去海邊的吸引力似乎比動畫片更大，他們立即從沙發上跳了下來。

說是去海邊，其實只是步行幾分鐘開外的一個港口。雅也在海邊蹲下來，向我解釋說，殺魚的時候，用海水洗滌是重要的做法，對於海裡的生物，就應該用它們生活環境中的元素來處理，這是保持新鮮和美味的祕訣。我接受了他的說法，但我表示，對城市人來說，這個要求太奢侈了。雅也拎著的那一桶魚，種類繁多，每種只有一條，除了海螺和螃蟹，我不認識其餘任何一種，倒是被雙胞胎中的一位一下子指出：「最小的那個是河豚！」它們全都是生活在海士町近海的魚類，是這天早晨雅也和在附近經營民宿的老爺爺一起出海打漁的成果。雅也最初是作爲那間民宿的打工者進入這個小島的，如今他早已獨立，成家立業，對方成爲他在這個異鄉小島上親戚一般的存在。

比起殺魚，我發現宮崎家的孩子們對遠處一隻盤旋的黑鳶更感興趣。自從看到雅也將一條魚的內臟扔給那隻黑鳶，而它也立刻興奮地俯衝下來叼走之後，他們就一直央求著向黑鳶投擲食物，而雅也確實也這麼做了，直至魚類全部處理乾淨，而黑鳶也吃得飽飽的，飛去了遠方的電線桿上，不再靠近。這個家的孩子就是這樣在日常生活中接受著自然教育，當女孩們請求雅也把河豚的肝臟扔給那隻黑鳶時，雅也耐心地對她說：「河豚的肝臟有毒，人類吃了會被毒死，黑鳶吃了也會被毒死。我們在向動物餵食時，一定要先考慮它們的生命。」最後剩下的一些內臟，被裝進一個筐子，沉到水底去抓章魚了。堤壩上綁著幾個簡易的小型捕撈裝置，日常就這樣放著，偶爾來看一看，會有意外的收穫，經常捕到章魚或螃蟹，前陣子甚至捕到了一條長達五十公分的大鯛魚。

從海邊返回家裡，糯米就蒸好了。雅也又帶著幾個孩子在院子裡搗起了年糕。一個厚重的專用木桶和兩根大木槌，是孩子們在群馬縣的奶奶專門送來的禮物。將蒸好的糯米倒進去，兩個人輪流掄起槌子砸下去，一直到糯米的顆粒狀消失，變成黏稠平滑的糕狀。聽聞我在日本生活多年，從未在正月參加過搗年糕活動，雅也表示不可思議，此後便成了我一個人的搗年糕初體驗。儘管此時已是盛夏，這項活動卻仍然營造出一種正月氛圍——幾個孩子一直圍繞在我身邊，大聲喊著「yo-i-sho-」的助威聲，並且每逢我停下來休息的間歇，他們都會將手伸向年糕桶，現場吃起熱騰騰的年糕來。

趁著我搗年糕的時候，雅也又回到屋裡生火去了。廚房旁有一個小小的隔間，放著一個簡易的燒水裝置，生起火後，塞幾根粗大的竹子進去，晚飯後就能燒好一大鐵桶熱水，通過水管引入浴室，打開浴缸水龍頭——宮崎家的專用洗澡水就完成了。這個家沒有電熱水器。燒水裝置上還裝有一個溫度計，可以隨時調整水溫。我剛開始以爲這種做法是一種島生態，後來才得知整個海士町只有雅也和他的另一個朋友在實踐這樣的原生態生活。起初是因爲附近有很多廢棄竹林，留下堆積成山的竹子，用來燒火和燒洗澡水，是一種有效處理廢材的環保方式。「而且，」雅也堅定地告訴我，「用竹子燒的地下水，泡起澡來舒服極了！」

宮崎家的廚房裡有兩個水龍頭，一個是從前的戶主留下來的、經過過濾的水龍頭，一個連通雅也直接用水泵從地底抽上來的水。我難以辨別兩者有何差異，但陽太告訴我，絕對是後者更好喝。我發現，這個家裡的孩子想喝水的時候，都會直接拿著自己的杯子，站在屬於他們的廚房專用小木凳上，直接去接那個水龍頭裡的水。

這晚的年糕大會，在一種開放的氛圍中度過，孩子們在搗年糕環節已經吃了很多，又在飯桌上沾著黃豆粉吃了更多，我猜想宮崎夫婦從不擔心孩子挑食，這個家的孩子個個都是大胃王。我也用海苔包著年糕吃了好幾個，我很喜歡那個海苔，帶著潮風氣息，又隱有甘甜，肯定不是我平日在超市能買到的那種——它是從海士町冬天的海裡撈上來、宮崎家每年自己加工製作的食物。

白天玩得太累，幾個孩子晚飯時間就在榻榻米上橫七豎八地睡著了。陽太整個下午都光著上半身跑來跑去，此時微微有些發燒，我擔心地詢問要不要給他吃些藥，美穗搖搖頭：「睡一覺就好了！」雙胞胎中的一個被蚊蟲咬了一身包，美穗也不打算給她抹藥膏，這個家裡沒有那種東西，她說：「泡個澡就好了！」等到幾個孩子都被叫起來集體泡過澡，跟我禮貌地道過「晚安」後就走上二樓的臥室去睡覺了，我也去泡了個澡。在宮崎家的浴室，沒有洗髮精、潤髮乳和沐浴乳，唯一使用的是一瓶純天然有機洗滌油。我又找了好半天，才從洗手台下面的櫃子裡找出來一個積滿灰塵的吹風機，看起來被冷落已久——幾個孩子的頭髮都是用毛巾用力擦擦，然後自然風乾。經過幾個小時的加熱，熱水已經燒到了八十幾度，流經的水管變得滾燙，雅也之前再三叮囑我要小心，混了冷水再泡澡。這是我第一次清楚地知道我的泡澡水經過了怎樣的路徑：先是被後院那個水泵從地下抽起來，然後進入一個大鐵桶，後山的竹子燃燒後將其變得滾燙……最後它包裹住了我。

晚上九點之前，宮崎家結束了一天忙碌的生活。宮崎夫婦在二樓哄孩子們睡覺，我一個人留在瞬間安靜的一樓。一樓深處的一個寬敞房間留給我作爲臥室，按照傳統日本住宅的設計，這個房間就是專門留給客人的。於是按照傳統的住宅樣式，這個房間也沒有窗簾，天亮起來的時候，陽光會透過木頭格子門上的白色障子紙流淌進來，把人晃醒。也許不用等到光的到來，聲音會更早驚擾美夢——美穗告訴我，島上各處的報時廣播會在早上六點半準時響起。

這是我在宮崎家的第一天。

三個月前，我給雅也發了一則訊息，詢問能不能在他家裡住一陣子，進行一些島生活和農業漁業的日常體驗。幾天後，雅也回覆了我，說家裡如今有四個孩子，情況十分混亂，如果不介意吵鬧，可以在六月過來。我上一次在網上讀到他的故事，說是他以和島外來的女性結婚爲契機，從工作多年的民宿辭了職，開始摸索獨立生活。沒想到轉眼間竟然有了四個孩子，眞是一種讓人驚訝的島節奏。

福田曾對我說過島生活繁忙，宮崎家則完全向我闡釋了這句話。孩子們在早上六點半起床，在那之前，宮崎夫婦已經在準備早餐，陽太在早上七點半出門，和鄰居家的小學生一起步行前往學校，八點之前，美穗要把三個女孩和她們的書包及行李塞進廂型車，依次把她們送到保育園和幼兒園。送孩子出門的早晨，永遠是一副手忙腳亂、馬上就要遲到的樣子。雖然這之後，直到下午四點半去接孩子，宮崎家會擁有一整天的寧靜，但宮崎夫婦的生活被工作和雜務填滿了。宮崎家的生活，後來深深刻在我腦海裡的，就成了突然閃進門又閃出門的一個個身影，成了玄關裡永遠散落凌亂的大小不一的各種鞋子。

下午五點到八點之間，宮崎家會重演一種吵吵鬧鬧的日常生活。這個家裡充滿了孩子。多數時候，他們在戶外，在院子裡。一天傍晚，陽太在院子裡點燃茅草，雅也用這火烤了魚，是隱岐近海的瓜子鱲和三線磯鱸，我自然是不認識，魚的名字是孩子們教給我的，但這樣的烤魚只要撒上一點兒鹽就很好吃。住在宮崎家一段日子之後，我意識到我隨著他們的生活漸漸發生了改變——我變得能吃魚了。在京都的日常生活中，我從不輕易吃魚，作爲一個在遠離海洋的山城長大的人，我對海魚的腥味有著異於常人的敏感。儘管在去過的所有小島上，都有人告訴我，當地的魚類是全日本最美味的，毫無魚腥味，但我仍然每次都被打敗。宮崎家的魚讓我感到驚喜，我絲毫不覺得它們腥，儘管我至今仍不知道這該歸功於隱岐的海生態還是宮崎家的生活方式。陽太在這個家裡受到的生活教育，包括如何生火也包括如何滅火，他受到附近那場小型火災的警醒，在烤完魚之後，反覆去確認好幾次茅草的煙霧完全消失，再無暗火[16]，才放心地離開。又有一天，雅也帶著兩個孩子去地裡採集蔬菜，我也跟著去了——宮崎家後院的菜

⑯ 編註：暗火，意指沒有火焰的火，快要熄滅的火。

園只栽種一些簡單的蔬菜，他家還有幾塊更大的土地分布在周邊各處，我們去的那一處，兩個孩子熟練地挖了一堆馬鈴薯、洋蔥和大蔥，這是他們的日常勞動，他們認識所有蔬菜的幼苗，向我介紹著剛剛冒芽的番茄和胡蘿蔔，毫不遲疑。

當孩子們在屋子裡的時候，他們通常聚集在寬敞的起居室等待晚飯時光的到來，一旦廚房裡開始準備晚飯，他們又會一窩蜂擠進那裡，要求參與其中。這個家裡的孩子，除了最小的蒼乃，其餘幾個皆會熟練使用菜刀，宮崎家從不阻止孩子使用菜刀，他們可以自己去做一切願意嘗試的事情，例如把從外面帶回的野果子做成果醬。宮崎家廚房允許任何人以任何形式參與，到了第三天，我從民宿老爺爺送來的一筐土雞蛋中揀出四個，在這個廚房裡炒了一鍋正宗的中華炒飯，大家一搶而光。那筐雞蛋後來又被我做成了蒸蛋和醬油炒飯。第一天的年糕大會剩下來許多捏成長條的年糕，雅也將它們放在起居室的桌子上晾乾，再用切年糕的機器將其切成一口大小保存。這成了陽太每天下午放學回家打發時間的娛樂活動，幾天之後，他驕傲地宣布：「我已經把全部的年糕都切完了！」這間起居室的榻榻米上，永遠散落著各種打開的繪本，其中一些還貼著圖書館的標籤，我一旦在地上坐下，隨時手裡就會被塞進一本，接著孩子們會爬到我身上來，要求我唸繪本中的故事。雙胞胎姐妹時常指出我在唸故事過程中出現的讀音錯誤，我發現她們已經對每一冊繪本都倒背如流，但仍然迷戀於聽故事，並且隨時準備好爲故事哈哈大笑。

有一天在唸完某冊關於魚糕故事的繪本之後，美穗對我說，自從有了孩子，她強烈地意識到，起居室對於一個家來說是最重要的存在，它擔任著維繫家庭成員關係的重要功能，只可惜今天的日本人完全不重視這一點。我想，對於一個旅人來說，起居室，至少是宮崎家的起居室，同樣意義重大。在宮崎家起居室的榻榻米上唸繪本的傍晚，成爲我離開海士町之後常常懷念的一段時光，那是我，一個生活在城市裡的獨身主義者，如同模擬人生一般深入體驗的「非日常」。那個起居室，雜亂，慌張，每一天都兵荒馬亂，但它又被談話、美食、故事和親密感塡滿。我今天也在想念宮崎家的起居室。

3

宮崎家的起居室談話，也發生在孩子們待在學校時的午飯時間。這時起居室的時間被放慢了，雅也可以有閒暇做一杯手沖咖啡——櫥櫃裡的一個大盒子裝著幾包精品咖啡豆，它們來自東北地區山形縣的一家私人烘焙所，雅也特別喜歡它的味道，連續幾年定期在網上購買。一天，喝著咖啡，雅也跟我聊起了東日本大地震，說許多日本年輕人以那次災難爲契機轉變了觀念，意識到鄉村是生活更安全的地方，一些人開始離開大城市。類似的觀點，我常常在日本各地的移住者口中聽到，日本大城市安全神話的破滅，三一一大地震是一個至關重要的轉折點。

很長時間裡，雅也的故事被當作海士町的一個移住樣本來講述。二〇〇六年，剛剛大學畢業的他來到了遙遠的隱岐小島。當時，距離發生日本史上最大強度的地震還有五年，東京仍是全國各地年輕人夢寐以求的理想鄉，高薪的工作、光明的未來、無盡的財富、名利與成就，就像一張隨時會開出大獎的彩票，攥在一億三千萬雙手中。雅也扔掉了那張彩票。於是，一個從東京名校畢業的大學生，放棄了進入金融機構工作的機會，去往一個大多數日本人一生都不會踏足的偏僻離島——充滿戲劇張力的故事引起了媒體的轟動。雅也回憶起剛來到島上創業時的情況，說在那個時候「接受了一生的採訪」，報紙、廣播、電視……大批記者們因爲他而一窩蜂地湧上了小島。

來到宮崎家之前，我費了些工夫在二手網站上找到一本二〇〇八年秋天出版的《生活手帖》雜誌，有位名叫瀨戶山玄的作家在專欄連載中發表了一篇〈民宿之味〉，內容講述了海士町的民宿「但馬屋」，以及圍繞著這間民宿的多位年輕移住者的故事——其中一個主角，就是當時在但馬屋工作到第三年、剛剛二十六歲的宮崎雅也。不久後我又在但馬屋官網上找到一張宣傳照，正是雅也坐在榻榻米上給客人彈奏三味線的場景。那篇文章的結尾，常年遊歷在日本各地的作家這麼寫道：「如何使小島永遠保持活力？一個問題是在不破壞小島自然的前提下，如何最大程度獲得滿足感。他們（海士町的人們）大膽且穩健的嘗試，是產生諸多裂痕的日本社會尋獲再生和尋找幸福的縮影，人們很快就會意識到這一點。」

雅也第一次來到海士町，是在大學畢業的前一年，那時他只是一個好奇的旅行者。海士町的中學生們因為修學旅行的契機，來到了雅也就讀的一橋大學舉行發表會，向東京的大學生們介紹自己生活的小島。這激起了雅也和朋友們的興趣，一行六人啓程前往海士町旅遊。旅行中，雅也聽說了海士町的海參已有千年歷史，並且這些海參如今還在不斷地輸入中國市場。在他留宿的但馬屋，民宿主人，一位老爺爺，向他透露了自己同時也在進行海參捕撈工作。這是一項轉包業務，委託來自島根縣本島的一家公司，對方收購鮮海參後加工，再將乾海參通過東京的出口公司賣到中國——這個繁瑣的過程極大地壓縮了海士町漁師的收益，且由於業務來自本島，不能作爲島上經濟收入的一部分。這次談話讓雅也萌生了一些想法，他認爲海參加工完全可以作爲島上的事業來發展，從而對海士町的經濟有所貢獻。

雅也對海參在中國市場上的受歡迎程度早已有所瞭解。他大學畢業得比同齡人稍晚，因爲中途休學了兩年在中國生活。在他大學就讀的商學部裡，一位專門研究中國問題的老師向他推薦了這份工作——深圳有一個日技城工業園，裡面聚集了四十多家日本企業，他被派去那裡做助理工作。這兩年讓雅也見到了香港乾貨店裡高價出售的乾海參加工品，成爲他日後在島上開闢事業的伏筆。也因爲這兩年的生活，雅也培養了中文會話能力（偶爾我們會用中文聊天）和對中國尤其是中國菜的好感（這個家裡竟然有正宗的中華鐵鍋和圓形鍋鏟），成爲我最終被宮崎家接納的一個伏筆。雅也告訴我，這個家已經好幾年不接待外人了，收到我的訊息，他和美穗討論了一番，覺得「這個中國人好像很有趣」，才決定破個例。這件事令我篤定，世間萬物緊緊相連，即便不用日本人經常掛在口邊的「緣」來加以解釋，它也確實多少充滿了一些命運的指引，畢竟，在發了幾封郵件杳無音信，遲遲找不到進入海士町的切入點時，我差點放棄了前往這個小島的計畫——是雅也回覆的訊息拯救了我。

大學畢業的夏天，雅也來到了海士町。彼時這個小島爲了振興第三產業，有一項「商品開發研修生制度」已經推行多年，主要目的是吸引島外人士來到海士町，從外部的視角探索並打磨當地的寶藏，發掘該島的產業可能性。爲此，政府大方地爲他們支付一年的報酬，每月十五萬日圓。第一年，雅也一邊利用這項制度，一邊在但馬屋探索海參事業。捕撈海參的工作具有強烈的季節性，只在冬天的幾個月進行，其餘的季節，雅也還要做一些別的工作。他的第一份工作，是替但馬屋開船接送那些專程到島上釣魚的客人，先從島根縣的七類港接到他們，經過四個小時後到達海士町，然後每天按時把他們送往各處釣魚，再接回民宿。但馬屋先天具備這個小島的多元化生存術，它同時從事民宿、漁業和農業多個產業，甚至還經營一間榻榻米店。雅也參與了所有的工作，很快他便開始了自己栽種稻米和蔬菜的生活。這位從城市裡初來乍到的年輕人，絲毫沒有水土不服，他認爲這一切很有趣，因爲「山與海相關的工作，全部都能做到」。與此同時，他才後知後覺地意識到這是一個多麼特別的小島：在日本，有大海，有河流，同時能種植水稻的島嶼其實很少。雅也向我提起日本有一個「名水百選」的評選，這是日本環境省自一九八五年起列出的全國各地優質水源，雅也說，名單上僅有幾個離島入選，海士町就是其中之一。

二〇〇七年，雅也終於成功在海士町創建了海參加工廠。他將島上十幾戶漁師聯合到一起，由他們進行海參捕撈，然後進入工廠加工，成品直接通過東京的出口公司進入中國市場。漁師們的收入因此得到了大大提高，海士町也有了新興產業。但這項事業的實現，並非雅也的個人能量使然，它有一個關鍵前提：海士町充分信任這個外來的年輕人並給了他一筆不小的創業投資。

這筆資金的背後，正是現代海士町轉型故事的開始。

最初，海士町深陷離島衰敗的宿命之中。二戰後的經濟高速增長時期，日本地方的年輕人大量湧向城市，導致農村人口不斷減少、高齡化日趨嚴重。一九九九年起，由日本政府主導，在全國範圍推行「平成大合併」，對人口減少的市町村進行合併——這項大規模活動一直持續到二〇一〇年，最終使日本的市町村數量從三千兩百三十二個急劇減少到一千八百二十一個。在這個國家，有將近一半的地方消失了。「平成大合併」的風潮刮到隱岐，島後地區由於其較大的規模安然無恙，島前地區的情況就不太妙了，三個小島被島根縣多次要求進行合併，上級行政機構不斷向它們暗示，如果不合併，來自國家的財政撥款將會大幅減少，也將很難獲得來自縣政府的財政支援。這對收入來源本來就稀少、財政基礎薄弱的小島來說，無疑是雪上加霜。

我讀過許多描寫當時情況的文章和報導。所有的故事中，都有一個被強調的關鍵人物：町長山內道雄。這位被視爲「改革派」的議員，在二〇〇二年的町長選舉中首次當選，旋即面臨「合併，還是不合併？」的問題。一些報導說他走訪了島內所有村落，確認島民意願，得出了一個結論：來自國家的合併方案只考慮了財政和效率問題，完全忽視了各個島嶼的文化和歷史，對於這樣的合併，島民之間存在強烈的否定意見。二〇〇三年十二月，島前三島決定拒絕合併，各自獨立。

獨立的海士町同時陷入了危機，如果不迅速採取措施，這個小島很快就會破產。爲了拯救海士町人的生存，山內町長首先削減了市政府的人工成本，在公務員中推行減薪政策，市長減薪百分之五十，職員減薪百分之三十。公務員薪酬水準降至日本最低。這項舉措節省了約兩億日圓經費，相當於當時海士町的年稅收總額。而節省下來的資金，則被用於水產養殖業和畜牧業等地方產業振興以及兒童撫育支持。無論是建築公司轉型的隱岐牛農場，還是宮崎的海參加工廠，都得益於此項政策。

設立海參加工廠的各種專業設備昂貴，即便得到了一定的國家補助，仍需要七千萬日圓的籌備資金。將如此巨額資金用於建造一座工廠，據說在當時的議會中遭遇了強烈的反對聲音，其中一種觀點是：「不能將納稅人的錢用來支持個人企業。」山內町長最終說服了各方，他認爲如果海參加工廠成功了，將有更多資金從中國流入小島，從而增加本地漁師收入，同時，也將培養出海士町的產業繼承人。預算最終通過，海參加工廠順利建成。事實證明，海參產業如今已經成爲海士町的一個重要存在。

我問過許多海士町人，山內町長大膽的改革作風，是否不同於日本人根深蒂固的保守傳統？海士町的復興與轉型，是否與這個擁有開放心態的町長有很大關係？如果換一個人、換一個地方，這一切是否無法實現？多數人對此表示了肯定。這也是爲什麼，這位町長在這個小島上當了整整十六年町長，直到二〇一八年才以八十歲的高齡退休。但海士町人也認爲，所謂的町長的個人風格，如今早就是海士町政府的風格，現任町長也繼承了前任改革、開放與包容的做法。借助外來者智慧和力量的思維模式，已經在海士町形成了。

在民宿但馬屋打工，同時經營著海參加工廠的生活，雅也堅持了九年。二〇一五年，以和美穗結婚爲契機，他辭掉了但馬屋的工作。如今的海參加工廠，加上雅也一共有六名工作人員，主要是從事加工。出海打撈海參的漁師則有十幾人。工作集中在二月到四月之間，其餘季節所有人都在從事別的工作，或旅館業，或農業，漁師們也進行著其他季節的捕漁活動。而雅也本人，除了正在進行一些小規模的農業生產及加工活動，並沒有做任何其他副業。

我很好奇地詢問他，海參加工廠是不是很賺錢，只要工作三個月就能維持一年的生活？

「並不能賺很多，」他坦誠地告訴我，「我們家正在過著一種成本很低的生活，才得以繼續。」

我在宮崎家生活期間，得到了一些關於婚姻關係的啓示，夫妻之間的協調性和配合性極爲重要，而實現這一切的前提是價值觀和思維模式的一致。雅也和美穗，兩人對於生活的價值觀幾近完全相同，他們都渴望實踐一種健康的、盡最大限度通過自己的雙手來生產的循環型生活。如今，他們正在進行一種半農半漁的生活，出海捕魚、栽種有機水稻及加工品、種植各種蔬菜、製作納豆和醃菜等等。

但這樣的生活也不可避免地面臨著現實問題。按照我們對故事的想像，移住樣本應該擁有一個成功結局。但事實上，如今的海參加工廠雖已成爲海士町的珍貴產業，雅也也完全被小島接納，但隨著海洋環境的急劇變化，海參的捕獲量正在銳減，漁師們也因爲逐漸老去，人數逐年減少——產量和人手不足的問題正困擾著雅也，不能樂觀預測未來會變成什麼樣。

這才是一個移住故事的現實走向，移住十七年後，雅也還在繼續摸索。今年五月的週末市集，宮崎家第一次出攤了，售賣自家栽種的有機稻米和豆子以及米麴和米糀等健康加工食品。栽種的有機稻米漸漸有一些富餘，兩人開始考慮今後增加一些農業相關的生產和販賣工作，儘管產量和規模都還很小，卻多少可以帶來一些微薄的經濟收入，同時能夠推廣他們的健康生活理念。雅也作爲海士町的移住先驅，偶爾會被邀請向新來的移住者做一些演講和分享，他也會談到一些對未來多樣化事業的設想，例如經營農家民宿，讓來到小島上的人能同時參與到漁業和農業生活之中，提供一種與飯店和旅館完全不同的住宿體驗。一切都仍在摸索中。儘管偶爾也會對未來充滿擔憂，但或許這才是移住生活的本質。所謂移住生活，是在探索一種此前從未有人經歷過的生活，它必然由開墾、重建、轉向與失敗構成，也必然充滿了未知、不確定、無中生有和重新開始，於是必將長久地甚至是永遠地活在實踐之中，也許需要用一生來得出答案。從某種程度上來說，這也是生活的本質。生活沒有模板，每個樣本都獨一無二。

4

有天晚上臨睡前，美穗突然對我說，週六有個英語會話小組的 BBQ 大會，並詢問我是否想參加。島上會說英語的人們經常聚在一起，組織各種活動，美穗是其中的一員。她向我列舉成員構成：一些是生活在海士町的外國人，一些是有過海外生活經歷的日本人。週六晚上，這個會話小組要為它的核心人物，一位來自牙買加的英語外籍教師舉行送別會。我對此充滿興趣，於是宮崎家決定集體參加這次活動。到了週五，美穗又告訴我，聽說幾個島留學生也被「島上的父母」帶去參加，她知道我正在想辦法接觸這些高中生，為此表示高興：「你可以跟他們談很多話了！」

BBQ 大會在一個名叫「阿瑪瑪萊」的設施舉行，它的名字用片假名寫成，是一個由日語的「海士」和義大利語的「海」合成的詞。這個設施由一間廢棄的保育園改造而成，目的是提供海士町人交流空間，教室被改造成廚房、遊戲室、鋼琴室、兒童房、咖啡吧台和小型圖書館，還有一間二手雜貨屋。

傍晚，兩個燒烤架搭在戶外的草地上，每個成員都帶來了各自的食物，一張大餐桌上風格十分混搭，省事的人直接帶來了燒烤食材，例如香腸或排骨，另一些人則帶來親手製作的家庭料理。宮崎家帶來的是美穗醃製的韓國泡菜和一大鍋豆飯——米和豆子也都是自家栽種的。大人們準備晚餐的時候，孩子們全都集中在兒童房裡玩耍——在這個小島上，即便是英語會話小組，也通常以家庭爲單位參加。由於大多數成員都有一兩個孩子，很是熱鬧，我再次目睹了少子化社會的一個反面案例。

我是在圖書館遇見那三個島留學生的。他們正在給將要離開的外籍教師製作贈別卡片，我走過去跟他們搭話，很快弄清楚了一些狀況：一個男孩來自京都，一個女孩來自大阪，另一個女孩則來自黎巴嫩。海士町的島留學生身上繼承了這個小島開放與熱愛交流的特質，他們非常樂於回答我的提問，都說自己是主動選擇來到這裡讀書。從小在京都長大的男生，出於「想要和日本各個都道府縣的人交流」的初衷，被母親推薦了海士町的高中。黎巴嫩女孩的情況則有些特殊，她是海外移民的第二代日裔，出生和成長都在海外，雖自小在家裡說日語，但從未在日本上過學，抱著「想瞭解日本是怎麼回事」的心情，自己在網上搜到了這裡。至於那位大阪女孩，她的妹妹聽過她分享海士町的生活後，也對日本的地域留學產生了強烈興趣，目前正在北海道留學。

事實上，即便不去BBQ大會，我也隨時會在海士町和島留學生們擦肩而過。島留學是這個小島上備受矚目的一個關鍵詞，你無法忽視它的存在。如果說吸引外來者進行產業建設是海士町轉型故事的開始，那麼島留學一定是這個轉型故事的高潮——是它讓海士町眞正恢復了活力，從一個寂寂無名的小島變成日本全國的知名移住目的地。

整個島前地區只有一所高中，就是我遇見的幾位島留學生就讀的「隱岐島前高中」。這所高中最轟動的新聞，不是在一九五五年創校當時，而是在二〇一一年九月，島根縣教育委員會決定將招生人數從一個班級四十人增加到兩個班級八十人。它在全國性報紙上得到了一個頭條位：「離島上出現了罕見的班級增加」。我看過這所學校的學生人數歷年統計圖，其中存在一個明顯的低谷，從二〇〇三年的一百四十五名學生開始逐漸下落，到二〇〇八年只剩下八十九人，而後又開始逐漸上升。幾天前，我從經常和高中生們玩在一起的福田那裡聽說了一些新的情況，現在島前高中的三個年級基本維持在一百六十人以上，島留學生占多數。福田強調，近來開始出現一些爲了陪讀而移住到島上的父母。

成爲轉折點的二〇〇八年發生了什麼？這一年，一個名叫「高中魅力化計畫」的專案在海士町啓動，其核心便是「島留學」制度，通過吸引全國各地的高中生來島上上學，增加在住人口、帶動地區活力。今天，這個專案仍在海士町繼續推行著，隨著知名度的提高，申請者逐年增加，沒有人懷疑它已經獲得成功——它的模式先是在整個島根縣被借鑑，接著全國愈來愈多受到少子化困擾的地域開始推行。但毫無疑問，執行得最好的，仍是它的發明者海士町。過去十五年裡，共有三百二十名島外的年輕人進入了島前高中就讀，他們來自日本的三十九個都道府縣以及六個海外國家。

也是在飯店的圖書館裡，我找到了町長山內道雄寫的一本書：《改變未來的島學校》（《未来を変えた島の学校》，共同作者是比町長小四十歲的名叫「岩本悠」的年輕人）。書中講述的正是島前高中的逆襲故事，裡面詳盡地描寫了二〇〇八年是怎樣一個危機時刻。這一年島上的初中畢業生僅有八十人，按照推算，十年後這個數字將減少到二十八人。這意味著到時候島前高中將會被廢校。如果放任不管，海士町將失去它唯一的高中，如果高中消失，所有的孩子到了十五歲都會離開小島，這將最終導致有孩子的家庭從這個島嶼流失。「高中的存亡直接關係到這個地區的存亡」——這位町長意識到了問題所在。

提出「高中魅力化」的岩本悠就是在這樣的背景下來到海士町。當時他年僅二十七歲，正在東京的索尼公司負責人才培育計畫，與海士町有一些專案往來的一橋大學學生聯繫了他，問他能否帶領一個團隊前往島前地區進行外出教學，從而探討如何解決島前高中的存續問題。岩本悠意識到這是一個具有社會價值的活動，爽快地同意了，即便當時他連「島前」和「海士町」兩個地名的發音都不知道，更別說它們的地理位置了。關於那次外出教學，我通過岩本悠書中的文章想像了其概況。白天他在學校進行了「通過五感體驗自己、地區和世界之間聯繫」的工作坊，晚上則和島民們一起舉行了 BBQ 大會，從町長、議員到各個相關的政府工作人員都迫切地向他尋求意見。他們向他講述這個小島的嚴峻處境，半個世紀以來，人口從七千人減少到兩千四百人，僅剩三分之一；在住人口中，大約四成年齡超過六十五歲，同時每年的新生兒人數不足十人……以及因爲拒絕合併而面臨的破產危機。「所有的一切都令人震驚」——對於生活在大都市、對日本地方情況瞭解甚少的岩本悠來說，海士町的現狀是一個衝擊，他不能想像日本的離島衰退竟然如此迅速。但與此同時，他也聽到了海士町公務員減薪的舉措，以及當地人對各種產業的振興和扶植計畫，他認爲這個小島的人們充滿了使命感、危機意識和自救的決心。在一篇文章裡，他把他們稱作是「二十一世紀的日本武士」，因爲這些人正努力把這個小島及其文化留給未來的日本人。

於是，在被海士町的武士們問及「有沒有辦法保護這所學校？例如將它變爲進入名牌大學的升學率很高的學校？」時，岩本悠眞誠地坦言了自己的思考：「要做的不只是關注升學，而是應該創造既注重知識水準又注重個人特質和志向發展的教育環境，如果能做到這一點，不僅可以吸引本地學生就讀，島外的孩子也可能進入該校。如此，學校也會繼續存在。」我對「島留學」一詞早有耳聞，卻是來到海士町之後，才通過各種書籍和人們的聊天中得知「高中魅力化」這個概念。比起「留學」，我深深感到「魅力化」這個詞生動多了，它充滿了一種主動變革的精神，而它背後是岩本悠的核心觀點：如果高中不具備魅力，整個島嶼都將失去魅力；提升高中魅力將直接促進整個地區的持久發展。

岩本悠和海士町的故事自此開始。他在許多採訪中用一種戲劇化的語氣談論起後來的事情，次日啓程離開小島之前，他被邀請到公民會館，幾位政府人員熱切地問他：「關於昨晚的談話，您打算什麼時候來我們的島上？」他爲武士們突然拔劍感到驚訝，但還是禮貌地表示，回到東京後將會認眞考慮再給予答覆。

在大多數人看來，這完全是一份毫無吸引力的邀約，如果去海士町，意味著要辭掉在索尼的工作，即是用一份在東京國際大企業前途無限的穩定工作，交換一個收入降低一半、合同僅爲三年的毫無保障的未來。岩本悠選擇了這個未來。他給海士町打了電話，宣布了自己的決定：「我會去的！」在我閱讀過更多岩本悠寫的書之後，我理解了他做出這個選擇的原因，我想這與他的個人經歷緊密相連。這位出身在東京的城市男孩，在高中第一次出國到加拿大旅遊時，就已經對日本的封閉式學校教育產生了質疑，考上東京的大學之後，他休學了一年，用打工賺來的五十萬日圓，遊歷了亞洲和非洲二十個國家。他的旅遊不是玩耍，而是找到各地的NGO及國際合作組織，參與地域建設工作——這段經歷被他寫在二〇〇三年的一本《流學日記》裡。這本書的出版命途多舛，各大出版社都拒絕了這位寂寂無名的年輕人，他只好借了兩百萬日圓自費出版，結果賣得不錯，甚至在海外被翻譯出版了，他最終利用這本書的版稅收入在阿富汗建立了一所學校。

日本長時間停滯不前，這個國家的未來需要通過教育改革來實現——這是岩本悠在豐富的海外遊歷中得到的堅定想法。這樣的眼光，我從未在那些宅居家中雙眼盯著電腦、毫無興趣放眼於世界的日本年輕人身上看到過。在岩本悠的回憶裡，第一次離開海士町時，他從船上遠眺島影，感到這個小島就像是整個日本社會的縮影一樣。「日本自明治維新以來，集中力量從地方吸引人才到東京，建立了一個強大的國家，這些追趕歐美並超越它們的努力，推動了日本成爲今天的富裕先進國家。這也爲地方帶來種種問題。海士町所面臨的人口減少、少子高齡化、就業萎縮、財政困難等惡性循環，是許多地方普遍面臨的問題，未來整個日本都將面臨這些挑戰。」他意識到在經濟陷入困境、高速增長停滯、人口開始下降、社會價值觀念急劇變革之時，海士町這個處於時代尾巴上的小島，也許能成爲引領日本未來發展的前沿標桿。這個想法促使他最終選擇了海士町這個不確定的未來。他野心勃勃，要投身日本問題的最前線，在這裡實踐教育改革，爲未來的日本打造一個先進的通用模式。而海士町，就像它一貫對待外來者那樣，全盤接受了這個不到三十歲的年輕人的大膽嘗試，他們甚至專門爲他發明了一個職位：魅力化特命官。

以上就是岩本悠的故事。我用他的自述之書、採訪報導以及和海士町人的談話組裝出了這個故事。如果他還在海士町，我會想去見一見他，可惜當我來到這個小島時，他已經離開多年。但岩本悠在今天的海士町仍然無人不知、至關重要，如果一個海士町人要向我講述小島的故事，他們會像談論起一個昨天剛見過的鄰居那樣，以親切的口氣說起：「悠啊……」日子久了，我也開始覺得，即使沒有見過面，他也已經是個熟人了。

「我們培養的既不是只想出國留學的『全球人才』，也不是只對身邊事情感興趣的『內向型本土人才』。相反，我們致力於培養那些既與當地緊密聯繫又具備走向世界舞台特質的『全球性本土人才』。」在岩本悠的教育理念中，我頗爲共鳴的是這個觀點。島前高中將來自全日本甚至全世界擁有多樣化價值觀的年輕人聚集在一起，在偏僻島嶼上打造出一個連東京的公立高中也難以實現的國際教育環境，這已經不僅僅是在解決「人口減少」這個現實問題了，我感受到它背後的雄心壯志，一個離島所擁有的世界性，也許比日本其他任何地方都先進。

我確實感受到了島前海士町高中的世界性。那個黎巴嫩女孩告訴我，她大概率不會在日本上大學，她已經在島上的學校待了三年，自認爲足夠瞭解日本氛圍，接下來上大學，她可以再去體驗別的國家了。海士町的島留學生們，似乎也都擁有這般與衆不同的探索世界的氣質，我意識到岩本悠在某種程度上實現了他所想要的教育結果，這在那個大阪女孩身上尤爲明顯，她擁有一個偏僻的姓氏：「六車」。雖然才讀到高三，卻是在海士町生活的第四年，因爲讀完高二，她就休學了一年前往斐濟留學，留學的資金是通過她在網上發起的群衆募資實現的。

我很順利地找到了那個群衆募資頁面，她在募款原因中如此寫道：

我現在正在參加「島留學」項目，離開了位於大阪的家鄉，開始在島根縣名為「海士町」的一個離島上過著宿舍生活。

我希望能夠創建一個社會，人們互相尊重和理解，更多的人可以主動挑戰自我。為了實現這樣的目標，我認為我現在需要去留學，以獲得所需的知識，然後在高中畢業後，我想去深造。我計劃在留學期間通過瞭解不同的價值觀和思維方式來擴大自己的視野，吸收多元的思考方式，以此積累我未來建立想像中的社會所需的經驗。

要去留學，包括學費、交通費在內，我需要約一百五十萬日圓，這是一筆很大的費用。回國後，我想向那些支持我的人報告我在留學期間的體驗。對於島上社區的居民，我也希望能夠在幫助他們的同時，向他們報告我留學期間的體驗。我想瞭解日本與斐濟之間的巨大差異，理解發達國家與發展中國家的區別。

我和六車初次見面時，她剛結束斐濟的留學回到海士町不到兩個月，正在準備大學升學考試。她告訴我，在斐濟體會到了完全不同於日本的自由，在那裡寄宿的一個家庭，已經成爲她在這個地球上的第二個家，她隨時都有可能再回去。

六車說，就算明年進入了大學，她還是想先去體驗世界各地，最後再回到日本居住，這樣才能用世界眼光看待日本問題。這時，在日本國際協力機構（JICA）的海士町事務所工作的森田女士加入了我們的談話，她熱情地向六車推銷：「那就一定要加入我們的海外青年協力隊！」這是一項日本政府從一九六五年開始的向發展中國家派遣青年志工的支援活動，迄今已有超過五萬名日本年輕人通過它獲得前往海外生活兩年的機會，森田女士是其中一員，幾年前，她去了肯亞。

森田女士和她的丈夫，就是美穗口中的「島上的父母」。儘管福田告訴我，有一些父母開始和留學的孩子一起移住到島上，但這畢竟只是少數，多數時候，島留學的孩子們是獨自前來的。如果他們只往返於學校和宿舍之間，缺乏參加當地活動的機會，這不符合岩本悠提出的「與當地緊密聯繫」。爲了解決這個問題，十年前，海士町開發了「島父母」制度，顧名思義，讓海士町居民成爲島留學生在島上的父母，帶他們深度參與當地生活。島父母與島留學生之間的具體關係和交往方式由雙方自行決定，通常留學生不會每天住在島父母家裡，但有的會在週末住幾天，他們會按照各自頻率聚餐，或是一起參加地域活動和在島上遊玩，一些島留學生還會協助島父母的漁業和農業活動。如果遇到生活或是人際交往上的問題，島留學生也可以選擇向島父母傾訴和諮詢。

如今，島前高中每年至少需要四十名島父母，這些人都是以志工的身分參與的，不僅侷限於海士町，也有一些生活在附近的西之島或是知夫里島。由於考慮到未成年人的教育問題，並不是所有人都可以成爲島父母，森田女士告訴我，島父母一般是由學校根據島留學生的興趣和需求，主動尋找和詢問合適人選，而並非島民自己申請。森田夫婦成了那位京都男生的島父母，契機是因爲他想要加入一個「能夠進行更多國際性交流」的家庭。

森田夫婦生活在海士町的時間其實並不比京都來的留學生更久。兩年前他們才從京都搬到這個小島上來。其中原因，森田女士說，生活在肯亞時，她見證了一種全社會共同育兒的氛圍，自己生了孩子以後，也想在日本國內找到一個類似的地方，那時便有一位先行移住到海士町的朋友向她推薦了這裡，表示當地育兒環境非常好，也肯定能夠找到工作。她的運氣不錯，JICA從二〇一八年開始在海士町開設事務所，協助當地進行地域振興，森田女士到來的那個秋天，正好出現了一個職位空缺。

對於這件事我恰恰有些疑惑——如果我沒記錯的話，JICA是一個面向海外活動的機構，爲什麼需要在海士町這樣的地方開設事務所？

「將要被派往海外的協力隊隊員，被安排先到這裡進行三個月的研修，對島上的各種問題提出課題與方案，然後練習尋找解決問題的方法。」森田女士向我解釋，按照她的經驗，日本的年輕人在去到海外之後，會開始想瞭解自己的國家，而大多數時候他們發現自己一無所知。海士町提供了一個好機會。同時，對於海士町來說，接待了研修團體，也是在幫助當地經濟振興。JICA 僅在日本屈指可數的幾個地方進行這樣的研修事業，之所以來到海士町，也是看中了這裡地域振興的成功經驗。

森田先生，一位如今在島前高中工作、過去在納米比亞生活了兩年的前海外協力隊隊員，一直在向我讚揚海外的中華物產店，說日本人鮮有此種經商頭腦，他在那個南非國家的日常生活，全是靠中華物產店裡的白米和調味料支撐下來的。他一開始對我也有些疑惑，反覆追問我爲何來到海士町，表示這個小島上既沒有什麼觀光景點，交通也不方便……我對他提及了一些原因，諸如我對日本的離島充滿興趣，或是我正在遊歷多數日本人也沒有去過的地方，他並不滿意，直至我說起這些年來一直在關注日本地方創生，訂閱了許多雜誌，常從雜誌上見到海士町的案例，他才終於滿意了：「那就可以理解了！海士町確實是日本地方創生的一個榜樣！」

英語發音的標準程度遠在日本人平均水準之上的森田夫婦，只是這個 BBQ 大會上國際化特質的片影。這天晚上，我還認識了一個菲律賓人，她和她的日本丈夫都是大學研究員，現在在島上的海藻中心工作，還有一個四年前開始在島上釀造葡萄酒的日本人，他英語說得好，全因從前一直在環遊世界，來到海士町之前長年居住在東南亞的緣故。我也認識了那個來自牙買加的英語外籍教師和他的繼任者，一個千里達及托巴哥人，還有他們的日語老師，那是一位日語說得像母語一樣好的韓國女士。

熱情開朗的牙買加外籍教師將在七月底告別小島。往後我從他的社群帳號上看到，他離開的那天，港口站滿了揮手送別的人，他在這個島上是如此擁有人氣，因爲他教過這裡所有幼兒園和小學的孩子——在宮崎家，陽太和雙胞胎的英語也都是他教的。過去幾年裡，這位牙買加人是島上唯一的外籍教師，準確來說，他的工作被稱作「外國語指導助手」。半個世紀以來，日本人在英語教育上可謂十分努力，聘請外籍人員在英語課堂上擔任助教的做法，始於總務省在一九八七年啓動的一個外語青年引進計畫，據說如今已發展成世界上最大的語言教學招聘計畫，共有來自七十七個國家的七萬多人參與其中。牙買加外籍教師接下來的去向，多少暴露了這些外國人常見的一種日本路徑：他要去廣島大學讀研究所，方向是國際教育開發。

「我不知道這個選擇是否正確，」他笑著搖搖頭，「但總之，我要去日本的大城市生活了！」他把廣島稱爲「大城市」，因爲他剛到日本就被分配到了海士町，這裡是他在日本的第一站，也是迄今爲止唯一一站。在告別發言時，這個牙買加人生動地重現了得知這個消息的那一刻：「哇，什麼？坐船？兩千六百人的小島？怎麼回事！當時我心想，待滿三年就趕緊去別的地方吧！」而如今，他已經在海士町生活了六年，六年前一句日語也不會說的人，六年後能用日語完成告別感言，他毫不掩飾自己對這個小島的愛意：「海士町是super town！我超級喜歡這裡！」

如果一個地方夠小，人們很可能在週六晚上道別，然後在週日早上再次相聚。海士町的人們，在BBQ大會上告別的時候，互相說著：「今天辛苦了！明天也拜託了！」從週日的大清早開始，將迎來這個島上一年一度的盛事：壘球大會。各個地區都會派出代表隊參加，從早到晚，舉行一整天，直到決出優勝者。

我也被邀請前去觀賞壘球大會。在島上生活兩週後，我已經有了好幾個熟人，他們穿著不同地區代表隊的隊服，走過來跟我打招呼。我再一次見到了福田。「又遇見了呢！」我對他說。「你還沒有搞清楚狀況嗎？」他用一種感覺我說了一句廢話的口吻回答說，「在這樣的小島上，肯定是會遇到的！」我在這個小島不像在其他島上那樣總是遇見老年人，或隨時目睹高齡化的現狀，在海士町，我遇見的年齡最大的人，就在這個壘球大會上——那是一位擔任某地區投手的老漁師，我猜測他差不多七十歲。其餘時候，包括在這場壘球大會上，我見到的都是小孩、高中生、年輕的移住者，還有幾個外國人。

美穗環視了壘球場一圈，發出感慨：「最近參加島上的活動，一半都是新來的不認識的人，而在三四年前，去什麼活動都全是熟人。」

這些陌生的面孔，也許是新入學的島留學生，也許是春天剛來的「成人的島留學生」，還有一種情況，雅也說，兩年前島上成立了一個「海士町複業協同組合」，今年剛從外面招來了十幾個人。這是一種離島特色的典型工作，由於在島上缺乏全年可做的工種，但各個行業又都存在一些季節性勞動需求，於是誕生了將地區小規模工作整合在一起的複業機構，由該機構雇傭員工，然後根據季節將他們派遣到不同崗位。如此一來，既保證了人們的穩定就業，也解決了各產業的勞動力需求。在海士町複業協同組合的官網上，對於應聘者的要求，寫著「一年內至少在三個地方工作」、「每個地方工作時間至少三個月」這樣的話，按照普遍情況，他們應該會在冬季從事漁業，春季和夏季進行水產品加工，一些還會從事農業、林業以及辦公室文職工作。

我就是這個壘球大會上見到魚山的。

美穗在高中時曾是學校壘球部成員，因此成爲壘球會上珍貴的女性選手，這天的比賽讓我見識了她的運動能力。奈何對手太強，還是輸了。對手中有一個高中生模樣的男生，實力不容小覷，我猜他便是魚山了。前一天晚上，黎巴嫩女孩對我說，她的同學中有一個從上海來的島留學生，次日將會在壘球大會上作爲主力出場，建議我一定要跟他見見面：「他來到這個島上，完全沒有說中文的機會，見到你一定會很高興！」雅也聽我說了這件事，突然一拍大腿：「魚山嗎？我知道他！上週他聯絡了我，說對島上的民宿有興趣，我們約了下週聊聊。」原來如此，在這樣的小島上，所有人和所有人確實都是會遇見的。

比賽與比賽的間隙，我和魚山坐在球場邊閒聊。他說起話來完全是日本人說中文的發音，原來他的母親是四川人，父親是日本人，直到小學他都一直生活在日本，初中才隨著父親的工作調動去了中國，在上海的一所國際學校裡學習了中文。

儘管在嚴格意義上，魚山並不是一個中國人，但他依然是島前高中第一位從中國來的島留學生。他有一個在日本的大學從事教育研究的叔叔，那位教授叔叔極力向他推薦海士町。他在網上通過了面試，在二〇二二年春天來到這裡，中途還因爲上海封城差點兒錯過入學式。魚山對我說了一些島前高中的現狀，例如他的班上有二十五個學生，整個年級共有五十人，其中七成是島留學生；例如學校的社團活動，他參加了棒球部和地域國際交流部，後者的成員中還有一個不丹人；例如他的島父母是一個西之島上的教師家庭，當宿舍管理員向他徵詢意願時，他說「想去別的島看看」，於是便有了這個結果（而他的一位同學說「想釣魚」，就被送去了一個漁師之家），他偶爾會在週末搭船前往鄰島，在島父母家吃飯，被他們帶去各種地方遊玩。

我已經從一些人那裡聽聞，由於島留學生申請人數衆多，每年都會刷下一些人。最火爆時錄取率甚至達到了一比六。而魚山則說，在他入學時，錄取率大概是一比二。

「面試會問些什麼問題呢？」我很好奇。

「主要就是圍繞著『爲什麼想來留學』的提問，我以爲很簡單，但意外地被追問了很多細節。」他進一步解釋說，對於這個提問，他的回答是：「想要學習多樣性。」於是對方立刻問了下去：「什麼樣的多樣性？」

雖然面試不如想像中那麼簡單，但對於一個在中國讀了三年書的中學生來說，島上的學習是真的很輕鬆。我問他在中國的學習如何。「太難了！」他說。我又問他在島上的學習如何。

「太簡單了！」他說。他頓了頓，試圖總結他在兩種截然不同的教育環境中得出的結論：「在中國，學習的競爭太激烈了，在這裡，不像在學習，而像在探究。那邊光是在學習，這邊偏重於探究，這是最大不同的地方。」

這是魚山生活在海士町的第二年，從他在壘球大會上的人氣，能看出他已經融入這裡，而從他這段關於「探究」的理念，我又再次感受到了海士町的島留學生們與衆不同的實踐性特質。這個島上的高中生，都在特別積極地進行各種地區項目的探索和開發，魚山聯繫雅也也是出於這個目的。他計劃研究島前地區的民宿情況，並將它們整合在一起，製作一個面向外來者的多語言官網。

在和魚山的聊天中，我好幾次想起岩本悠的觀點，他認爲，高中不僅是一個教育機構，還具有地方創生的功能。魚山讓我看到了這一點。同時，我還感覺到，在這個小島上，高中生和成年人擁有同樣平等的地位，爲建設這個小島付出同樣的努力——一個民宿網站，可以由成年人來做，也可以由高中生來做，誰來做都一樣，因爲他們的目的也都是一樣的：吸引更多的外來者來到海士町。

幾個月後，我又一次見到了六車。暑假期間，她回到了大阪的家，說要帶妹妹來京都找我玩，結果連母親也一起帶來了。我們在一間中華料理店吃飯，聊起了島前高中的一些事情，都是我在島上不曾得知的，例如島留學生其實分爲兩種，一種是自己對小島充滿興趣、積極投身於地域活動，另一種是因爲與父母關係不佳、躲到小島上來。前者在海士町的存在感很強，因此我見到了他們；後者則每天躲在宿舍打遊戲，我自然與他們無緣相見。

「島前高中爲什麼願意接收躲在宿舍打遊戲的學生？」我認爲這不符合它的教育理念。

「那些腦子很好的學生，總有辦法在面試時說服面試官。」六車解釋說，這不難理解，她向我強調，「歸根結底島前高中還是一所公立學校，升學率也很重要。」

我對六車的媽媽、那位打扮優雅的大阪女人頗感興趣。她的一個女兒到了海士町，另一個女兒則去了北海道，我向她求證，這是否意味著日本人的價值觀發生了轉變，人們開始認可地域留學了？

「我們家是特例，」她否定了我，「大多數家長還是希望孩子進入城市裡升學率高的學校，考一個好大學，找一份好工作。但是我不這麼想，」她繼續說，「我覺得讓孩子們自己想清楚自己願意成爲什麼樣的人，並且努力去成爲她們想成爲的人，這件事遠比考上一間好大學更重要。事實上，那些考上了名牌大學的人，不是也存在著各種問題嗎？」

人格的樹立遠比考高分更重要，海士町的化學反應令這位媽媽更加確定了自己的觀點，她驚喜地發現，六車去海士町之後，變成了一個熱情活躍、積極溝通、能夠獨立實現夢想的人。她毫不保留地稱讚女兒：「你變得很強！」因此，她完全不介意兩個女兒不在身邊，甚至對小女兒因爲喜歡熊貓想去中國上大學這件事全盤接受，實際上她就是爲了這件事才來見我的，她向我打聽了幾所中國大學的情況，有一件事急需向我確認：「那裡治安好嗎？」

不過，我看得出，就算不那麼在乎分數，她其實還是對六車的大學去向抱有期望。我問過六車希望報考的大學，她說出幾個正在考慮的，都是在京都或東京有些名氣的學校。她的媽媽這麼教育她：「無論你成爲一個多麼有能力的人，在日本這個社會，不好好地從大學畢業，找工作就會很難。」這位媽媽的期望因爲社會環境而妥協，「至少考上一間大家都聽說過名字的大學吧。」

由海士町創造的「島留學」，如今擴散到日本全國各地，漸漸不再侷限於小島，擴大成為「地域留學」。有數據顯示，引入「地域留學」的日本高中將在二〇二三年超過一百所。而岩本悠本人，也因為提出了這一理念獲得了個人的成功。二〇一五年，他被邀請到島根縣教育廳工作，將「高中魅力化」的做法在整個縣域實施。而在二〇一七年，他又設立了名為「地域教育魅力化平台」的基金法人，目前正在為國家文部科學省出謀劃策。美穗在島前高中做英語老師時，曾和岩本悠有過深入交流，她對我說：「悠的野心是改變日本的教育，他從未掩飾過這一點。」在我看過的一篇採訪裡，岩本悠說他的偶像是吉田松陰，一位培育了明治維新眾多重要人物的偉大日本教育家，於是我多少理解了一些他的野心。而美穗說：「他的野心不是為了自己，是為了這個國家。從以前開始他就一直這樣說，去得愈高，能做的事情就愈多，愈能實現自己想做的事情，從而改變整個海士町甚至日本。」很早之前，美穗因為無法接受島前高中的教育中存在的諸多問題而退出了教育一線，但她仍然對岩本悠充滿了讚賞。在海士町，還有許多人像美穗這樣，為當代日本能出現岩本悠這樣具有教育改革意識的年輕人而感到高興，他們願意支持他將要走的路，也願意在他走後的小島繼續實踐各自對於教育的想法。

島前高中繼續在摸索和實踐「全球性本土人才」這一教育理念。二〇二二年，它開設了一個史無前例的「地域共創科」，高中二年級的學生可以選擇繼續就讀傳統高中教育的「普通科」，也可以選擇這個深入島上各行各業進行研究、找出並解決問題的新型學科——後者配合日本政府近來推行的高中改革政策而生，被認為將為日本培養出解決各種當下社會問題的新型態人才。

「這很有意思，」美穗說，我能感覺到她的語氣中帶有期待，「等到陽太他們長大了，海士町會變成什麼樣呢？」雖然有些難以置信，但這是我第一次從日本人口中聽到他們對日本教育充滿希望。那些在海士町也未能改變的東西，岩本悠今後能在國家層面實現嗎？這個想法令我對這個熟悉的陌生人也有了些微妙的期待。會不會有朝一日回頭來看，才發現「離島教育將改變日本教育的未來」這句話，原來一點兒也不誇張？

5

「四個孩子真夠嗆！」住在宮崎家的日子裡，我經常會情不自禁發出這句感嘆。繼而，每當我思考要截取哪一個片段描述這個六口之家手忙腳亂的狀況時，就會發現每一幕都是那麼具有代表性，它們連貫地構成一個密不透風的日常。最後我只能說，每天都有一些時刻，我希望我手裡有一個靜音鍵，或者一件隨時掉落的隱身披風。

對於我的感想，無論雅也還是美穗，回答總是一致的，他們說，「頂峰時期」已經過去了。從七年前陽太出生到如今的四個孩子，一直都只由夫婦兩人撫養，沒有向雙方父母尋求過幫助。宮崎夫婦心中的頂峰時期，是雙胞胎剛出生的時候，環保循環型的生活中沒有「一次性尿布」這個選項，雅也說，這導致了他們要洗四十片尿布，每天如此。而美穗經歷的顯然比丈夫更加混亂，她試圖回憶那些日子，然後放棄了，她對我說：「那是完全沒有記憶的兩年。」

按照我對美穗的觀察，即便是在她認爲「已經緩過來了」的現在，她也無時無刻不在忙碌之中，完全沒有自己的時間。一個典型案例是在壘球大會那天：夫婦二人在早上六點起床，爲孩子們準備早餐和便當，而後由雅也給孩子們換衣服、收拾行李、再用小廂型車載去體育場，美穗則提前換上運動服，獨自一人在烈日下騎車去四公里之外的場地比賽；打完兩場球，她又獨自騎自行車回來，快速沖了澡，立刻投入廚房去準備晚餐。這一天，我在早晨的起居室、正午的體育場、傍晚的廚房數次與她在一起，一刻也沒有看見她的臉上流露出疲憊，美穗的體力令我驚嘆，我認爲她是一個鋼鐵戰士。

「生四個孩子，是有計畫的嗎？還是順其自然？」週末之外的早上，美穗送孩子們回來到午飯之間的一小段時間，我才能單獨跟她聊一會兒天。這種時候她可以短暫地從繁忙中脫身出來，暫時忘記水池裡那一堆鍋碗瓢盆和洗衣機裡塞滿的髒衣服，她可以坐在榻榻米上，對我談起一些她自己的事情。

「從很久以前開始，我就憧憬一種有很多孩子的家庭生活，比起在事業上取得怎樣的成就，更想和孩子們一起成長。只是年輕時一直沒有遇到合適的對象。從結果來說，雖然很晚才結婚，我還是過上了這樣的生活。」她語氣堅定地告訴我，這就是她要的生活。我想，這就解釋得通了，爲什麼我從未見過她抱怨過哪怕一次，也從未見過她發脾氣甚至只是不高興。一個人如果認定眼前的生活即是理想，那麼無論它在外人看來多麼兵荒馬亂，她也能夠總是面帶笑容注視著它。

十四年前，美穗第一次來到海士町。那是世界有機農場機會組織（WWOOF）的一個活動，她作爲團隊裡的一名志工，在島上待了兩週，就住在民宿但馬屋——和在那裡工作進入第四年的雅也有了初次照面。於是，雅也聽說了美穗豐富多彩的人生故事：她出生在名古屋的一個教師家庭，自己念的也是師範專業，但在大學畢業後沒有著急找工作，而是用打工賺來的錢去全世界旅遊。我猜她的英語口語就是那時候練得很好的。直到過了二十五歲，她才開始找工作，不願被工作剝奪自由，只是在大阪的一間高中做臨時聘用的英語老師——這份工作每年有幾個月寒暑假，能持續滿足她看世界的需求，那之後她又獨自去了許多地方，先後去了七八次東南亞，在中東和中南美洲一待就是三四十天……雅也從美穗口中聽到這些故事時，沒有想過這個女人在幾年後會成爲自己的妻子，等到他們從非洲的新婚旅行回來，世界就會回歸起居室，宇宙將圍繞四個孩子轉動。這些都是後話了。雅也只是覺得美穗的經歷很有意思，主動提出要介紹在島前高中擔任「魅力化特命官」的岩本悠給她認識，考慮到後者也是有過豐富世界旅行經驗的人，他認爲這兩個人一定很有共同話題。就這樣，美穗第一次到海士町，就和岩本悠見面了，岩本悠在那場談話的最後向她發出邀請：「我們正在爲島上的高中尋找英語老師，你要不要來？」這個邀請，就像當年岩本悠接到海士町武士發來的直球一樣突然，他顯然已經沾染上這個小島的行事作風，但三十歲的美穗不是當年滿腔熱血的他。她拒絕了，覺得這件事絕無可能，離開的時候也沒有回望島影。她默默在心裡下了論斷：有生之年不會再來這個地方。

如果用離島移住者的經驗來解釋命運，那麼大致可以概括爲兩種情況：有時候人選擇命運，有時候命運選擇人。美穗屬於後者。與她一起作爲志工來到海士町的戀人，是一個在菲律賓學英語時邂逅的比她小十歲的日本男生，用她回顧人生時的描述來說，他們之間經歷了一段刻骨銘心的「大戀愛」，爲了開始這段戀愛，她甚至撕毀了一段既定婚約。轟轟烈烈的大戀愛，在從海士町回到大阪之後戛然而止。這一次失戀，令美穗感到遍體鱗傷，她決定放下自己一直在追求的婚姻、家庭和孩子，從此之後只靠工作生活下去。就在那時，她想起了岩本悠的邀請，彷彿看到一條出路。

一個決定放棄人生規劃的三十歲女人，捨棄對愛情、婚姻與家庭的渴望來到小島，卻在島上成了四個孩子的媽媽。這一切又是怎麼發生的呢？不僅是聽故事的我，就連當事人自己也覺得命運頗爲不可思議。

「一天都沒交往過，突然就被求婚了，」她笑著提起和雅也的開始，「至今也不知道爲什麼！」

美穗進入島前高中當老師，正是岩本悠倡導的「高中魅力化」在日本成爲一個新概念的時候，媒體報導一邊倒，皆是溢美之詞。而作爲親歷者，美穗卻在工作了一段時間之後，得出了截然相反的結論。她理想中的島生活，應該是人們自己種植稻米和蔬菜、出海釣魚，孩子們赤身裸體在自然中遊玩，離食物很近，離生命很近，因此能造就一個優秀的教育場所。但理想與現實永遠不在同一軌道。美穗在島上感受到的，是從幼兒園到高中，人們完全不重視自然教育，各個環節都是公立教育機構，採取和城市完全一樣的教育方式。美穗對此十分反感，日本傳統而死板的應試教育，她稱之爲「扼殺孩子性格的教育方式」，其核心理念是在學校裡只需要聽老師的話，按照老師的指令做事，這樣就是好學生。美穗陷入了深深的困擾，她聽信宣傳來到小島，卻發現無論是工作還是生活，都與她想像中相距甚遠。此時，海士町又漸漸出現「名人效應」，東京的人們受到岩本悠的號召，從大型企業辭職來到島上，開始實踐各種事業。然而，在她看來，那又盡是些都市思維，完全不符合離島水土。

「總覺得哪裡很奇怪。」美穗說，在學校裡，她意識到人們由於太過信任岩本悠，把他視爲神一樣的存在，誰也不會開口說感到奇怪。十年前的海士町，一切才剛剛開始，處處瀰漫著一種「即便覺得奇怪也不會說出來」的氛圍。

在無法紓解的困惑之中，美穗急需一個人傾訴，她想到了「移住樣本」宮崎雅也，「這個人很瞭解島上的事情，應該能解答我的疑惑吧？」於是，到海士町工作之後，美穗第一次聯絡了雅也，也就是在這次談話中，雅也問她：「要不要考慮和我結婚？」

就像當初拒絕來海士町工作一樣，美穗當然拒絕了這個突如其來的求婚。也就像她最終還是來到島前高中做老師一樣，八個月後，她改名爲宮崎美穗。答應結婚不久前，她由於對島上的教育方式深感失望，已經簽訂了一份新的工作合約，計劃回到大阪。於是，宮崎夫婦剛結婚就兩地分居了，美穗履行約定在大阪當了一年高中老師，才重新回到小島。就算回到了小島，她也不打算再去高中工作了。

小島從來不是什麼世外桃源，它充滿了問題，從美穗的角度來看，問題一個接著一個。她回到島上，很快懷上了陽太，荷爾蒙開始失調，這時家附近的空地突然開始施工，也沒有按照流程事先在居民之間召開說明會。每天噪音難耐，她覺得厭倦至極，再次作出決定：「太討厭了！我要離開島！」這一次，雅也決定跟隨她，兩人開始制定搬家計畫，去全國各地考察那些已成規模的移住代表地，去了岐阜縣，又去了德島縣的神山町⋯⋯看了一圈，才終於發現，儘管存在著各種未解決的問題，但，還是海士町最好！

在生孩子這件事上，我覺得美穗太勇敢了。她生陽太時三十八歲，已經是高齡產婦，卻連續生了四個孩子，一直到四十三歲。年齡帶來的風險自不必說，況且在這個島上，生孩子並不是一件那麼便利、那麼有安全保障的事情。海士町雖然有學校，卻沒有醫院，僅有一間小型診療所。孕婦做定期產檢，要搭船去鄰島的島前醫院——每個月兩次，會有來自島後的婦產科醫生在那裡坐診。就算是這間醫院也沒有接生條件，臨產前，孕婦必須前往島外的醫院。

生了四個孩子，美穗每次經歷的情況都不太一樣。最初生陽太的時候，她去了島根縣松江市的醫院，這也是距離海士町最近也是最優的方案，地方政府會按照國家規定報銷部分費用，包括四十二萬日圓的生育補貼、五萬日圓的交通補貼和每天兩千日圓的住宿補貼。幾年後生雙胞胎時，醫生告訴她存在一定風險，美穗便在預產期回到了父母家，名古屋的大醫院更有保障。這也是島上常有的情況，比起獨自在醫院生孩子，住在父母家，有人照看，也更方便。到了生小女兒，考慮到美穗的年齡，醫生建議她早點兒去島外待產，她便又回到了父母家，但因爲身體狀況還不錯，最終沒有去醫院，而是請了一位專業助產員到家裡接生。我知道日本政府正在大力倡導人們多生孩子，試圖挽救一個少子化的社會，便問起了離島的政策。美穗說，生孩子可以得到獎勵，生得愈多獎勵愈多，獎勵標準在全國都大同小異：第一個孩子十萬日圓，第二個孩子三十萬日圓，第四個孩子以後，可以一次性得到一百萬日圓。

無論經濟情況如何，無論生再多的孩子，至少在教育這件事上，即便是貧窮的家庭也不必擔心太多。按照全國統一的標準，學校是否收取學費、學費收取多少，完全取決於父母的收入情況。宮崎家的年收入沒有達到最低收費標準，四個孩子讀書完全是免費的。但美穗偶爾還是有些擔心，免費教育最多持續到高中，等到要上大學的時候，因爲要離開島，也許會花上一大筆錢。她對我說，宮崎家差不多也要開始考慮一些增加經濟收入的方式了。

移住者們來到島上多數會生孩子，基本生兩個，平均生三個，這是海士町比日本其他地方高出來的數字。最近的新生兒眞的很多，美穗也發現了這一點，不久前保育園的人數破天荒地超過了八十人，甚至出現了孩子進不了保育園的情況。這是「海士町奇蹟」的一個重要體現。

爲了吸引更多育兒家庭的到來，海士町政府爲島上育兒的媽媽們打造了新的容身之地。保育園旁邊有一個「育兒支援中心」，每月舉辦一次諮詢會，給在育兒過程中有煩惱的媽媽們提供建議和幫助；我們舉行 BBQ 大會的阿瑪瑪萊，重心之一就是作爲育兒的媽媽們交流的場所，她們聚在那裡傾訴和分享；而在中央圖書館裡，也開闢出了一個讓親子長時間共處的休閒角落。

如同我在BBQ大會上遇到的森田夫婦一樣，確實開始有一些人爲了孩子的成長而選擇這個小島，他們認爲海士町有良好的教育環境，氛圍安全而友好，並且親近自然。美穗還向我提起一個在大阪做物理治療師的女人，她因爲強烈地希望孩子在這樣的環境接受教育，把丈夫留在大阪，獨自帶著兩個孩子來島上上學，待了兩年才回去。在日本也存在許多這類「爲了孩子的教育」而四處流離的家庭，聽聞這個女人回到大阪以後，爲了讓孩子進入某所以教育見長的小學，又在學校附近租了房子，一直過著陪讀生活。

在海士町的教育設施中，近來人們頻頻提起的是「山的教室」——一個接納三歲到小學入學前幼兒的設施，可以視爲一種私立幼兒園。我第一次見到這個地方，是坐在福田的車上，它就位於金光寺山山腹，我們經過時，福田特意指給我看，稱它爲「森林幼兒園」，說也由自己所在的那間自然村經營。他向我描述它的特別之處：「傳統的幼兒園，孩子們成天在室內學習和玩耍，但在這裡，孩子們在外面玩耍著度過一天。」福田還說，這個「培養不一樣孩子的教育機構」僅能收納十四人，已經滿員，全是移住者的孩子，如今年齡最大的六歲，最小的三歲。甚至有人專門爲了這間幼兒園移住到島上來，因爲在城市裡，孩子絕沒有機會在自然裡成長。

宮崎家的雙胞胎姐妹也被送到了山的教室。美穗選擇它的原因和福田說的差不多，她也認爲這裡和日本傳統幼兒園培養孩子的方式截然不同，無論晴雨風雪，孩子們總是身處自然中，一邊認識和思考自然，一邊成長。「下雨天也會穿上雨衣戴上帽子到外面去，」美穗說，「因爲在雨天活動的生物和自然裡的聲音，與晴天是完全不一樣的。」每個五月的末尾，孩子們還會被帶去宮崎家尚未開始插秧的水田裡，盡情玩耍，滾得全身泥。

事實上，無論「山的教室」還是「森林幼兒園」，這兩個名字都沒錯。稱呼上的差異代表著它誕生時的兩種想法以及實現這兩種想法的兩種力量：非營利組織隱岐自然村和島上育兒的媽媽們。這件事最早要追溯到二〇〇八年，自然村開始舉辦面向小學生的自然體驗活動，並逐漸將活動對象擴展到幼兒。二〇一二年，出於「想讓孩子在大自然中玩耍」的想法，島上育兒的媽媽們成立了「親子散步會」，不久後，自然村的工作人員開始支援這個親子自然散步活動，並在此基礎上，於二〇一四年正式開始運營山的教室，每週舉辦一次活動。育兒的媽媽們認爲每週一次太少，希望能增加活動，又成立了「森林幼兒園創辦會」，並在二〇一六年成爲海士町教育委員會的委託項目。

來自社區和育兒媽媽們的需求愈來愈大，山的教室從每週一天演變成每週兩天，然後是每週三天，到了二〇一八年，終於成爲每週一至週五開園的幼兒園。我去看了它的官網，發現收費並不算特別高，包括每月三萬七千日圓的保育費、每年六千日圓的飲食費，以及一千日圓的會員費。

官網上還寫著這所學校的口號：「山的教室，盡情玩耍的島嶼」。並作出了如下闡釋：

什麼是「盡情玩耍的島嶼」？

對於幼兒來說，「玩耍」就是「學習」，是他們成長過程中極其重要的基礎體驗。

然而，即使在現代社會的離島上，孩子們自由地在田野上玩耍的機會也在減少。

此外，自然環境中的遊戲，即通過五感促進身心發展的機會也在逐漸減少。

我們希望在這個集山、海、村莊、稻田等各種自然環境的島上，為孩子們創造一個能夠在整個島上奔跑、盡情玩耍的環境。

我們希望盡可能減少大人的干預和引導，讓孩子們能夠盡情地「玩耍」，直到他們滿意為止，我們相信這樣可以培養他們對島嶼的愛和生活所需的基礎技能。

在宮崎家的日常生活中，我充分見識到山的教室的教育成果。一天，雙胞胎姐妹每人捧著一盒胡頹子的野果回來了，說是老師帶著去山上摘的，晚上幾個孩子又一起把它們做成了果醬。又一天，雙胞胎各自手裡拿著一袋糖果，說是這天去了附近一個爺爺家幫忙採摘枇杷，不僅把枇杷作爲伴手禮帶回來，這位爺爺還給每個孩子準備了小零食。這是一間幼兒園可貴的地域聯結功能。它把每個週五定爲戶外活動日，老師會帶孩子們到島上各個地區的村落遠足，和當地的老人們聊天，老人們偶爾也教孩子們玩從前流行的遊戲。福田對我提及這件事時贊同不已：「島上許多村落已經沒有小孩了，老人們藉由這樣的機會和孩子們接觸，他們感到很開心，這對恢復地區的活力至關重要。」

陽太進入小學前，也一直待在山的教室。他入學的那一年，這個教室剛開始推行每週五天制，美穗爲此覺得運氣很好。她又說，教室正在討論從明年起將接收年齡下限調整到不滿周歲，如果能通過，她就可以提前將小女兒也送進去了。

宮崎家的孩子會熟練使用菜刀，我想，與這個教室應該也有著密切關係，它的午餐由每週兩次學校校餐、兩次家庭便當和每月兩次自己做飯構成。美穗向我展示了一張照片，是孩子們自己動手做飯的場景，年齡大的孩子帶著年齡小的孩子，有人在生火，有人在切菜，有人在煮飯，有人在炒菜……在這個教室裡，沒人會對小孩使用菜刀大驚小怪。不過，美穗告訴我，陽太從兩歲開始就會用菜刀了。我後來在宮崎家的書架上看到一本書，書名令人震驚：《廚房育兒：一歲開始使用菜刀》，再翻到版權頁一看，出版於一九九〇年，作者是當時在 NHK 教育節目裡登場的一位烹飪專家。據說這種小衆的「食育」方式，如今正在日本重新受到關注。

「你想不想去山的教室看看？」在我和美穗圍繞著這間幼兒園的教育方式討論了幾天後，她突然向我提議，並且在我表示樂意至極之後，立刻徵詢了教室老師的意見。我得到了許可，可以去旁觀一個晨會。

按照美穗的說法，山的教室的一天從晨會開始。孩子們圍坐在一起，老師先給他們讀繪本，讓他們從不捨離開父母的心境中安定下來，然後再讓他們輪流發表意見，關於這一天想做什麼，最後會一起商量出一個統一的答案，並用接下來的一天去實踐它。也就是說，這是一個老師不事先準備日程表的教室。

這是山的教室獨特的行事方法，也是美穗頗爲認可的理念，她認爲這是一種顛覆當下日本教育的進步方式——在普通的幼兒園，通常由老師來決定這一天應該做什麼，孩子們甚少有機會發表意見。而在山的教室，是由孩子們決定自己想要做什麼，他們也沒有任何被禁止的事情，老師從來不說：「這樣不行！」其實福田也對我提過這一做法，當時我不太相信，煞風景地問：

「如果眞的是不能幹的事情呢？比如……想拿刀捅人？」「那當然是不行的，」福田笑道，「但是不能簡單粗暴地說不行，要向他們解釋淸楚爲什麼不行。」我還是半信半疑。我有限的人生經驗告訴我，沒人能跟人類幼崽講道理。

我很想見識一下山的教室的老師們究竟有何本領，能用成人的方式與孩子們溝通，次日早上便和美穗一起送雙胞胎去幼兒園了。我受到了老師們的熱烈歡迎，他們對我提出了唯一的要求：請靜默地注視著孩子們。

從早上九點開始，山的教室的晨會持續了一個多小時。在教室外的一片空地上，孩子們各自搬來凳子，圍成一圈坐下，在老師唸繪本之前，她們唱了一首以魚類名字做關鍵詞的即興歌曲，每個人都會唱出一些各自偏好的（很多人唱了前一晚出現在自家餐桌上的）魚類名字，我心情複雜地發現，這個島上幼兒園的孩子們認識的魚遠比我知道的要多得多。唸完一冊繪本之後，我又意識到，這個教室也不是全然沒有計畫，比如這天，老師其實想帶孩子們去山上採摘一種名叫ドクダミ的野生植物（我定睛一看，驚喜地發現：這不是魚腥草嗎！），但這裡不會用一種命令的方式來執行計畫，那位看上去剛剛二十歲出頭的年輕女老師，手裡拿著一枚魚腥草的葉子，用徵詢意見的口吻說道：「今天想跟大家商量一件事。又到了蚊蟲繁衍的季節了，

大家在家裡被蚊子咬了，都會怎麼做呢？是用商店裡買的藥吧？ドクダミ的葉子很厲害，我們可以用它製作對付蚊子的藥。怎麼樣？今天大家要不要一起去採摘ドクダミ呢？」

如我所料，人類幼崽是不會輕易配合的。一些孩子拒絕了這個提議，表示自己還有其他想做的事情，想要繼續昨天的遊戲，想要去另一座山，或是乾脆就想躺在地板上滾來滾去……然後我也終於明白晨會需要開那麼久的原因，這位老師花了大量的時間去傾聽、商量、談判和說服，把各種天花亂墜的想法協調成一個集體行動。最後他們一起決定：早上上山採摘ドクダミ，作爲交換，下午再執行其他兩個方案。確實如美穗所說，在整個過程中，我一次也沒有聽見過命令或禁止。

我一直目送孩子們裝備齊全地向山裡走去，三個老師帶領十四個孩子，每個老師都背著巨大的登山包，裡面裝著應急物資和專業的醫藥包。這些老師也都是從島外來的移住者，看上去很年輕，其中甚至還有一個穿著鮮豔的大紅色T恤、染著一頭金髮的小青年，看上去和孩子們關係十分親密。我想，這大概是一份令人羡慕的工作，畢竟城市裡充滿了規矩，沒有哪個幼兒園會允許老師打扮成這副模樣。

離開山的教室之前，我們遭遇了一些麻煩，雙胞胎之中的一個，因爲美穗的離開而放聲大哭，據說每天如此。但到了下午放學回家時，她已經忘了早上離別的悲傷，興高采烈地向我彙報：「今天摘了一大堆ドクダミ！」因此，即便是我這樣對養育孩子沒有經驗的外行，也確實能感受到這種教育方式的特別，以及孩子們從中培養出的強大快樂能力和生活技巧。

宮崎家的育兒方式，是一種「讓孩子自由做自己想做的事情」的完全不嚴厲的教育方式，他們從不對孩子說「這樣不行」、「那樣不行」，我原本以爲這是夫婦二人的性格使然，到這天才知道和山的教室一脈相承，是刻意而爲之。反倒是我，由於慣性的思維還沒改變，經常不自覺地對孩子們脫口而出：「不可以！」然後立刻就後悔：「不好！我是不是妨礙這個家庭的教育了！」那之後的某一天晚上，我心血來潮想試一試山的教室那位老師的溝通方式，在雙胞胎的一位纏著我把她舉起來時，我開始嘗試商量、談判和說服：「如果你明天去山的教室不哭，晚上我可以和你玩兩次這個遊戲。」奇蹟發生了，人類幼崽竟然眞的可以講道理，也會遵守約定。那天下午回家時，雙胞胎的另一位立刻向我彙報：「她今天沒哭！」

「教育孩子們學會忍耐，當然也是一件很重要的事情。」美穗對我說。但是，基於自己過去受到的教育，她認爲讓孩子們學會自由更加重要。她的整個中學時代都在壘球部的社團活動中度過，每天早上上課前要先進行訓練，下午放了學也繼續訓練，週六週日完全沒有休息，一直處在高壓的訓練中。這也是一種日本典型的「以運動爲中心」的教育方式，一個體育部的部員，是被默許在課堂上睡覺的。美穗覺得，壘球部的生活令她得到了很多，但同時也扼殺了她自由自在的想像力，忍耐和努力固然是好事，但人生變成這樣眞的好嗎？所以她更加認同山的教室的教育理念，讓孩子們從小就獨自思考和行動，不把他們訓練成整齊劃一的群體。

「不能說哪種教育方式更好，只是想讓他們經歷我過去沒有機會經歷的一種生長環境，」美穗甚至有點兒羨慕自己的孩子，「我覺得能夠像那樣自己去考慮各種各樣的事情眞的很好。」不過，她又想了想，注視著剛剛進入人生第一個叛逆期、頑皮得有點兒過頭的陽太，感到微微頭疼：「因爲自由過了頭而無法忍耐的一天沒準什麼時候就到來了呢！」正如這個小島正在摸索出一種過去從未有過的教育方式一樣，宮崎家在努力避免孩子成爲他們那樣死板而傳統的應試教育產物的同時，也依然還在繼續尋找和平衡著爲人父母的正確方法。

「你想不想去小學看看？」從山的教室回來後，美穗又問我。

次日是陽太所在小學的開放參觀日，每個班級的家長被要求前去旁聽一堂課，然後與老師進行面談。美穗認為，如果我親眼目睹傳統小學的教育方式，會更明白山的教室的特別之處。我答應了，內心覺得無論內部還存在多少問題，海士町確實是一個開放和包容的地方，因為就連公立小學也同意了我這個無關緊要的外來者的旁聽要求。

我在海士町的時候，整個島上的小學生加起來超過一百人，他們根據居住地域分布在兩個學校：海士小學和福井小學。人數大抵相當，前者有五十三人，後者為五十六人。對於一個離島來說，這就已經很熱鬧了。儘管每個年級仍只有一個班，而陽太所在的二年級，僅有十一個學生，其中八個是移住者的孩子。

我剛一走進海士小學，陽太，在學校也保持著與在家一致的亢奮狀態，便從教室探出頭來，高聲喊道：「中國人來了！」兩旁攢動著一堆人頭。我才知道，陽太家裡最近來了一個中國人，這件事已經在海士町的小學生之間傳開了。他們中的大多數人，因為是第一次見到中國人，充滿了好奇，企圖從我身上打量出一些與眾不同的地方來，一位女孩大方地走到我面前，提出了她的問題：「聽說你是作家？你是用筆寫書嗎？」

不過，等到上課鈴聲響起，小學生就沒有時間再圍觀中國人了，他們迅速從我身邊散去，回到自己的座位上，腰桿挺得直直的。這是一堂下午兩點的語文課，老師手裡拿著一冊全國統一的課本，不斷就其中心思想提出問題，並不時從中抽出一些生詞來。這個時候，小學生們總是高高抬起手來，整齊劃一地在空氣中書寫這個漢字，並按照筆畫大聲地喊出「橫」、「豎」、「撇」、「捺」的口號來。剛才擠在窗前的自由自在變成了一種假象，他們彷彿是經過訓練的軍隊。我在一堂四十五分鐘的課堂上目睹了無數次起立、鞠躬，整齊劃一地把椅子拉出來又推進課桌之後，充分理解了美穗對傳統教育的那種反感從何而來。這間教室像精密系統一樣按部就班，我意識到它的目的，它立志要把所有的人都打磨成同一個形狀。

與小學生們整齊劃一的模式相比，我覺得坐在最後一排的家長也很有趣。我原本抱定了「做一個不引人注目的中國人」的打算，偷偷坐到了最後一排，按照我在中國的生活經驗，這是一個絕對安全的位置。不料，後來進來的家長們，全都擠在了兩旁的角落，最後我擁有了一個空曠的中心位。我再一次感受到了日本人的性格——論把自己藏在人群中這點兒心思，我還差得遠呢！

在海士町這樣的小島，即便只在十一個小學生家長構成的人群裡，我也可以遇見一個熟人。我看見了山口先生。幾天前我剛認識他，他是「成人的島留學」計畫的負責人，有一個孩子也在這個班上讀書。他告訴我，在這堂課上擔任助教的是一位成人的島留學生，同樣情況的還有其他幾個人。在一個僅有十一個學生的教室裡竟然同時存在一個老師和一個助教，這樣的場面在我看來實在有點兒多餘，整堂課我盯著那位助教，她不時被某個孩子叫過去，單獨講解著一些問題。但這是爲了公平教育，後來美穗告訴我，在日本人口頂峰時期，每個班級的小學生通常有四五十人，孩子之間的水準差異巨大，偶爾還有一些心理發展障礙的孩子，一個老師完全應付不過來，「助教」這一職位就是在那時出現的，他們負責塡補這種差異，輔助跟不上進度的學生。如今，雖然少子化造成班級人數急劇減少，但助教仍在許多小學保留著。

我發現了，在這間教室裡，不僅是孩子和孩子之間、家長和家長之間，所有的孩子和家長也都互相熟識。幾天前我經歷了山口和陽太的一場對話，山口說：「大叔種的馬鈴薯，下週會出現在營養午餐哦！」陽太則自豪地說：「雅也做的米糀，已經在營養午餐出現過了！」我吃過雅也做的米糀，一個下午陽太把它泡進牛奶，盛情招待了我。雅也的工廠裡有一台小型爆米花機，把自家種的有機米扔進去，就會變成健康的零食，放在港口的商店裡賣，也供應給山的教室和小學。海士町的小學生和城市裡的小學生讀著同樣的教材，要說他們的教育中有什麼不一樣，最大的不同應該就在於這一點——他們知道午餐吃的米和菜來自哪裡，有時候甚至可以對同學炫耀：「這是我爸爸種的，我也幫忙了！」

這是海士町的給食中心[17]主動尋找的結果。這個島上的中小學學生和老師加起來，每天大概需要供應兩百份午餐，它們全部由給食中心統一負責。給食中心的重要職責之一便是積極尋找島上的食材，從而促進地產地消，實現經濟的內部循環。一些島民自家種植了稻米和蔬菜，也會主動推銷給給食中心，不出意外都會被接受。島上還有一個培養和食料理人的「島食的寺子屋」，也經常向給食中心供應宰殺好的雞和魚——他們在日常練習中會產生大量的此類剩餘品。每天的午餐前，老師們會向學生們介紹食材，告知他們生產者的情況。每年還有兩次，學校會召開生產者和學生之間的食物交流會，大家一起其樂融融地吃著營養午餐。但凡生長在島上的，都有可能會出現在營養午餐，甚至有一次陽太所在的班級在自然課上種植了芝麻，收穫的芝麻也成了營養午餐的一部分。這是海士町小學獨特的食育法。

日本的小學放學很早。四十五分鐘的語文課結束後，還不到三點，小學生一天的學習生活就結束了。美穗要和老師談話，我便先拉著陽太的手回了家。島上的小學生沒有被培養出對陌生人過度的警惕心，個個都很大方，走在路上不斷有人對我說「你好」，有位高年級的女孩和

---

⑰ 編註：日本學校的營養午餐稱為「學校給食」，給食中心即是負責烹調餐點的中央廚房。

我們一同走了一段路，對我在日本的生活充滿了關心。我們一直聊到了她家門口，然後我驚奇地發現：這是我曾經駐足過好幾次的那個家！要說爲什麼，因爲它的庭院裡竟然裝著一個大型籃球架！感覺到我的激動，女孩立刻驕傲地補充：「我家有三個籃球架哦！」原來她有個小學六年級的哥哥熱衷於此項運動。我第一次看到私人庭院裡長出籃球架，覺得十分新鮮。後來，當我又見過其他長出各種東西的庭院之後，便明白了離島上因爲缺乏公共娛樂場所，人們都想辦法在家裡建造自己的專屬場所，女孩家的籃球架是這樣，宮崎家的鞦韆和架在枇杷樹上的梯子也是這樣。

但在宮崎家，最重要的娛樂手段也不是鞦韆和枇杷樹，而是廚房。這個家裡，從來沒有速食與快餐，對於宮崎夫婦來說，珍視食材、珍視一日三餐、珍視與孩子一起製作食物的過程，就是珍視自己、珍視家庭和珍視生活。生活在宮崎家三天後，我開始和他們一起做晚飯，每天貢獻一道中華料理。晚上的廚房成了中華料理和日本料理的交流會。雅也把中華鐵鍋和圓形鍋鏟用得很好，炒菜時會熟練地甩鍋，還會做正宗的薑絲蒸魚，這全是在深圳工作的時候，他每天跑去跟食堂的一個中國廚子偷師的結果。而每當我做飯的時候，孩子們總是從四面八方圍過來，我開始入「家」隨俗，放心地把打雞蛋這項重任交給他們。偶爾雞蛋殼掉進去也沒關係，他們會小心地把它挑出來。幾個孩子對廚房如此充滿熱情，我想這也是「被允許」的結果。一天晚上，我們包了餃子——在這個家，包餃子這件事，意味著要從擀餃子皮開始。幾個孩子被允許擀餃子皮，於是那堆皮變得大小不一，形狀各異，沒有一個是完整的圓形。幾個孩子也被允許包餃子，於是那些餃子變成了奇形異狀的藝術博覽會，一些是三角形，一些巨大無比，一些肉餡爆出來。但在這個家，享受食物是這麼一回事：比起規範，參與感更重要。我們在那晚享受了過分愉悅的煎餃時光，奇形異狀的煎餃，仍然是一鍋合格的、美味的煎餃，毫無疑問。這也成爲我在宮崎家接受的一堂食物教育課，它讓我意識到了，所謂規範，多數時候毫無必要。只要它最後是一鍋美味的餃子，就不用在意它長成什麼樣，以及是用什麼方式長成這樣。往後我再想起宮崎家的人，都會想起那鍋餃子來，我從中明白的道理，已經不僅僅是一鍋餃子了。

在宮崎家，我們漸漸在一些愛好上達成了共識，比如我們都很喜歡民藝的食器，比如我們都很喜歡同樣的歌曲，在廚房裡播放著中島美雪的歌曲做晚飯的夜晚，勝過地球上其他一切夜晚。儘管我難免還是會有尋找靜音鍵和隱身披風的時候，但它們不妨礙我對這個家的喜愛。在這個家裡，美穗是美麗和勤勞的詮釋，而雅也是踏實和真誠的詮釋，我覺得他們都是純粹的人，人生經歷豐富，但沒有受到污染，始終心地善良，充滿了同情心。我不確定這是否是自然生活帶來的一種品質，但我十分肯定，他們是從土地裡長出來的人，帶著泥土的氣息。

在宮崎家，我開始有一些喜歡上家庭感的片刻。例如外面下著小雨，竹子正在熊熊燃燒著洗澡水，突然炸裂出「啪」的一聲的時刻；例如雙胞胎中的一個正站在廚房台子上洗水杯，陽太輾轉在榻榻米上翻來覆去，雅也在解剖一條魚，美穗在讀繪本給小女兒聽的時刻；例如深夜孩子們都睡著了，我關燈後聽見兩人一邊收拾廚房，一邊竊竊私語發出細碎聲音的時刻；例如雅也每次出門前都會高喊「我出門了！」每次回家也都會高喊「我回來了！」而孩子們也每天這麼高喊著的時刻……每逢這些時刻，我都有一種感覺，這就是美穗從前就想過的那種生活。我也因為感受到她實現了願望而為她感覺到開心。不可避免地，這個世界上存在著許多壞的婚姻和家庭關係，但與此同時，也理所當然地存在著好的婚姻和家庭關係，我想，我不應該吝嗇於讚揚它。

當我開始習慣一天的生活在晚上八點結束，並習慣在和宮崎一家人道過晚安之後、獨自享受泡澡時光的時候，我發現，我也開始習慣了一整天不看手機的生活。

6

「明天就安靜了。」有一天，當我又想尋找靜音鍵的時候，美穗看穿了我的心思。她的意思是過了週末，孩子們就去學校了。

這一次，雅也難得地沒有附和，他提醒美穗：「明天家裡要來二十個人！」幾天前，他倆特意跟我提過這件事，成人的島留學生會來幫忙打理後山，這是他們融入小島生活的一個重要體驗項目。

結婚十年來，宮崎家一直租住在這棟房子裡，直到去年，房主才終於答應將房子賣給他們。這件事是海士町令我感到意外的一個側面，和日本其他人口過疏的農村截然相反，這個小島上幾乎沒有空屋。老一輩的島民多是遠洋航海的漁師，每次出海便達數月之久，長途漂泊換來了寬裕的經濟生活，因此如今島上隨處可見氣派豪華的民宅，即便其中有一些閒置的，人們也不會賣掉或者出租，而是爲離開小島的孩子們留著，即便後者一年到頭只在正月時回來住幾天。結婚之後，雅也開始在島上尋找一個家，向每一個認識的人求助，他在島上已經擁有許多人脈，卻也等了足足一年，才終於租到了一個家。

去年把房子買下來時，宮崎家同時得到了配套贈送的幾塊菜園，以及，一座後山。擁有一座山這件事，在日本農村司空尋常。山從來屬於私人所有，代代傳承，過去也許曾有過其經濟價值，在現代社會卻漸漸失去用武之地，多數人難以負擔打理它的人力和金錢，放任它成爲荒山，雜木林立。如果要賣房子，人們總是大方地將山作爲一種免費贈品。宮崎家剛成爲這棟房子的租客時，曾得到JICA研修生的專案協助，把山下雜亂的竹林砍伐過一次，那之後便再也沒有打理過。如今他們擁有了山，也同時擁有了「應該拿山怎麼辦？」的煩惱。

在海士町擔任「成人的島留學」計畫負責人的山口先生是雅也多年的好友，他的重要工作之一，是爲這個計畫的參與者尋找一些可供在島上體驗的活動。前些日子他聽說了雅也的困擾，於是策劃了此次活動：週一早上的半天時間，大家一起進山，清理山中雜木。

來到島上之前，我就對「成人的島留學」充滿興趣。這是一個二〇二〇年啓動的新計畫，且目前全日本只有海士町在嘗試，它顯然從成功的高中生島留學中得到了啓發，我認爲未來也很有可能在這個小島上掀起新一輪的高潮。簡單說來，這是一項針對社會人的工作「試移住」制度，募集那些願意來島上工作一年的年輕人，爲他們安排工作、支付薪水，並且提供合宿房屋，不需要付房租，水電費全免。

海士町政府投入了大量精力在這個計畫上，幾乎每個月都在網上舉辦說明會，面向全國招募參與者。面試同樣在線上進行，一旦錄取，立刻可以前往島上。至於這些參與者具體從事什麼工作，全看個人興趣：農業、漁業或者行政事務……小學助教也是其中一種。在島上，他們每週工作四天，還有一天進行體驗活動，週末節假日休息時，也可自行尋找喜歡做的事情。爲了招募到更多的人，這個項目的門檻被放得很低，並且針對那些認爲一年時間太長而心存疑慮的人們，還提供了另一個選項：可以先進行「島體驗」，工作內容幾乎一樣，待遇福利稍低一些，優勢是時間被壓縮到了三個月。

在小島上工作一年算是一份好工作嗎？年輕人出於什麼目的選擇了它？爲了尋求答案，我給這個計畫的官方電子信箱寫了幾封郵件，石沉大海。我聽說，這個春天，在海士町正生活著大約九十名成人的島留學生，正當我苦於無法接近這些來到小島短期工作的年輕人時，他們中的二十人來到了宮崎家。

週一早上九點，幾輛小型廂型車開進了宮崎家門口的空地。陽太從前一晚開始發燒，精神不振，一早便向學校請了假，但我猜他其實只是想和陌生人一起上山，因爲那些廂型車還沒停穩，他便奇蹟般地恢復了元氣，主動請纓去當嚮導。而在大家一同上山的途中，他縱身一躍跳上了後院的鞦韆，熱情地向城市裡的年輕人展示了宮崎家特別的娛樂設施。

宮崎家第一次著手打理荒山，毫無頭緒，雅也簡單說明了這座山的情況後，對衆人說道：「大家就隨便看看自己能幹點兒什麼吧。」人群中有一位男生，聽說從去年開始就在島上的林業組織工作，隨身攜帶一把小刀，能準確地預測一棵樹倒下的方向，三兩刀將其砍倒。只有這個專業的年輕人是個特例。更多人看起來從未參與過此種體力勞動，最後他們決定，把那些倒下的細竹掰斷拾起來，在空地上堆成一堆，這項工作不需要任何的技術，還能爲山騰出一些空間來。

我在人群中間轉悠了一圈，很快掌握了一些情況。這群人全是二十幾歲的年輕人，以大學剛畢業的最多，年紀最小的還在上大學，年紀最大的也才二十九歲。他們幾乎都是在這個四月才剛剛來到島上的，此後將要待上一年，唯一的「島體驗生」，是一個還在讀大三的漂亮女孩。

這個女孩主動跟我聊起她爲何跑到島上來。

「我是東京人，」她說，「從出生到現在一直待在東京，已經對東京感到厭倦了。」她似乎從很早之前就下定決心，要在大三的時候休學去東京以外的地方看看。無意中在Instagram上看到成人的島留學計畫，便決定了去向：「那就去離島吧！」這是她第一次在東京之外的地方生活，當然合宿生活也是第一次。對於她來說，海士町意味著一種探索生活方式的可能。

儘管才剛來兩個月，對島上的一切還一無所知，但女孩被分配到的工作是負責這個計畫官方社群帳號的更新。於是她每天跟在成人的島留學生身後，拍攝他們日常工作和生活的場景。這個擔負著宣傳窗口重任的帳號，總共也只有兩個人在打理，她負責圖片，另一人，同樣是初來乍到的成人的島留學生，則負責文字。這份工作也許洩露了「成人的島留學」另一個至關重要的特徵：總而言之，讓年輕人發揮自己的主觀能動性。女孩還高興地告訴我，這個週末她要去島後一間新開業的咖啡館打工，那是一個目的在於加強島前和島後的人們之間聯繫的計畫，由於兩地的島民從不互相往來，人們開始考慮是否能以成人的島留學生作爲切入點，讓島與島之間開始交流？

我又問起這個女孩在島上生活的感想。「生活很悠閒。」她說。

這是一種典型的、標籤式的初來者印象，是無憂無慮的外來者對小島的浪漫想像。眞正的離島生活，我已經從福田和宮崎家那裡看到了，是一種每天都忙碌不已的戰鬥狀態。我不確定這個女孩是否最終能體會到這個小島的眞實狀態，因爲她的計畫只是待三個月，她追求的是享受蔚藍大海的快樂生活。

與她相比，另一位來自大阪的女孩讓我看到了更現實的可能性。這位名叫悠生的女孩，春天剛從京都的立命館大學畢業，沒有像同齡人那樣參加困難重重的求職活動，就直接來到了島上。現在她在港口的一間餐廳工作，這間餐廳歸屬於運營島留學計畫的財團，開業以來一直只在午餐時段經營，她覺得很浪費，正在研究如何將其活化。她告訴我她的想法：港口的餐廳是出入這個小島的玄關，應該把它變成連接島上的人和外來者的場所。

悠生是我想像中那種應該出現在離島上的年輕人，她的想法很接地氣，她對日本偏僻的地方比對城市生活和海外旅遊更感興趣，認爲前者能讓她發現更多未知的事物。並且，比起旅遊，和當地人過同樣的生活、深入瞭解當地的生活方式和魅力，是更符合她行爲模式的事情。來到海士町之前，她最難忘的經歷是在東北地區的秋田縣和福島縣，她和當地的農家在一起，參與他們的農業生活。有一位朋友正在替當地人改建舊民宅，她加入其中，一起建造了原木屋。這次體驗令她有了新發現，原來一個地方，可以由生活在其中的人親自建設，哪怕是像她這樣毫無社會經驗的年輕人。

無論在工作層面還是生活層面，海士町都是一個讓悠生感覺多少實現了一些理想的目的地。從居住環境來說，小島滿足了她的兩個訴求：自然豐裕（她喜歡植物和蟲子），以及，工作和生活的一體化（可以步行到達大多數地方）。

「在島上，生活中的一切和工作是緊緊連在一起的。工作的目的，是爲了讓自己周圍的人能生活得更好；而一起工作的人，在私下生活中也都有密切往來。這種聯繫感在城市裡絕對不可能實現。」她出生在大阪近郊的一個小城，那裡因爲房價便宜、交通便利，成爲許多大阪市內上班族的住宅區，很多人每天從這裡通勤去市內。她觀察他們的生活，得出一個失望的結論，這些人根本不瞭解自己居住和生活的地方，他們回家只是爲了睡個覺而已。這個現象在離島上截然相反。到了島上她才明白，工作和生活，都能讓自己更好地瞭解這個島，而且她還在參與建設這個島。她說自己非常喜歡小島，才待了兩個月，已經預感到一年之後將會再延長一年。

在成人的島留學生們合住的宿舍裡，悠生遇到了幾位和自己追求一致的同伴。他們也都十分熱愛自然，並且對日本的地域振興充滿興趣。比起在大學，在島上聊得來的朋友竟然更多。我意識到日本能存在這樣對偏僻之地的生活感興趣的年輕人，也許是社會培育的結果——爲了解決人口過於集中在東京和大阪、地方人口日漸稀疏的問題，日本政府一直在號召年輕人到地方去，並在政策上給予各種支援和補助，力度日益加強。我想悠生和她的志同道合者，因此才得到瞭解和實踐地方生活的機會。但悠生告訴我，情況沒有我想的那麼樂觀，在今天的日本，選擇這種生活的年輕人畢竟還是少數，大多數的同齡人還是進入了大企業，把東京和大阪這樣的大都市作爲就職首選。在她的朋友圈裡，像她這樣大學畢業不找工作、跑到偏遠小島上來「留學」的人，僅此一個。朋友們都覺得她在做一件風險很大的事，過著一種不安定的生活。

在今天的日本年輕人眼裡，所謂的「風險」和「不安定」又是什麼呢？

悠生向我提起一個詞：「應屆畢業生品牌」。她花了一些時間解釋這個流行語背後的含義：應屆畢業生所具有的價值。很多大企業只招聘應屆畢業生和有企業工作經驗的人，如果不在剛畢業就進入這些企業工作，未來將很難再有機會進入，找工作的難度也會陡然飆升。這種社會現象在大學生的認知裡根深蒂固，因此，一畢業就找到工作，是理所當然的事情。

「像我這樣的人，在大多數人看來是脫離了軌道。」悠生搖搖頭，「日本人害怕脫軌，他們會說我做的事情很有趣，但不允許自己脫軌。」

按照「成人的島留學」標準，悠生每個月能領取十七萬日圓的薪資。這個數字跟她那些在城市裡的大企業就職的朋友相比，確實要低一些，但如果結合生活語境來看，她覺得自己的經濟狀況其實比他們好得多。因爲在島上幾乎不需要生活費——沒有房租也沒有交通費，一日三餐經常有鄰居送來各種蔬菜和魚肉——所以她能把薪資全部存起來，而那些剛開始在東京工作的朋友們，連一分錢也存不了。

換一個視角看，她的朋友同樣認爲自己的狀況更好，因爲悠生的工作屬於約聘制，一年後就結束了，未來去往哪裡也是未知，可以說前途未卜。悠生對此一點兒也不擔憂，她敏銳地捕捉到了日本政府愈來愈集中投入的地域振興政策，認爲在農村和離島的工作機會只是「現在還很少」而已，事實上，這兩年，她看到一些企業或是出於一種社會責任感，或是借助國家的優惠措施和補助資金，正在加入到地方建設中來，她樂觀地覺得自己未來也能在地方找到一份大企業的工作，而且是穩定的、長期的、具有吸引力的新型工作。

「未來也不會回到城市裡生活嗎？」我問她。年輕人的未來滿是岔路，我看到的最多情況，是他們會在農村或離島上生活三五年，最終還是回到城市。

「對我來說，比起城市，這樣的地方更好。但這只是我的個人喜好。」悠生說著，隨手又掰斷了眼前一根竹子，把它扔進遠處的竹堆中。「也有人不喜歡這樣的人際關係，走到哪裡都是熟人，反而讓他們覺得受拘束。」她思考了一會兒，接著說，「但我自己，過去二十幾年一直生活在相反的語境中，無論走到哪裡都是不認識的人，人與人之間的連接過於稀少和薄弱，因此我才一直憧憬此刻這樣的生活。」

人多力量大，就在我們聊天的時候，雜亂的山間漸漸被開闢出一片整潔的空間來了。雅也在眾人的最前方，已經砍掉了許多礙事的小樹。中午十二點的報時廣播準時在島上響起，隨著最後一棵樹被砍掉，除去了視線遮掩，在山崖的盡頭突然露出一個寫著「境界」的小小石碑，晴朗的大海從遠方浮現上來。看到大海的一瞬間帶來的感動，讓大家紛紛鼓起掌來，這也標誌著半天的山間勞動結束了。

陽太在半小時之前便飛奔下了山，待眾人重新回到宮崎家後院時，空地上已經堆起小山一樣的枇杷，全是陽太剛剛摘下來的，他要用它們來款待今天來拜訪的年輕人們。年輕人們像是第一天站在樹下的我，對枇杷的美味有點兒驚訝，然後有樣學樣地把吃剩的皮扔在泥土上。這時我才第一次聽美穗說起這兩棵枇杷樹的故事，大的一棵，在她剛搬來時就長在這裡了，去年沒怎麼結果，今年就結得特別好——這似乎是枇杷樹的一種隱形規律，用完了一整年的能量，就需要休養和儲蓄一年；小的那棵，剛開始還只是樹苗，年年攀升，今年頭一回結出了果子。後院裡還有兩棵柚子樹，也是宮崎家重要的朋友，冬天，他們將果實做成果醬和柚子胡椒調味料，還扔進浴缸泡柚子澡。

美穗說著枇杷樹和柚子樹的時候，陽太索性躺在了人群中間，看上去自由極了，沒有一點兒生病的跡象。雅也對年輕人們表示感謝，希望以此爲契機，今後也借助體驗者和外來者的力量，慢慢修整這座山。島上那些五六十歲的老爺爺曾經跟宮崎家談起過這座山，他們說自己還是小孩的時候，經常在夏天穿過山間，直接去海邊游泳。「能不能讓荒蕪的山恢復昔日風貌呢？」美穗想。他們對這座山未來的全貌尚未擁有具體想像，但隱隱有了一些方向，它也許可以變成一座人們隨時能夠進來的山，變成一座讓孩子們盡情玩耍的山，還能再種植一些栗子和蘑菇。

這天也是山口第一次帶成人的島留學生們進山，他認爲這樣的活動以後多多益善。他是海士町衆多移住者中的一個，多年前從大阪搬到了小島，自己也在進行一些農業活動，但打理山還是頭一回。

「爲什麼會有這樣的體驗活動？」我問山口。

他回答了我言簡意賅的兩個字：回流。並且向我強調，我見到的這些年輕人，無論是生活三個月的還是一年的，雖然現在都在島上工作，但他們的本質並非移住者。「回流」這一設定便基於此種前提。「目標是讓他們在將來某一天回來，成爲眞正的移住者，爲了讓他們回來，就要用這樣的體驗活動，爲他們製造回憶和契機。」兩個月來，這些剛上島的新人們，已經在西之島的民宿體驗過採摘艾草做茶、在知夫里島的農家體驗過給牛準備飼料，上週還在海士町進行了預種植蕃薯的土壤整備……這些在城市裡無法得到的工作和生活體驗，山口將其稱爲「原體驗」，稱爲「異文化」，他認爲人們會在遠離它的同時，對它產生懷念之情，並且時間愈久，這種情緒會愈發加深。

在招攬移住者這件事上，海士町表現得很有耐心，既然春天才剛剛播種，就要明白距離收穫的秋天還很遙遠。他們淸楚，人心和自然萬物一樣，需要符合生長規律，經歷漫長的孕育期。我聽說「成人的島留學」計劃每年招攬兩百個人來到島上，而目標僅僅是留下百分之三的人，也就是說，六個人。這聽起來不是一個太艱鉅的目標。這個比率等同於今天的離島在整個日本的存在感和吸引力。但離開的人並非永遠離開，海士町不會放棄那百分之九十七的人，他們也許會在將來的某一天回來，也許會用其他方式和這個小島永遠地發生關係，對未來的離島來說，這些人至關重要。海士町稱他們爲：「關係人口」。

這天中午，在成人的島留學生們離去後，我和宮崎夫婦照例坐在起居室吃過午飯，一邊喝咖啡一邊聊天。

「對成人的島留學生的印象怎麼樣？」雅也問我。

「比我想像中年輕，」我說，「而且，女性比男性多很多。」

起初我以爲這個計畫會受到那些三十多歲、想要改變人生方向的群體歡迎，如果他們決定拋棄城市生活、換一份工作，也許會考慮來到島上。現實卻是，由於有限的薪資和不穩定性，它很難打動深思熟慮的中年人。美穗同意了我的看法，她說，三十幾歲的人會採取更謹慎的做法，先對長期居住環境、穩定工作的可能性、孩子的教育環境考察一番後，最終才選擇移住。他們通常不會採用島留學這一選項。事實上，我後來才知道，這個計畫的招募條件，在年齡一欄明確寫著：二十歲至二十九歲之間。

對那些還沒有社會經驗、剛畢業甚至是還沒畢業的大學生來說，生活負擔還沒有那麼重，雖然成爲島留學生要經過面試，但其實並不嚴格，不像正式的企業就職面試那樣競爭激烈，所以他們輕鬆地來到了這裡。山口還告訴我，東京的一些名牌大學，例如早稻田大學、立教大學和上智大學，因爲前兩年已經有一些學生參與過這個計畫，成人的島留學情報在學校裡口耳相傳，導致現在這些學校的學生們大量報名。疫情期間，也許是由於學校長期停課，也許是爲了逃離東京的緊急事態，島留學生的面孔比我看到的還要更年輕一些。

我還從美穗那裡聽到了一些背後的故事，無論是二十多年前決定積極接受移住者，還是剛開始執行成人的島留學計畫時，島民之間都不乏一些反對意見。質疑的聲音包括：突然湧進一大堆來歷不明的陌生人，自己的生活會受到打擾；也許會有一些認眞考慮移住的人，但不可避免肯定也有單純來玩的人，爲什麼付那麼高的薪資請他們來玩？明明當地還有因爲找不到工作在發愁的人。同時，外來者還搶占了一些資源。成人的島留學生占滿了長期住宿設施，導致如今島上住宿嚴重不足，有一家私人小商店想要從外面招人手，就因爲找不到宿舍而難以實現——成人的島留學生也不能在這樣的私人經營的小商店工作，他們通常被安排到那些公共機構工作。

這天中午，閒聊到了最後，我們的話題從外來者轉移到家族成員。陽太下午也沒有去學校，但他神采奕奕，恢復了活力。美穗嘲笑他，說他根本就是裝病。被戳穿心理活動的小男孩，看起來就要惱羞成怒。

但美穗沒有繼續教育陽太，我以爲她至少會強調學習的重要性或者撒謊的不可取，但這一切沒有發生，她沒有對他說小學生就應該待在學校，沒有對他說撒謊的孩子鼻子會變長，事實上，哪怕我自以爲已經足夠瞭解宮崎家的教育方法，美穗接下來的話還是讓我感到意外。

「陽太，以後如果想去山裡，就直接說想去山裡，如果是用裝病這種方法，媽媽會擔心的，」她說，「直接說想去山裡，也會讓你去的。」

聽到這句話的陽太，迅速恢復了好心情，並且坦承了心聲：「因爲，山裡很有趣啊！」

美穗問：「比學校還有趣嗎？」陽太迅速點了點頭。

「但是在家裡沒有學校裡的朋友。」

「但是認識了一大堆學校裡沒有的朋友！」

聽到這個答案的美穗，笑了起來，她未必完全認同陽太這個答案，但她對他說：「這種事情，就自己判斷吧，如果是在好好思考之後得出的結論，那也不錯。」

我在這時再一次感受到了宮崎家教育方式的特別之處。自由和放養的教育方式未必帶來的都是好處，但是陽太比同齡人更強的生存、交際和思維能力，確實也是它的結果。在這個小島上，並非所有的孩子都是陽太，在許許多多家庭裡，也有和城市裡一樣每天沉迷於遊戲的小學生，也有從來不去海邊和山上的小學生。陽太是一個少數派。他在一個沒有電視、沒有遊戲機的世界成長著，大海、後山、鞦韆、枇杷樹和生火成爲他的樂趣，他是一個正在自然中生長的孩子。陽太成爲這個島上的特例，完全因爲宮崎家也是少數派，在這個島上，不乏因爲覺得缺乏競爭力而對教育憂心忡忡、到了中學就把孩子送去島外上學的人，這是日本一種主流的教育觀念：孩子應該在競爭激烈的環境裡生存，要不斷感受失敗帶來的不甘，才能變成更強的人。對於這種弱肉強食的觀念，美穗不置可否。

7

六月的第二週，宮崎家的水田開始插秧。雅也進入但馬屋之後便開始學習種植水稻，如今自己擁有五片田，至少在稻米上已經實現了全家的自給自足。剩餘下來的，一些賣給了山的教室，一些加工成爲味醂之類的調味品。和島上主流的種植方式不同，宮崎家種的全是有機米。

宮崎家的水田比這個島上大多數水田的插秧時間更晚。六月的第一週，我在島上晨跑，處處已是泛著水光的青綠，偶爾路過一兩片空著的，毫無疑問就是宮崎家的水田。雅也的插秧方式自成一派，他長期思考和摸索有機水稻的生長特性，因此形成了固定模式，不像其他人那樣大把地密集地插秧，而是一株一株地、稀疏地種植，這樣做的結果是雖然產量沒有那麼大，但稻穗不會密集地擠在一起，每一株都得以舒展伸開，稻穗伸得很長，利於通風，即便不使用農藥，也不會生蟲。

開始插秧的第一天，我去給雅也做幫手。前些年他買了一台小型手動插秧機，推著在水田裡走一條直線，便能種下整列水稻——這個還停留在半機械化種植時代的機器由於落後於時代，售價便宜，他只用二十萬日圓就買下一台二手貨。但缺點是這台機器並不那麼精密，總是留下疏漏的空白地帶。我要做的，就是查缺補漏，按照一定的等間距補上秧苗。

我本以爲我有過插秧經驗，應該不算什麼難事，到了水田才發現太天眞了——上一次插秧時，某地的工作人員爲我精心準備了帶長靴的工作服，因此我還算整潔地完成了任務——但在宮崎家，我需要赤足走在水田裡。起初我甚至打算穿著牛仔褲出門，被美穗在玄關攔住。她從箱子翻出一條碎花褲子讓我換上，我第一次見到這種被稱爲「もんぺ」（Monpe）的傳統工作褲，據說上世紀四〇年代到五〇年代期間，農村婦女普遍穿著它進行勞動，美穗開始從事農業勞動之後，島上的老太太們送了她許多。我對這條褲子一見鍾情，想像了一番穿著它走在城市大街上的場面，覺得又復古又新潮，但在那之前，我需要完成它的原始使命——把褲管捲起來，走進水田裡。

事實上我幾乎剛一踏進水田就深陷於淤泥之中，每一步都行進得十分艱難，插完一整列比想像中花費了更多時間和體力。雅也試圖糾正我的姿勢，認爲我應該筆直地將手伸出去，說如果我總是費勁地深深彎下腰，很快就會腰酸腿痛了。但我已經無暇顧及更討巧的姿勢，我的全部注意力都放在了如何讓身體保持穩定，以防止一屁股坐到泥裡去。插完第二列之後，我開始明目張膽地偷懶，站在水田中央遙望著田埂附近一些高高的水生植物發呆，美穗告訴我，那是茭白筍，近來町政府開始鼓勵人們種植這類稀少品種的蔬菜以增加經濟收入，宮崎家也是前不久才種下，還未收穫過。我至今還沒有在日本的超市裡見過茭白筍，心想若是被各地倡導種植，未來應該能輕易買到它了吧。這對我來說實在是件大好事。我又想，眼下正有一些水中生物從我小腿上爬過，它們是什麼呢？後來有一個人開車經過，特意停下車來跟雅也寒暄，我聽見他問：「孩子們呢？」雅也道：「放學以後會過來。」於是我知道，宮崎家的孩子竟然連插秧也會！如此這樣那樣想過一番，美穗已經俐落地將剩下的幾列插完了。不合格的幫手終於得以逃脫淤泥。那天晚上，我花了比在水田裡更多的時間，試圖用幾根牙籤清理指甲裡的淤泥，但到最後也還是髒兮兮的。

這天的插秧活動在下午四點結束，我們完成了宮崎家水田的五分之一。美穗匆匆換了衣服，便去學校接孩子們了。不久後陽太獨自放學歸來，一進門就嚷著要去插秧，雅也於是領著他去了另一處水田。聽說從去年開始，陽太就主動請纓獨自負責這塊水田的一個方角，他充滿熱情，信誓旦旦要自己吃的白米自己種。

種植水稻不是一件輕鬆的事情，早就有人這麼跟我說過。在島上生活了一些日子，那些文藝青年想像中的離島和農村生活已經在我腦海裡灰飛煙滅，我確信了我無法勝任農業生活這件事。我意識到，「詩意地棲居」這個詞語正以最大的偏差誤導著城市人，而那些眞正棲居在小島上的人們，與文藝青年的詩意相距甚遠，他們只是在認眞勞動。

我想小島上的原住民應該也冷眼看待過不切實際的城市外來者，正如雅也剛到來時所遭遇的。最初他們認爲這個被媒體追捧的從城市裡來的名牌大學生，肯定在小島上待不了多久，他不僅從事不了體力勞動，也無法與但馬屋那位嚴格的老爺爺長期相處。然而，雅也身上那種善於忍耐和埋頭苦幹的特質，改變了人們的看法，他們對他的印象漸漸變成「那個在但馬屋拚命努力工作的人」，最終，雅也作爲移住者得到了最高規格的接納，成爲小島的一員。

雖然在海士町，無論是雅也還是美穗，無論生活十年還是二十年，都注定將一生帶著「移住者」這個標籤繼續生活下去。但他們不介意，美穗說，身爲移住者也無妨，因爲這個小島最大的特質是「善良」。

她曾經聽說過一些傳聞，在本島的一些地方，移住者會遭遇原住民的種種冷遇甚至排擠。「那些嘗試種植有機水稻的移住者經常被投訴和抱怨：『就是因爲你們不使用農藥，才引來了那麼多蟲子，現在，蟲子都跑到我們的水田裡來吃稻米了！趕緊住手吧！』」美穗說，「在海士町，從來沒有遇到過這樣欺負外來者的事情。」十年前，宮崎家開始嘗試無農藥水稻種植時，得到了當地人溫暖的支援，周遭農田的人們紛紛跑來圍觀，對這一新穎的種植方式好奇提問：「你們在做什麼呢？」沒有人抱怨蟲子，反倒會經常接到善意的電話提醒：「你們家田裡的水乾涸了哦！」

儘管六月的島上滿目皆是青綠色的稻田，但作爲一個離島，海士町的主要產業是漁業，種植水稻並不是一個能夠獲得可觀經濟收益的方式。雅也在心裡默數了一圈，確定地告訴我，島上還在種植水稻的大約有六十人，基本都是老人們。

「我剛開始種植水稻的時候，看到的都是六七十歲的人在種水稻，當時我就想，再過十年，會怎麼樣呢？」雅也回憶著，隨後向十年後坐在他面前的我拋出同樣的問題，「你猜會怎樣？」

「一些人死去，一些人體力不支，種植的人愈來愈少。」我猜應該是這樣。

雅也搖搖頭：「十年過去了，六十歲的人變成七十歲，七十歲的人變成八十歲，還是同樣的人在繼續種水稻。」

我聽完這個故事，認爲它可以說明島上老人健康長壽、身體健朗，直到八十歲還在種水稻。但雅也的態度要悲觀得多，他想向我傳達的意思是，整整十年過去了，小島什麼也沒有改變，幾乎沒有年輕人加入。這兩年，雅也開始希望由移住者來改變這種現狀，他積極倡導他們開闢「家庭水田」，每個人，或者每戶人家，可以開始嘗試栽種自己的一小片水田，他毫不吝嗇地向有興趣的人們傳授許多種植有機水稻的心得和技術，目前已經有四五個人正跟著他在這麼做了。

宮崎家插秧的第二天，茜來幫忙了。茜就是一個猶豫著要不要開始種植家庭水田的人。她今年才三十一歲，四年前從兵庫縣搬到島上來，兩年前就來幫宮崎家插過秧，因此動作看起來還算熟練。這天，我對淤泥避而遠之，蹲在田埂上注視著茜的勞動，斷斷續續地和她說上幾句話，她說許多人勸告她，說種水稻比種菜簡單多了，但她還是猶豫不決，覺得一整塊水田對於她來說還是太大，無法獨自勝任。她又想：「如果是八疊榻榻米大小的水田，沒準能行吧！」

這不是我第一次見到茜。週末的海岸市集上，一個年輕的女孩坐在最邊上的小攤後面，售賣一些蔬菜的種子和幼苗，她看起來人緣非常好，許多人經過會停下來與她親切寒暄，沒多久，攤子前就圍起了一大群人，我看見她對很多人擺手：「綠葉蔬菜的幼苗都賣光了！茄子和番茄也沒有了！」小攤前豎著一個木牌，上書「茜的農場」。這個女孩就是茜。她採用有機農業的方式，將來自水產加工廠的岩牡蠣殼、紫菜等海藻用作肥料，種植了大約四十種蔬菜和草藥。她隔壁的攤位，正在販賣使用自家烘焙咖啡豆的手沖咖啡。沖咖啡的那位是茜的丈夫。這位咖啡愛好者在網上群募了一筆錢，開了島上第一間咖啡烘焙所。這些資訊來自我訂閱的一本在日本全國發售的地域振興雜誌，茜和丈夫並排站在最近一期的封面上——在島上生活才短短四年，他們已經成爲海士町的代表性移住案例。

雜誌裡的一篇文章說，茜的丈夫原來是神戶市的一名小學教師，對日本教育的封閉長期深感不滿，後來加入海外青年協力隊到南太平洋上的薩摩亞當了兩年志工。丈夫再回到日本，探索前進道路的時候，聽聞海士町在教育領域投入了很大力量，便打算來到小島上工作。

「但茜強烈反對移居。丈夫在新婚之後就馬上去了薩摩亞，回來後又提出要再去島上，這讓茜感到非常震驚和沮喪。」文章裡如此描述茜最初對小島的態度，接著引用了她接受採訪時說的話，「我一度無法理解，但他讓我看一看現場，於是我來到了海士町。結果，我遇到的每個人都非常友善，甚至讓我好奇他們爲什麼能夠如此友好。起初，我還想爲什麼非要去島上呢？回程的船上我卻在哭。這就是我決定移住的原因。」

烘焙咖啡也不是茜的丈夫的主業，他如今在島上一所小學擔任教育協調員，工作內容是連接學校和地域。我在海士町聽到了許多未曾聽聞過的概念，「教育協調員」也是其中之一。不只是我，宮崎夫婦也是來到這裡才知道這個職位，據他們說，這是最近五六年裡教育系統中漸漸多起來的一種角色，在海士町這樣的偏僻之地尤其重要，它能夠幫助孩子們更加瞭解自己居住的地域及其文化。雅也也是被教育協調員連接的一環。學校裡有學生想瞭解地域產業情況，協調員就專程找到了創辦海參加工廠的他，隨後他到學校上了一堂課——在海士町，很多人以這樣的形式成爲特別講師。

「因爲在海士町，小學老師全都是從外面來的，幾乎沒有本地出生的老師。」雅也說，「老師們並不瞭解當地情況，無法教授給學生們本地的知識。」

雅也說的這種情況，背景是日本教育的一種慣例做法，按照規定，在公立學校任職的老師需要每三五年調任到其他學校，以此實現教育資源的公平分配、均衡學校教育品質。制定此項政策的專家認爲，這種方式可以阻止某間學校過度突出，也能防止某間學校過度落後。同時，隨著每次人事調動，老師們都會帶著在前一所學校學到的知識和經驗轉到下一所學校，這種轉移能夠形成一種網狀的交流模式。不過，教師調任雖是全國範圍內實行的制度，但每個地域各自有不同的方針，島根縣採取的是一種「全縣移動積分制」做法。具體說來，根據地區不同，在每所學校工作三年能得到一定的積分，也許是一分，也許是兩分，只要將分數積滿十分，就可以自行選擇最終想去的地方。這種制度爲隱岐帶來了一個有趣現象，海士町因爲偏僻不便，分數比其他地區都高，那些想早日攢夠積分的年輕老師們，非常積極地來到了這裡。當然不能指望這樣的老師向學生們傳達海士町的風土文化。

來到島上之後，丈夫在學校工作，茜開闢了家庭菜園。來宮崎家水田幫忙的前兩天，她終日待在菜園裡，此時正是種植夏野菜的季節。茜告訴我，她以前從未有過種菜經驗，開拓菜園的契機，是住在附近的老奶奶們在她路過時主動向她搭話，給了她種子，教給她種蔬菜的方法。不只是種菜，這個島上的好多體驗對於茜來說都是嶄新的。她此前從未離開過故鄉，直到二十幾歲都還和父母住在一起，剛結婚丈夫就去了海外，她也就繼續住在父母家。來到海士町，是第一次獨立生活，也是遲來兩年的新婚生活。儘管隱岐的海冬日寒冷，對於從小生活在溫暖瀨戶內海地區的她來說是非常難熬的冬天，但她已經習慣甚至愛上了這種嶄新的生活，她深深感到這個島上的生活方式跟自己更合拍。

因爲種菜，茜很快和周圍鄰居打成了一片。她也確實擅長這件事。我見到茜之前，美穗好幾次向我誇讚，說茜的蔬菜眞的種得很好。但個人種植的小型菜園是不成規模的，就算在週末的市集上擁有一個人氣攤位，也幾乎賺不了錢，只是作爲一種興趣維持著。在島上，茜必須要有一些工作收入。兩年前開始，每週有三四天，她在阿瑪瑪萊擔任管理員，這裡已經成爲島上一個重要的交流場所，她很快就認識了更多的人。後來有一天，美穗帶我去找她，給食中心的營養師租下了廚房，正在和鄰島來的營養師一起舉辦咖哩試食會，於是茜便獲贈了一份熱騰騰的試驗品，成了她那天的午餐。

阿瑪瑪萊裡面有一間二手雜貨屋，更多時候茜是在這裡賣東西。島上的人們可以隨時將不要的舊物送到這裡，再由店裡標價賣出去。我在雜貨店裡尋寶，看到了不少過去時代的流行風潮：一個白瓷酒壺，上面畫著明治維新人物西鄉隆盛牽著他的愛狗；一些朱紅色方架子和酒具的組合裝，是過去家庭在法事活動時招待賓客用的；一盒毛筆套裝，裡面的印字上顯示，它是某電信局的開局紀念品；一個架子上掛滿了舊式花紋的和服，也有各種花瓶、竹編籃子、烹飪用具和小型家具……還有一些無法被定價的東西：毛線縫製的娃娃、斷了一隻胳膊的奧特曼[18]、一根不知道用來捆綁什麼的粗繩子……這些東西被放在走廊的一個免費角落，喜歡的人可以隨意拿走。

在這間二手雜貨屋裡，賣得最多的是各種碗和盤子，很多看起來根本沒有使用過，定價基本在一百日圓，如果是那種一整套的，只要付三百日圓，想拿多少拿多少。我看著那些嶄新的餐具，覺得這樣的價格幾乎等於白送，如果把它們掛在網上的二手交易市場，應該能賺到更多的錢。然而，茜告訴我，這間店的目的不是為了賺錢，而是要讓居民的閒置品在島上循環起來，

---

⑱ 編註：ウルトラシリーズ，台灣舊稱鹹蛋超人，目前中港官方名稱為奧特曼，台灣則為超人力霸王。

尤其是那些剛來到這裡的移住者，當他們需要一些日常必需品的時候，不必打開瀏覽器搜索，而是來到這裡尋找——這麼做不僅省錢，也避免了爲島上帶來新的垃圾。

美穗在阿瑪瑪萊門口發現了一套鍋具，還沒有拆封便被送來了，看包裝上的說明，它們可以被任意組合製作各種料理，現在已經見不到這種形式大於內容的套裝了，應該是昭和時期電視購物頻道的產物。茜說，這套鍋早上剛被送來，島上有一棟廢棄許久的屋子，一直由町政府管理著，近日終於進行了徹底清理，一些閒置品被送到這裡。天降的鍋具讓美穗感到開心，因爲她剛好需要兩個小鍋——掏出了兩枚硬幣，心願達成。而我，最終用一百日圓買一隻白色陶製飯碗，碗內繪製著藍釉色的稻穗，質樸可愛。其實我更喜歡一個五層抽屜的傳統木製衣櫃，但它過於巨大，不適合作爲旅行伴手禮，於是我只是真誠地稱讚了它，然後茜就笑起來，她表示，這個櫃子是美穗送來的。後來，當我向美穗詢問時，她又對櫃子的身世加以補充，說她多年前也是在這裡買到了它，用了幾年用不著了，便又放了回來。島上的物品循環系統，便是以這樣的方式運行，從某種角度上來說，它實現了一種共享主義。

我對茜說，美穗把插秧時穿的那條工作褲送給我了，那是我在島上得到的最好的禮物。我意識到這也是一種島循環的生態。茜告訴我，她剛開始種菜的時候，美穗也大方地分給她幾條褲子，她稱它們爲「美穗的もんぺ」。美穗見我實在喜歡這條褲子，又推薦給我一些日本工藝網站，傳統的工作服沒落許久，近來一些民藝品牌開始對它重新設計，改進爲一種現代流行的服裝樣式，動輒賣到一兩萬日圓。我看過許多，認爲都不如美穗給我的那一條もんぺ，那條的花紋，是一目瞭然的昭和風情，充滿了時間流經的痕跡和我無從得知的島記憶。美穗和茜，總是在水田裡和菜園裡穿著它們，當我回到京都之後，也總是在日常中穿著它。有一天，在我經常去的一間老鋪和服店裡，相熟的老闆與我聊著一匹繪有伊藤若沖筆下公雞紋樣的長襦袢布匹，突然注意到我的褲子。「這是もんぺ嗎？」他追問它的來歷，反覆讚揚我品味不凡，「眞是太時尚了！」這條もんぺ讓我理解了服飾可以如何突破時間和空間的限制，但這些當然都是後話了。

茜來到島上後不久，就和美穗成了好朋友。不如說，她因爲性格開朗、爲人熱情，和很多人都成了好朋友。生活到了第四年，她已經比美穗還要瞭解這個島，美穗用一種毫不誇張的口吻對我說：「茜也許知道海士町的全部事情！」

美穗和茜的友誼建立在土地和蔬菜之上。三年前，她倆和另一位志同道合者一起，組成了一個「在生活中播撒快樂之種小分隊」，旨在推廣海士町傳統的蔬菜種子（這類種子被稱爲「固定種」或「本地種」），她們日常將種子放在圖書館的一個角落，人們可以像借閱圖書一樣自由地借回去，等到種植成功以後，再把新的種子還回來。於是種子也像舊物一樣，在島上形成了循環。

這個小組的初衷來自於美穗對日本傳統蔬菜種子強烈的危機感。多年前，她偶然得知了一些眞相：在日本的超市裡，售賣的蔬菜全部由F1種子培育而成。這種產量高且穩定、能夠高效種植蔬菜的雜交種，大大提高了全世界的農作物生產率，戰後五十年裡迅速在日本普及，替代了產量不均一的固定種。但是，F1雜交種無法保存和繁育種子，這就意味著，如果某種蔬菜的種子只剩下F1雜交種，一旦它們遭遇變故而被摧毀，這種蔬菜將永遠從地球上消失。而且，由於日本的F1雜交種全部從海外進口，一旦發生世界戰爭，日本或許會失去蔬菜。與此同時，F1雜交種還引發了一些健康人士對於食物安全的警惕，日本社會有一種聲音認爲，愈來愈多的F1雜交種，是利用不含雄蕊的「雄性不育」異常株製造的，這種先天不能產生花粉的蔬菜，長期食用將會導致不孕不育。

按照茜和美穗的觀點：與F1雜交種相比，固定種的蔬菜有著明顯的劣勢，主要是形狀和味道不能統一，且因爲生長速度有快有慢，無法根據需求定期大量供應，難以追求經濟效益；但固定種蔬菜的優點是，作爲自古以來一直被使用的種子，它們適應了特定地區的氣候和風土，如果你覺得超市裡的蔬菜不好吃、想吃到像小時候一樣美味的蔬菜，你只能選擇在家庭菜園裡自己種植固定種。

我對關於F1雜交種和固定種的知識十分匱乏，因此無法對兩者進行客觀評價。但我隨後找到了一些資料數字，當下日本農業中F1雜交種使用率達到百分之九十九點五——也就是說，幾乎所有農家都不再自行採種，而是每年購買新的種子。直到昭和初期，固定種的蔬菜還非常普遍，但現在只能在少數農家或家庭菜園中看到，它成了稀有的存在。

隨著固定種蔬菜愈來愈少，日本開始有一些個人和團體發起了保護和種植固定種的活動。美穗和茜在海士町做的就是這樣一件事。她們對我說，考慮到很多移住者來到這個島上是從零開始農業，向他們普及種子就顯得非常重要。按照島上從前的傳統，農家們會在收穫蔬菜之後舉辦種子交流會，但這種活動每年只有一兩次，不能隨時舉辦，她們希望種子在日常中也可以隨時循環起來，就借鑒了美國已有的做法，把種子放在圖書館的一個角落。

和宮崎家一樣，茜的島生活也在忙碌之中。除了上述這些事情之外，她還每週前往水產加工廠和港口的燒肉店打工。客觀來說，這個小島上的工作機會確實不多，但似乎只要你願意，就總能有辦法找到各種事情做，把生活經營得異常繁忙。如果找不到工作，你甚至可以創造工作。我在阿瑪瑪萊的公告欄上，看到了一張宣傳廣告，有人自創了一個名叫「島媽媽」的工種，她們可以做以下這些事情：

★如果你無法出門購物，或者因為身體不適不能出門，我們可以幫你購物。
價格：一千日圓／次起

★如果你無法照看孩子，我們可以幫忙你提供兒童看護服務。
價格：一千五百日圓／小時起

★如果你覺得孤獨，希望有人陪你吃飯等等。我們可以去你家拜訪，擔任陪聊或者幫助解決問題。
價格：一千五百日圓／小時起

★我們可以代替不能經常回島的人進行清掃、祭祀，或者幫忙你去看看你的父母和親戚的狀況。
價格：一千日圓／次起（費用需協商）

★如果你聽不懂醫生的解釋，或者你害怕一個人坐船去醫院，我們可以提供島外醫療陪伴；也能提供去政府、銀行、郵局等地的陪同服務。
價格：兩千日圓／小時起（我們沒有提供車輛接送服務，包括員工的交通費用在內，請客戶全額支付。）

茜來到宮崎家幫忙插秧的那天，我才知道我的中華炒飯已經聲名遠揚，她對蹲在田埂上的我提出懇切請求：「那個傳說中只加鹽就超級好吃的中華炒飯，中午能不能吃一吃？」我聽著她的話，手裡抓著一根隨手拔下來的魚腥草，心想眞是他鄉遇故知，這個島簡直是魚腥草的天堂！海士町的人們從來不吃這個，也許我可以爲他們做一道貴州菜。雅也因爲我的這一提議而感到興奮，宮崎家在探索食物的可能性這件事上一貫積極熱情，他告訴我，日本人很喜歡用這種植物製茶，一些自然教室近來也流行用它的葉子炸天婦羅，但中華涼拌？聞所未聞。他催促我趕緊前往宮崎家後院，那裡長滿了魚腥草，我可以使用一把小鐵鏟，想挖多少挖多少。

我對我的中華炒飯充滿自信，但對涼拌魚腥草多少有些底氣不足。這種食物究竟是珍饈還是黑暗料理，過分依賴於個人口味，且感受兩極分化，沒有中間值。爲此我小心翼翼地提醒餐桌前的三人，這只是一次食物試驗，不必勉強，可以淺嘗輒止。未曾料到，他們吃完了一整盤魚腥草，沒有給我留下第二口。茜甚至忘記了她是爲了中華炒飯而來。涼拌魚腥草誘發了三人開發這種野生植物的強烈興趣，他們一直討論著，或許可以做成韓國泡菜放進冷麵；又或者，試試炒來吃？在美穗的強烈要求下，我爲她留下了一份涼拌菜譜。

儘管涼拌魚腥草是如此具有人氣，我也只做了這一次。原因是爲了挖出這一盤魚腥草，我的手掌被磨出一個巨大的水泡。這令我再一次感嘆勞動之艱辛，勞動者總是傷痕累累。我向雅也展示這偉大的勞動動章，他一臉驚異，頗爲不解：「你爲什麼不戴上手套？」

在我遇見的熱愛食物的人中，若以家庭爲單位，宮崎家可以排在第一位。類似於涼拌魚腥草這樣的插曲，在這個家裡時有發生。有一天，我們原本計劃去播種大豆，突然來了通電話，是南部港口的一位漁師打來的，他說這天捕獲了許多飛魚。計畫臨時改變，雅也要立刻驅車去買飛魚。

飛魚，這種因爲可以在空中飛翔近百公尺而得名的群居性魚類，是隱岐近海的夏日時令產物。每當到了這個季節，海參加工廠把它們做成日本料理中最重要的調味料——製作高湯的魚乾，這也是宮崎家一年之中最重大的活動之一。

雅也出了門沒有再回家，下午美穗告訴我，他直接去了海參加工廠，正在和兩個朋友一起處理飛魚。美穗建議我去現場參觀學習，我便去了，走進海參加工廠一看，幾個大水桶裝滿了一千四百多條飛魚——它們可以製成宮崎家一整年份的高湯魚乾。雅也的兩個朋友也是移住者，或許是因爲每年都在進行此項工作的緣故，他們用一種機器般的速度與精密重複著同樣的動作：切頭，剖腹，掏出內臟；切頭，剖腹，掏出內臟……雅也則獨自負責將處理好的魚身清洗乾淨。他向我解釋，接下來只要將它們全部在熱水裡過一遍，然後曬乾保存，就可以做出頂級的高湯。島上的小商店隨時能買到小魚乾成品，那是多數人的選擇，但在雅也看來，它們既不美味，價格還昂貴。從處理鮮魚開始製作高湯，即便在離島上，也鮮有人這麼做，雅也的兩位朋友多虧他才得以參與此項活動，他們對我吐露心聲：宮崎家的生活，是整個海士町最符合「島生活」這一狀態的。

這天晚飯過後，宮崎夫婦照例在晚上八點上樓哄幾個孩子睡覺，過了十點才下樓進行整理工作。我直到十二點還聽見廚房裡忙碌的聲音。次日一早，我才剛起床，雅也已經從海參加工廠回來了。我總覺得他似乎不用睡覺似的，終於忍不住詢問他睡了幾個小時，原來他眞的整夜未眠。凌晨一點結束廚房的事務，便立刻前往海參加工廠處理飛魚，直到早晨回家和我們一同吃早餐，之後，又匆匆回去繼續工作了。

「因爲我想早一點吃到！」雅也解釋，他帶著一著臉憧憬和期待，向我傳達日本料理的祕訣，「做高湯就是和時間賽跑，快一分鐘，就能多一分鮮味。」

雅也離開之後，美穗對我說：「雅也是我遇到的人之中，最堪稱吃貨的。」

「什麼是吃貨？」陽太突然插話進來。

「爲了吃，可以不睡覺。爲了吃，可以忍受一切事情。」美穗言簡意賅地總結。

我想，在宮崎家，每個人或多或少都遺傳了這種吃貨體質，包括並不知道吃貨爲何物的陽太。週末的作業要寫日記，他寫的是年糕大會和中華炒飯，這一點兒也不新奇，聽說他的每篇日記，寫的都是關於吃的事情，一次也沒寫過別的。

8

我打算去海士町中央圖書館看一看種子的角落。

這些日子以來，我明顯意識到一件事：海士町的居民爲他們的圖書館感到驕傲。到島上的第二天，福田就特意把它指給我看，我看見它長在稻田之中，景致絕佳，擁有成爲網紅打卡點的風光優勢。在宮崎家的第二天，陽太也嚷著要帶我去圖書館，我當時好奇於一個頑皮的二年級小男孩爲何會對圖書館如此充滿熱情，後來才知道，那裡的一個房間內堆滿了樂高玩具。後來的日子，美穗好幾次提議開車載我去圖書館，她說那裡是海士町人日常聚集和交流的場所，我或許可以認識一些人，或者如果我只是想安靜看書，可以坐在面朝稻田的窗戶前，圖書館內允許飲食，她想像我可以一邊看書一邊喝咖啡，一定會感到滿意……就像海士町人都會向我談論起岩本悠一樣，他們也都建議我去看一看圖書館。他們說：「圖書館很厲害哦！」他們說，最近有人爲了圖書館移住到海士町來。

我拒絕了美穗開車送我去圖書館的提議，決定步行二十幾分鐘獨自前往。島生活有它特有的運行規則，例如兩公里的距離屬於駕車範圍。但我的日常不如居民那樣繁忙，對我來說，去圖書館，散步是最好方式，可以順便感受周圍的環境。

海士町圖書館位於町政府的領地內，一棟掛著「公民會館」木牌的建築，最深處被開闢為圖書空間。這個建築需要換拖鞋入內，入口處展示著一些雜誌，幾乎都刊登了海士町在地域振興領域相關的採訪報導。閱覽室外有一個櫃子，擺放著一些掛耳咖啡和茶包，標價在一百日圓左右，往邊上一個小盒子投幣後，自行利用熱水壺和馬克杯沖泡。那些馬克杯造型各異，風格缺乏同一性，一看就是從各處蒐集而來的。這處空間設置了幾張桌子，配有無線網路和專用插座，供那些帶著筆記型電腦來的人們使用——意圖很明顯，即便你不看書，也可以在這裡工作。

我沒費什麼力氣就找到了美穗和茜說的種子的角落。它就在一個書架的醒目位置上。一個小筐裡塞滿了各色分裝袋，上面的標籤注明了它的內容：南瓜、大豆、茄子、青椒……任何人只需要填寫旁邊一張借出表格，交給圖書館管理員，就可以取走自己想要的種子。人們可以在收穫後再來歸還新的種子，但如果種植得不順利，不歸還也無妨。旁邊的一格書架，精選了一些關於如何進行無農藥種植和有機蔬菜栽培的書籍。我從此處感到了管理員的用心——如果一個新手想要在島上開拓家庭菜園，圖書館將是一個優秀的入門場所。而如果他還想瞭解更深刻的知識，在上面一格的書架上，那些書籍的主題包括種子和人體的關係、自然和生態系統平衡以及綠色資本論。

我第一次來到海士町圖書館，就更正了第一印象裡認爲它應該成爲網紅圖書館的錯誤判斷。這個圖書館顯然無意成爲美麗而無用的背景板，它致力於成爲人們日常生活使用的場所，這種功能性遠遠超過了我對圖書館這一載體的認知。一個專區爲一家剛剛在海士町創業的小型出版社服務；另一個專區圍繞著海士町生活的種種，一些是正規出版物，一些只是簡單列印的手工冊子；一個角落爲育兒的媽媽們設置，二手的孩童服裝被放在這裡，按照身高進行分類，需要的人可以自行拿走；還有一個角落對女性發出提醒：爲什麼應該定期進行乳癌檢查？該如何免費進行檢查？而在走道上，最引人注目的一面牆壁，貼滿了島上的各種活動資訊：電影放映會、螢火蟲觀測會、攝影教室、梅子酒工坊……它盡到了這棟建築作爲公民會館的義務，島上最近有什麼活動一目瞭然。我注意到，在六月裡還有兩場育兒談話會，一場面向三歲以上孩子的家庭，一場則面向零至兩歲之間孩子的家庭，那些有育兒經驗的媽媽們，將接受來自新手媽媽們的諮詢，並爲她們提供可靠建議。

我在海士町喜歡的地方有許多，這間圖書館可以排進前三。第一週，我去了三次，為此甚至推掉了去周邊其他小島的計畫。每次我都會在圖書館待上半天，實現了美穗的想像：泡一杯咖啡，坐在面朝稻田的大落地窗前。我總是讀一些關於離島最新資訊的報紙，或是幾本當地人製作的生活手冊。工作日的圖書館沒有太多人，除了偶爾一兩個埋頭自習的少年之外，更多時候，我獨自坐在窗前，和在稻田裡不時飛起的兩隻白鷺為伴。我漸漸學會在附近農協的商店買一些小點心，配著咖啡食用。一個早上過去，十二點的報時廣播在小島上響起，自習的少年起身離開，我也會把用過的馬克杯放到回收處，再沿著稻田走回宮崎家吃午飯，通常走到半路就會收到雅也發來的訊息：「在做飯了，要回來的吧？」這是我從情緒上很喜歡海士町圖書館的片刻，它濃縮了我在這個小島上總是體會到的一些熟悉的溫度。

在我經常坐的位置旁邊，有一個榻榻米區域，可以坐在地上看書，但由於那裡堆的全是些繪本，我沒有進去過。一次，有個抱著嬰兒的年輕女人席地而坐，整個下午，她懷裡的孩子總是發出斷斷續續的哭聲。我在想這是否破壞了圖書館這一生態中某種靜默的禮儀，但無論閱讀者還是管理員，沒有一個人發出怨言——他們甚至沒有抬起頭來。後來，年輕女人唸起一冊繪本，我幡然醒悟，這原本就是為帶孩子的媽媽們打造的繪本角落！無論官方還是民間，居住在這裡的人們正在共同努力打造一個「適合育兒」的生活環境——這是海士町的圖書館在哭聲中向我透露的祕密。

不過，海士町人認爲他們的圖書館厲害，指的並不只是這一間。事實上，海士町圖書館無處不在。在島上各處，我見到過好幾次它的分身，基於這些分身出現的場所，形式各異。

第一次，我在島上一間商務型飯店裡遇見它。飯店玄關的櫃子上，陳列著有限的書籍，都是關於島上的創業者和移住者的故事。岩本悠的《流學日記》和山內道雄的《改變未來的島學校》，我就是在這裡找到的。這個櫃子上的一個小牌子告訴我，它屬於「島圖書館」的一部分。

第二次，我在島上一間高級飯店又見到了同樣的牌子。這次的規模大得多，地下一層打造成一個小型圖書館，高大的書架延伸至屋頂，藏書也更加豐富，從隱岐縣史到離島文化，再到松本清張的小說和中原中也的詩集——旅行者好奇的各種主題都被精心陳列到了這裡。晚上十點前，這間圖書館免費對非住客開放，任何人都可以走進來，坐在那張擁有無邊海景的沙發上閱讀它們。圖書館是共享不是獨占，我在這裡看到了海士町圖書館的口號：「整座島就是一間圖書館。」

第三次，美穗帶我去港口一間政府經營的小型商店買菜。有一個區域專門販賣鮮魚和水產，旁邊亦有一個書架，幾乎都是關於魚類和烹飪方面的書籍。美穗說，人們來購物，遇到想看的書，就可以順便借回家。

第四次，在陽太的小學，孩子們放學後不立即回家，而是熱鬧地擠在一樓的圖書角。美穗說，這裡也是海士町圖書館的一部分。

第五次，茜帶我參觀阿瑪瑪萊的設施，有一個擺放著咖啡和圖書的角落以及另一間更大的圖書室。茜說，考慮到年輕媽媽們的需求，這裡提供的書籍幾乎全是關於生活風格、手工藝和烹飪主題的，另外，還有輕小說和藝術書籍。

即便上述這些也不是海士町圖書館的全貌。如今在島上，它擁有二十八個類似的分身，除了上述幾處，還出現在郵局、診療所、保育園、牙科醫院，文化中心和歷史資料館……多數時候，你在一處借了書，可以在其他任何一處歸還。這就是海士町始於二〇〇七年的「整座島就是一間圖書館」計畫，它的操作方式並不複雜，就是以中央圖書館爲基地，與各個機構合作，在島的各處設立圖書點。

後來我在中央圖書館裡得到一份資料，上面總結說，它想成爲這樣一間圖書館：

一、每個人都可以自由地放鬆和聚集的圖書館，成為心靈的依靠。
二、提供生活智慧和創意的圖書館。
三、可以接觸文化和藝術的文化中心。
四、保證學習和資訊的知識中心。
五、傳達海士町的過去和現在、連接未來的地區資訊中心。
六、以書為起點，產生對話、共同學習和多樣化活動的島上活動中心。
七、從「無」到「有」，成為小島建設源泉的圖書館。

在海士町中央圖書館的第三次，我終於忍不住跑去前台詢問：「磯谷女士在嗎？」

每當海士町人向我提起圖書館，他們不會繞開這個名字：磯谷。他們告訴我，這個小島直到十幾年前還是一個沒有圖書館的地方，是從外面來到這裡的磯谷意識到了它的欠缺之處，並最終依靠自己的力量改變了它。他們還說，海士町圖書館可以說是磯谷獨自打造的風景，這個企畫在日本全國聲名遠揚，周邊小島紛紛效仿，就連本島的圖書館從業者也前來參觀及學習。

在衆多褒獎的言論之中，夾雜著美穗爲磯谷打抱不平的聲音。她不平於磯谷在擔任圖書館館長的十幾年裡，空有頭銜，至今仍未被當地政府納爲正式員工。我猜測磯谷沒有得到轉正的原因是外來者或是女性的身分，但在美穗看來問題比這更深刻，她認爲是日本政府體制的保守和落後使然，以及當官的人根本不理解文化的價值。我強烈地感覺到美穗對磯谷充滿好感與尊敬，她在圖書館舉辦過幾次種子會的活動，得到了磯谷的大力支援和幫助。租借種子的卡片也是由圖書館進行管理的，所以磯谷反而比美穗更清楚人們借出的情況，後來我向磯谷詢問數據，她幾乎脫口而出告訴我，已經有八十多人來借過種子了。

我無論如何都想和磯谷聊一聊。我想知道一個打造圖書館的人，如何理解它的外延和可能性？於是，當我第三次來到海士町圖書館，一位戴著眼鏡、俐落短髮的中年女人從前台後面的辦公室走出來，聽我說明來意之後，爽快地表示，我可以週一早上開館後來找她。

我第四次來到海士町中央圖書館，就是來見磯谷的。在這個島上，最早的移住者是被流放的天皇和貴族，但當下居住在島上時間最長的移住者也許是磯谷。她已經在海士町生活了二十三年。除了在時間上領先於潮流，磯谷的經歷是那種移住者最典型的路徑和心路歷程，她出生於九州南端的鹿兒島，在大阪上的大學，後來進入京都的一家飯店工作，在此期間，漸漸對都市生活感到不適，轉而對環境問題產生興趣，開始考慮在擁有更多自然的地方生活。三年後，她辭職，從京都轉移到屋久島，在那裡實踐一種與自然平衡的環保型生活。二〇〇〇年，磯谷比雅也更早聽說了海士町的商品開發研修生制度，並由此移住到了海士町。

磯谷的研修生生涯並沒有如雅也那般開花結果，起初她從事一些自然開發和保護活動，但不久後因爲結婚生育而中斷。等到孩子長大一些，她可以重新出來工作的時候，就聽到了海士町教育委員會的「整座島就是一間圖書館」計畫。那時，海士町沒有圖書館，唯一可供公共閱讀的場所是公民館一樓兩個隨意擺著一些書的書架。磯谷來到島上之後，儘管實現了生活在自然之中的願望，卻同時也因爲缺乏書、文化和圖書館的環境而感到寂寞。建造一個圖書館！這是夢寐以求的好機會，她覺得自己可以爲島上的人們打造一個滿足心靈需求的地方。磯谷理所當然被錄用了，這份工作簡直是爲她量身打造的——她早就考到了「圖書館管理員」資格證，這在當時的海士町找不出第二個人。

磯谷和另一位移住者一起成爲海士町的第一批圖書館管理員，他們的工作是將「整座島就是一間圖書館」這一口號變成具體的現實。然而沒多久，那位同伴就離開小島回歸了城市。只有磯谷堅持下來。「島生活雖然有很多不便，但我是那種沒有便利商店也沒關係的人，」她對我說，「沒有便利商店也沒關係，但應該有圖書館。」

海士町圖書館的建造和衍生的過程，總是讓我想起這個小島一句響亮的宣傳口號：「沒有的東西就是沒有。」這個流行了近十年的句子非常有名，已經成爲表達海士町獨特價值觀的標誌。原本這句話的出發點是爲了吸引外來移住者，從而不得不轉換視角，將一些離島劣勢視爲優勢。在海士町，雖然沒有百貨商店、便利商店和電影院這些城市的娛樂和便利設施，但這沒有關係，對於生存來說，所有重要的東西和事情都已存在。

在海士町，所謂「重要的東西」，也許是指與自然朝夕相處的恩賜、自給自足的生活方式、人與人之間的緊密聯繫和濃厚的人情關係，或是完全被自己想做的事情塡滿的時間……這之中無論哪一種，對城市人來說都是奢侈的。重要的東西，並不全是那些原本就存在的東西。如果一個東西被居住在這裡的人們需要，那麼它應該被創造出來，並且應該由居民共同來創造——從「沒有」到「有」的海士町圖書館，就是這樣一個被後天創造出來的「重要的東西」。

但在海士町這樣的地方，建造一間豪華的圖書館是不可能的。原因很簡單：政府沒有錢。最開始的時候，磯谷只能從現成的可利用管道入手，因此，海士町開設的第一間圖書館，並不是如今極具網紅潛力的稻田圖書館，而是開在港口二樓的一個小型分館。磯谷認爲，港口作爲這個小島的玄關，是所有人都會使用的地方，在那裡向人們提供圖書是一個好辦法，因此前去拜託港口的管理者，免費得到了一個角落。這個角落至今仍在那裡。從打造小型圖書角開始，和各種各樣的機構與設施形成合作關係——這原本是缺錢的無奈之舉，卻誤打誤撞演變成海士町圖書館獨特的合作模式，讓它眞的實現了無處不在。就連稻田圖書館也是一個偶然——不是磯谷主動選擇了這獨一無二的美景，而是在那時，只有公民會館可以提供這麼大的場地。

隨著海士町圖書館的認可度愈來愈高，現在磯谷已經不必再主動去尋找場地，最近新開的幾個分館，都是島上的一些設施主動來拜託她開設的。磯谷的心態很開放，只要對方提出申請，她幾乎不會拒絕，在她看來，夥伴愈多，圖書館的使用者愈多，圖書館的群體愈來愈豐富，整座島嶼才能成爲一間圖書館。如今，每個分館都有專門的圖書館管理員負責，其中擺放的圖書也是由他們定下的主題，管理員的品味也許各有差異，但思考的出發點達成了一致：「來到這裡的人們會喜歡的書。」

磯谷特別向我提起開設在「隱岐國學習中心」的一個分館。這是爲了配合島前高中的教育而開設的一個公立補習中心。磯谷告訴我她的觀察：「最近的高中生，大家都沉迷於手機，變得不怎麼讀書了。」這是小島上和城市裡正在同時發生的、毫無差異的事情。她認為圖書館的義務之一是不能放任這種現象發生。最近，她策劃了一個讀書會，把那些仍熱愛讀書的高中生聚集起來，讓他們介紹和分享自己喜歡的書，然後在學習中心的分館內重點展示這些書。磯谷的想法是，不能由圖書館管理員來推薦，成年人眼中的「好書」，對高中生來說也許會成為「看起來很難讀的書」，如果書架上都是這樣的書，年輕人是很難伸出手來的。

圖書館，由於生長的土壤不同，將綻放出完全不一樣的花朵。磯谷告訴我，她未來也想一直保持這種開放態度，但凡有人想開分館，她就接受。她對「島圖書館」的未來充滿想像，例如她想做「一日圖書館」，在森林裡或海岸上，小車內放著書，人們喝著咖啡，聽著音樂，置身於自然中讀書。她還很期待不只是圖書館的藏書，個人也可以把自己的書拿出來，讓自家也成為「島圖書館」的一部分。讓海士町的居民們都成為圖書館的朋友，成為圖書館本身，才符合這個小島「居民共同思考和建設」的特質。

磯谷說起她最初建造圖書館的初衷，無非是「讓想讀書的人有書可讀」。而如今，就像高中生沉迷於手機那樣，在全世界任何一個角落都大同小異，新聞裡總是強調現代人已經不讀書了。又或者讀書是老年人的習慣，年輕人不愛讀書了。海士町的情況稍微有些不同，因為從前沒有圖書館，所以其實老年人也沒有閱讀習慣。反倒是移住者們表現出了對圖書的強烈需求，尤其是那些育兒家庭。我在宮崎家見到了好幾本貼著圖書館標籤的繪本，在圖書館裡還偶遇了JICA的森田女士來還書，她手裡拿著《哆啦A夢》的漫畫和《魔女宅急便》的繪本，拜託磯谷幫她查一查還有什麼書沒有還。「借太久了忘記了。」她抱歉地說。

在海士町圖書館，每個人每次可以借十本書，每本書可以借三週，到期後可以再延長三週。無論是數量還是週期，都比城市圖書館寬鬆近一倍。這意味著一本書也許會在某個人手上停留一個半月。不過，在小島上，這不會造成任何人的困擾。如果某人急於閱讀某本不在書架上的書，他會直接來拜託磯谷幫忙查詢是誰借走了那本書，在一個只有兩千人的小島上，大概率那會是他認識的一個人，然後，直接找上門去把那本書轉借過來就行了。這是只有在海士町的熟人社會才能發生的事情，是一個島圖書館與眾不同的特色，磯谷將這個現象稱為「讓書」。有些時候，面對那些忘記帶借書卡的人，管理員們也照樣會把書借給他們——他們認識這個人，不必刷卡，刷臉就行了。

哪怕你只是一個遊客，刷臉毫無用處，海士町圖書館也願意為你辦理一張借書卡，不需要提供任何居住證明。停留在小島期間，你可以隨時借閱圖書，即便你離開了，無論什麼時候再回來，這張卡還能繼續使用。這是海士町圖書館對它重視的「關係人口」提供的便利。也許不像「成人的島留學」那樣寄希望於他們有朝一日移住到島上，但此舉被視爲小島和外來者建立聯繫的一種證據。只需要一張薄薄的借書卡，小島於你而言就不再是毫無關係的地方，你將用一種更親切、更熟悉的口氣，向人們談論起它。而事實上，這一招非常奏效，已經有大量居住在島外的人們辦理了這張海士町的借書卡。

我向磯谷表達了我對海士町圖書館的喜愛。我提到在讀書時喝咖啡的幸福感。因爲是偏僻地方的小型圖書館，才能實現這樣的服務，如果是在大城市裡，一定會引發各種問題，磯谷說，當初決定這麼做，也是因爲在這個小島上沒有喫茶店和咖啡館，想給島民打造一個喝茶聊天的地方，這個責任只能由圖書館來承擔了。我也提到了有個嬰孩哇哇大哭的那一天，磯谷明確地回應了我她對圖書館氛圍的思考：「這是一個爲島民服務的圖書館，我想盡量讓這裡成爲一個他們可以不用那麼在意規定、放鬆使用、自由度過的空間。如果媽媽們因爲小嬰兒太吵而不能去圖書館，我覺得就太可憐了。」孩子在圖書館裡大哭也沒有關係哦！這種思考在大衆常識裡顯然是一種非常識，但是非常識也可以被培養成一種新常識。最開始，是圖書館管理員們首先表現出了這種接受的態度，漸漸地閱讀者們也被同化了，於是有了我看到的那一幕。

圖書館是一個日常居所，一個客廳，一段不被規定限制、可以開心度過的時光，磯谷想，她的想法已經順利傳達給海士町居民了。和所有的圖書館一樣，海士町圖書館裡也常年放著一個留言本，有一天，她在上面看到了一位高中島留學生寫下的話：「在學校遇到難受的事情的時候，我總是來到這裡，感覺被治癒了。這是我在島上想要好好珍惜的場所。」那是她第一次感受到這份工作的價值，感受到空間可以超越空間本身而擁有的情緒內涵，圖書館原來可以成為人們想要珍惜的場所。

當一間圖書館擁有了超越空間意義的內涵，那麼它在外延上也不再受到限制，變成了一個公共機能更加完整的地方。海士町圖書館常常和島上各種群體一起策劃舉辦活動。磯谷從辦公櫃拿出幾本厚厚的資料夾，裡面是各種過去舉辦的活動資料：夏季夜晚特別開館、高中生的音樂會和寫眞展、電影放映會……如果海士町的人們想在圖書館做點兒什麼，他們就能做點兒什麼。「爲了讓海士町的人們能夠更加享受島生活，圖書館該怎麼做？」這是磯谷基於「圖書館」這一載體最核心的思考，在這個前提下，無論演變出什麼形態，都是被允許的。圖書館依託於但不僅僅依託於「書」這一介質而存在，它可以昇華爲一種空間服務，結合時代需求和地域需求，不斷變化和進化。今後磯谷也將會這樣繼續下去，在小小的離島上，讓圖書館生長出新的機能。

海士町圖書館成爲日本媒體紛紛報導的一個成功案例，一個充滿創意的地域振興的榜樣。磯谷開始接到一些邀約，請她到本島某地去擔任圖書館館長。有些邀約會讓她嚇一跳，例如，一個斥巨資建造的非常高級的圖書館。她認爲自己做的事情，是在一個「沒有」的地方，用不花錢的方式創造出些什麼。而一間豪華的圖書館？「我去了還能做什麼？」她又想，現在的日本還有許多沒有圖書館的偏僻之地，如果有一個像曾經的海士町那樣的地方要打造圖書館，她倒是願意去試一試，已經在這個小島上生活了二十幾年，也許是時候看看外面的世界是什麼樣子了。

但我覺得，磯谷不會輕易離開海士町，在這個小島上，她的仗還沒有打完。她經常跑到當地政府去理論，爲的是讓海士町圖書館的全部七個工作人員成爲正式員工。這不僅僅是在爲自己和夥伴們爭取穩定的、有保障的鐵飯碗，更是讓「圖書館管理員」這一身分得到社會認可的艱辛戰爭。這也不是侷限於海士町這個偏僻小島上的特殊現實，事實上，在日本，百分之八十的圖書館管理員屬於非正式雇傭。

這難免讓我覺得有些諷刺，海士町政府是如此爲自己「教育之島」的名聲而驕傲，處處標榜這一口號，卻不願意爲圖書館員工提供職業保障嗎？

「我也對上面的人說過類似的話，作爲『教育之島』，希望能夠好好地對待圖書館，」磯谷笑著對我搖頭，「但我的想法，好像沒能傳達到他們心裡。」

自己熱愛的職業還沒有得到日本人的認可，磯谷悲哀地意識到這一點。在一個以追求經濟發展爲第一前提的社會，身處高位的人們不理解書籍和圖書館的重要性，何況在這樣一個爲了生存立場而絞盡腦汁的小島。一間圖書館？它既不可能成爲農業和漁業那樣帶來顯著經濟效益的產業，也不使當地增加大量人口。爲什麼要把經費投入到一項沒有產出的事業上呢？當社會觀念是如此固化而不可動搖時，磯谷唯一能夠選擇的，就是與自己熱愛的圖書館並肩繼續戰鬥下去。

9

「有人想跟你聊一聊。」美穗對我說。我感到有些意外，尤其是，當我知道對方不是爲了中華炒飯而來的時候。

從陽太的小學參觀日歸來的晚上，美穗收到了亞紗美發來的消息，表示想跟我聊聊。察覺到我對這個陌生名字表現出的茫然，美穗提醒道：「就是那個坐在女兒旁邊的女人。」於是，我知道她是誰了。下午，所有家長都擠在一個不引人注目的角落，只有這位女人，課上到一半，女兒轉身一揮手，她直接搬了張板凳坐進了課堂。在那堂課上，她是一個私人助教，不斷地回答著女兒基於老師講課內容的種種提問。至於那位年輕的男老師，他按部就班地執行著教學大綱上的課程計畫，並未對這般變故發表任何意見。

行事作風如此特立獨行，這個女人引起了我的注意。她可一點兒也不像日本人！美穗當場就看穿了我的心理活動，低聲向我解釋道，這個女人在島上一間出版社工作，向來我行我素，是那種有什麼意見都會立刻說出來的類型，她來自大阪，但就算在大阪人之中也少見如此直接的性格。又說，在島上的人們眼中，即便在美穗自己眼中：「她就像個外國人。」

我對亞紗美產生了興趣，不光是好奇未曾有過海外生活經驗的她如何長成了日本人眼中的外國人，更因為我留意她工作的那家出版社已久。前幾天在海士町圖書館，我看到一個專門為它設置的展示架，除了幾本出版的書籍以外，一個牌子詳細介紹了它的來龍去脈。我從那上面得知，二〇一九年，海士町從事地域建設和人才培養的公司「與風與土」（風と土と），創立了這個名叫「海士之風」（海士の風）的小型出版社。我很喜歡介紹文中的一些理念，例如在這個小島上，他們將外來者比喻爲「風」，而本地人則是「土」。他們認爲只耕種土地是不夠的，需要由風帶來種子，才能創造新的環境。在所有關於海士町生態的描述中，「與風與土」這四個字，是我至今認爲總結得最到位的一種，它只用四個字，就解釋清楚了外來者和移住者在這個小島上相互依存的一體關係，以及他們各自發揮的作用。

這就是我與亞紗美的相識。我從知夫里島回來的那個午後，她開車到港口接我，還是我在小學課堂上見到她的樣子，穿著過分寬鬆的棉質衣服，腳上一雙人字拖——令我感到一種非常的鬆弛。在車上，亞紗美向我介紹起自己：她是大阪人，大學就讀於京都立命館大學，畢業後在京都一間非營利組織工作，以一次來到海士町做活動的契機，移住到了小島上。「海士之風」創立之前，她在「與風與土」工作，和她過去在京都的工作內容大同小異，主要是策劃一些外來者到海士町的研修項目，或是想辦法把小島上的東西（例如稻米）賣到島外去。

面對一個中國人，亞紗美特意強調了她和中國的淵源。她在大學期間學過一點兒中文，畢業論文寫的是關於上海世界博覽會的主題，那時候去過一次上海。這些就是全部了。

亞紗美的家位於遠離宮崎家的另一個集落，這裡聚集著許多獨棟住宅。我走近她家時，一個來自西之島的魚類專家正接受委託在門口安放小型魚缸，注入氧氣，放進海草，點綴以一些會發光的玻璃珠子，最後再把那些小小的魚苗倒入其中。我看了一會兒魚，便跟在亞紗美身後走進家裡，起居室的榻榻米上堆著幾床捲起的被褥，兩個小男孩埋在其中玩著遊戲機，在亞紗美的命令下向我問好。我們走進廚房坐下，亞紗美燒水給我泡一杯咖啡。這時有兩個小女孩拿著芭比娃娃進來，衝向洗手池，嚷嚷著要給她們洗頭——我認出其中一個在陽太班上見過，另外一個年紀稍小的，回頭瞥了我一眼，立刻叫嚷起來：「我認識這個人！是那天去山的教室的！」

今年三十九歲的亞紗美自從二十五歲那年來到島上，已經過去了快十四年。她在島上結婚又離婚，如今獨自帶著三個孩子住在這個家裡。最大的孩子是陽太的同學，最小的孩子被送到山的教室。幾個孩子每隔一兩週會去爸爸家住幾天，這並不是多麻煩的一件事，因爲亞紗美的前夫就住在距她家步行只要五分鐘的地方。有時候，碰上她要去島外出差，也總是很容易就把孩子們送到那個家去。

這種現象是我覺得島生態最不可思議的地方之一。我停留在隱岐的這些日子，至少已經聽說了三個類似的案例：移住者和本地人的聯姻，離婚之後，雙方依然作爲鄰居共處，在日常生活中經常見到。最令我印象深刻的一個案例是有個德國男人和島上出身的女人（她正是阿瑪瑪萊的負責人）結婚了，兩人一起移住到小島，生了孩子，全家人去瑞士生活過幾年，又回到了小島，然後離婚了。女兒高中畢業後，表示想去德國留學，最近女人暫停了工作，帶著女兒去了德國的爺爺奶奶家，一邊住在那裡，一邊尋找房子、申請學校。而這個德國男人始終生活在海士町，自己種植著一個農園，規模愈來愈大，蔬菜經常放在島上的幾家商店裡賣。這讓我又一次想起「狹窄的人際關係」這個詞來，在小島上，似乎很難實現「老死不相往來」這句俗話。不過，亞紗美更正了我的說法，她說，她和前夫早已形同陌路。但住得近對孩子們的成長有好處，他們可以隨時往來於父母家，即便家庭離異，也不會有任何一個角色「不在場」。我不確定孩子們是否眞的心無芥蒂，但對於久居城市的我來說，這種關係很難想像。

亞紗美說想跟我聊一聊，眞的就是字面意義的聊一聊，不抱任何目的。她只是好奇我爲什麼跑到小島上來，然後，基於在出版社工作的職業背景，她想要多瞭解中國出版業和圖書市場的現狀。

「中國人現在讀書嗎？」這是她向我提出的第一個問題。爲了讓我理解這個提問的深意，她又補充道：「在日本，讀書的人急劇減少，年輕一代只愛看影片，沉迷於 YouTube。」

「這種事情，在哪裡都是一樣的。」我回答。

「日本出版社的狀況非常嚴峻，雜誌也是如此，停刊愈來愈多。」

很湊巧，這天早晨，我剛剛在新聞看到日本已有一百零一年歷史的大牌雜誌《週刊朝日》停刊的消息。這本被譽爲「日本最古老的綜合雜誌」，在鼎盛時期曾經創下一百五十萬本的單期印量，至停刊時已跌至七萬。即便是七萬這個數字，相比圖書市場還是好得多的。因此我才對二〇一九年創立的「海士之風」感到好奇，在這樣嚴峻的狀況下，創立一個新的出版社，還是在這樣偏僻的離島上，怎麼想都不合理。

「所以，我們每年只出版一本書。只出版我們自己眞的想出版的東西，那些和我們擁有共同理念的作者的書。」亞紗美說。「海士之風」成立三年來，慢悠悠地出了三本書。她走到起居室的書架前，取出那三本書遞給我——一本是日本設計師太刀川英輔的《進化思考》，一本是美國非暴力溝通中心創始人馬歇爾．盧森堡（Marshall Rosenberg）的《非暴力溝通》[19]，最新的一本則是被譽爲「美國慢食教母」愛莉絲．華特斯（Alice Waters）的《慢食宣言》[20]。只有第一本是原創，後兩本都是翻譯——老實說，我在這三本書上找不到任何共同點。

但在亞紗美的解釋中，設計思維、溝通技巧以及某種飲食方式，它們都指向了同一的價值觀——一種在離島環境下，擺脫過度資訊和流行風潮的影響，眞正被認可的價值觀。這種價值觀的核心，是「人與人的關係」、「人與自然的關係」以及「針對社會問題的思考和解決方案」。亞紗美說，因爲居住在海士町這樣的地方，更容易認識到自然的重要性、人和人之間聯結的重要性，他們想把這樣的價值觀傳達出去。

我還是難以釋懷：每年只出一本書，活得下來嗎？

---

⑲ 編註：本書英文原名為 *Speak Peace in a World of Conflict*，台灣出版名為《這樣說話，你我都是大贏家》（光啟文化，二〇一一）。

⑳ 編註：本書英文原名為 *We Are What We Eat: A Slow Food Manifesto*，台灣出版名為《告訴我你吃什麼，我就知道你是誰》（好人出版，二〇二三）。

在日本嚴峻的出版環境下，儘管「海士之風」迄今只出了三本書，竟然也沒有虧本。《進化思考》賣出了三萬冊，《非暴力溝通》賣出了一萬冊，《慢食宣言》也已經加印。在愈發不景氣的圖書市場中，這個數字就已經是好成績了，亞紗美告訴我：「一本通常定價在兩千日圓的書，首印數一般不會超過三千冊，賣出五千冊開始盈利，賣到一萬冊就是能賺錢了，而如果賣出兩萬冊，這本書就算是在商業上成功了。」把書做到這樣的情況就不錯，這個出版社在銷量上沒有太大野心，畢竟，它的終極目的不是單純做出版，圖書被視爲「與風與土」其他事業項目的推動力量，兩者配合，方可綜合實現各種盈利。

比起推出更多的暢銷書，摸索到「什麼是在這個小島上才能出版的書」，對這個新生的出版社來說也許更爲重要。答案似乎正在浮出水面。去年十月出版的《慢食宣言》爲他們帶來了巨大的信心。據說當時有好幾家出版社在同時爭奪這本書的翻譯權，其中不乏知名度更大、開價更高的大型出版社，「海士之風」毫無競爭優勢，愛莉絲．華特斯卻最終選擇了這個小島上的出版社——她收到來自編輯團隊的郵件，第一次聽說了這個沒有便利商店和快餐店的小島，她認爲海士町的生活與她的「慢食」價值觀最爲接近。

亞紗美告訴我，「與風與土」的全部員工加起來只有六個人，分配到出版部門的人就更少，只有兩三人，但這也足夠了。東京大名鼎鼎的英治出版社是「海士之風」的業務合作方。英治出版社的社長曾經利用海士町的「親子島留學」制度，在島上生活了一年半，也是在這期間與「與風與土」的社長一拍即合，才有了出版社的誕生。從某種角度來說，他們親自詮釋了「風」為這片土地帶來了怎樣的種子。如今，在日常出版事務上，由海士町的團隊進行選題策劃、邀約作者和進行宣傳推廣，具體的編輯和翻譯等工作則完全由英治出版來負責，雙方形成了線上協作的日常模式——這也許是網路時代帶給離島的「新風」。

不得不提一句「與風與土」的社長，這位也是海士町著名的移住者之一。早在二〇〇八年，他就辭掉在豐田汽車公司的工作來到海士町創業，被視為島上新銳社會創業家的代表。他寫過幾本書，隨著海士町的地域振興事業日漸有名，經常被邀請到全國各地演講。像他這樣的海士町名人，是這個小島最具說服力的宣傳大使，他們也像風一樣刮來刮去，一年中的大半時間都不在島上。這當然也為出版社帶來了便利，由於交際甚廣，尋找作者的工作總是由社長本人來親自進行。

亞紗美負責一些更具體的事務，最近，她忙著籌備把愛莉絲・華特斯邀請到日本來進行宣傳活動。當然，他們最想讓「慢食教母」親眼看看自己選擇的這個小島。我又在一條舊新聞裡看到，去年《慢食宣言》剛出版時舉辦紀念活動，作爲責任編輯的亞紗美邀請東京一家榮獲米其林三星的法式料理店主廚來島上，進行了爲期四天的島生活體驗，這位主廚參觀島上的海藻加工廠，與本地廚師及漁師交流，還和「島食的寺子屋」的學生一起製作了料理。

在這條新聞裡，我驚喜地發現了宮崎家的存在——

到達海士町的第二天，米其林主廚在朝霞中乘坐著雅也駕駛的小船，出海體驗漁業生活。配圖有一張是雅也坐在船頭的身影，懷裡抱著比現在明顯小了一圈的陽太。那天的捕魚活動獲得了大豐收，帶回了大量梭子魚和三線磯鱸。此後他們前往宮崎家，在那個讓我熟悉而親切的廚房裡，米其林主廚用這些新鮮的魚和宮崎家栽種的蔬菜，製作了正宗的法式午餐。亞紗美也參與了那頓午餐。

我問亞紗美：「喜歡這樣的島生活嗎？」

我看得出來，我們談話所在的亞紗美的家，是一個自由開放的家。起居室裡又來了幾個小孩，鄰居的老太太也脫鞋走進來，擅自在廚房裡找起東西來。亞紗美說，周圍的人都瞭解以她的性格不會在意這些事，因此經常隨意地走進這個家。很多時候她下班回來，起居室坐著一堆不認識的孩子，卻也不擔心，只要問兩句，就會知道他們的父母是誰。她覺得，這是在大阪絕對不可能發生的、只屬於小島土壤的一種隨意而有趣的相遇，對於孩子們來說，很快就能認識很多人，關係也能迅速變得很好，不像城市裡的孩子，從陌生人變成朋友，要花上許多時間。

「對大人來說也一樣吧？」我想了想，在京都的生活中，我應該不太有可能整個下午坐在某位只有一面之緣的人的廚房裡。

亞紗美點頭。「這個島太小了，遇見一個人，你一定會遇見他好幾次。城市太大了，遇見一個人，也許一生就只能遇見這一次。只有在城市裡，才會發生『一期一會』這樣的事情。」

對於亞紗美，一位單親媽媽來說，能夠一邊養育三個孩子，一邊從事一份自己覺得有趣的工作，也是在小島上才能實現的事情。小島不僅擁有豐裕的自然，讓孩子們能夠悠閒自得地成長，也擁有安全安心的人際關係，令她可以放心地讓孩子把陌生人帶回家而自己繼續在公司策劃一本書。她無法想像，如果回到大阪，事情會變成什麼樣子？這幾年，她在黃金週和新年回到大阪老家，總是明顯地感覺到人與人之間的那種遙遠的距離感，即便是以熱情開放著稱的大阪，在島上生活十幾年之後，亞紗美也開始感到不適應。她漸漸覺得，那些地方恐怕沒有很好的生存條件。因此，亞紗美想暫時就這麼在小島上生活下去。

10

在海士町港口，可以搭乘的船主要有兩種。一種是隱岐汽船，它們前往島後地區、島根縣和鳥取縣本島的港口，船型有輪渡和高速船兩種，但每條航路通常每天只有一班船。在島前地區三個小島之間穿梭循環的一種，稱爲「島前內航船」，從早上七點到晚上九點之間，幾乎每小時就有一班，島與島之間，最多只需要十幾分鐘的船程。

從內航船的規模就能看出各個小島的地位。去西之島的是一艘渡輪，可以直接駕車上船的那種，我差點兒就上了那艘船，被船員攔住，他指出我的票是去知夫里島的，要等到渡輪開走後，才會有一艘小船過來。知夫里島實在太小了。隔天我返回時，甚至沒在那裡找到內航船售票處，一位好心人告訴我，往船員手裡塞三枚硬幣就可以上船了！

知夫里島，隱岐群島中最小的一個有人島，一個島就是一個村莊，在行政上它被稱為「知夫村」。和大多數離島不同，知夫里島幾乎全是放牧地，畜牧業是這個島最主要的產業。島前地區的人們在描述知夫里島的時候，通常用的一種說法是居民只有六百人，牛也有六百頭——一個牛和人一樣多的小島！知夫里島實在太小了。我跟福田說起我要去島上的飯店住一晚，他立刻就說出了那家飯店的名字——在知夫里島，飯店僅此一家，其餘只有幾間零散的民宿。

到達知夫里島的那天下午，飯店的工作人員開車來港口接我。一個年輕熱情的女孩，三年前從加拿大留學回來，熟絡地駕車往小島高處開去。我確實在沿途看見了一些黑色的牛群身影，它們在懸崖上悠哉地吃著草。我問女孩為什麼來到這般風景的知夫里島，她道，因為此地有一種海外的氛圍，在離島上，處處皆不同於本島。她又告訴我，她原本打算繼續前往海外，沒想遇上疫情，哪兒都去不了，於是應聘了日本的地域振興協力隊來到隱岐，此後被安排在這家飯店裡做工作人員。眼看疫情就要結束，她也差不多該離開小島，繼續海外生活的計畫了。

那天傍晚，在飯店吃過晚餐，我站在餐廳的窗戶前拍攝落日餘暉。女孩走過來建議我，最好走出飯店大門，走到外面的停車場去。在島上這些日子，她好幾次被那裡的落日驚豔過。我依照她的指引走出去，可惜太陽已經沉到海底去了。彷佛是作爲補償似的，在這天的晚些時候，我站在房間的陽台上，目睹了海上升明月的完整過程。深夜，一輪圓滿的月亮掛在遠方的孤島之上，在夜色中將光明盡數灑在深沉的海面之上。

在明月照耀著大海的知夫里島的夜晚，我思考著我來到隱岐的理由。一開始，我想搞清楚人們爲什麼在這裡生活，爲什麼他們要生活在一個大多數日本人一輩子都沒去過的小島上？尤其是，他們並非生來就在這裡，而是後天選擇將這裡作爲旅途，抑或歸宿。如果他們曾經生活在東京、大阪、京都甚至美國、德國、加拿大，他們爲什麼要選擇偏僻的小島？隱岐就是這樣一個地方。我想，見過世界的人們來到這裡，應該不只是爲了明月和大海。此地風景誠然美好，但風景不是它的本質。

我只在知夫里島住了一晚，次日，送我去港口的工作人員換成了一個更加年輕的男生。這個男生只從車窗裡遙遙瞥了一眼海面，旋即提醒我說：「今天風很大，船應該會很晃，一定要多加小心。」以我的觀感來說，那海面幾乎稱得上平靜。可是他說，從波浪的弧度，可以推測它的暗湧。這個男生是長野人，他才在島上生活了半年，已經學會解讀波浪。飯店工作只是他的一個短暫落腳計畫，當下他正四處尋找房子，打算在知夫里島開一間青年旅館。這個小島上有飯店，有民宿，卻從來沒有過一間青年旅館。

「我有一個立志成爲漁師的朋友，他前陣子來島上玩，我們商議了這件事，決定一起開青年旅館，」男生對我說，「我們一致認爲，在知夫里島，應該有一個住宿設施可以實現人和人的相互交流。而且，這個小島上沒有什麼可觀光的地方，我們可以把漁業體驗和青年旅館結合起來。」

我問他，打算在島上的什麼地方開旅館？「哪裡能找到場地就在哪裡開，不是我可以選擇的。」他告知我一種島現實，在這個島上，可以提供給外來者經營旅館的地方並不多，他還在苦苦尋找中。下車之前，我對這個男生說加油，並把上五島的ぽれ推薦給了他，直覺上我認爲他想做的是類似的東西，我想，如果他去那裡住一住，也許能得到一些啓發。

這個男生說得沒錯，知夫里島沒有什麼可觀光的地方。它最著名的地標是一處露出紅褐色岩石表面的大斷崖，福田曾經指著地圖上的地名對我說：「日本人看到這個名字，只會想起《三國志》來！」我最終沒有去那個名叫「赤壁」的地方。

我在這個小島的唯一目的地，是坂道下的一間咖啡館。它剛剛開業一年，一棟兩層木造建築，內裝充滿了復古的昭和氣息。二樓籠罩在昏黃的燈光中，有一扇面向港口的窗戶，終日可以眺望蔚藍的海。我沒有想到在離島上還會有這樣的咖啡館，也許你在東京和京都常常會遇見這樣的懷舊風格，但在有六百頭牛的小島上？它過於時尚了。倒是它的名字「のらり」，在日語裡有「漫無目的」、「順其自然」的意思，非常符合人們在離島上的追求：慢慢來，按照自己的速度來。

這是這個小島有史以來的第一間咖啡館，也是知夫里島上唯一一間咖啡館。它的營業頻率很好地詮釋了它的名字：只在週末營業。只因爲在平日，店主還要養牛。

今年二十七歲的店主川本，回到故鄉的小島是在五年前。和這個島上許多人一樣，養牛是代代相傳的家業，他從小就在看著爺爺養牛了。這些出生在養牛家庭的孩子，很少會以這份事業爲人生目標，他們少年時代憧憬城市，並終將以考大學爲最大的機會離開小島，投身城市生活，賺更多的錢。川本的人生路徑毫無意外。高中畢業後，他考上了一所東京的大學，大學畢業後，打了一年半的零工，然後被一家當地企業錄用了。

人生的轉折就是在那時出現的。按部就班地實現了計劃中的城市生活夢想，川本的心態卻發生了變化。他發現，他開始想養牛。

「我漸漸意識到了，企業的上班族生活恐怕不適合我。」川本站在吧台後面爲我沖泡一杯深煎咖啡，二樓暫時沒有別的客人，我們隨意地聊起天來。他對我說起他失敗的上班族經歷，每天整理著大量在他看來毫無意義的文件，他對此感到厭惡和抗拒，但日本的企業似乎就是一個充斥著大量「無意義工作」的地方。

最後，川本決定回家，繼承父親的肉牛養殖農場。如今他是一位社長。儘管這位社長的全部資產只有三十頭牛，但他覺得，這是一份任何事情都可以自己判斷是否有其意義的工作。

「養牛能賺到錢嗎？」我問川本。

「能吃得飽飯。」他回答。

其實，川本剛回到小島就想開咖啡館了，但他沒錢。他也很清楚在這個小島上，開咖啡館賺不了錢，只能用最小的成本來做這件事。這棟建築原是曾祖母廢棄的牛舍，他用了四年時間才把它改造成咖啡館。那四年裡，川本一邊養牛，一邊在農協打工，存下來一點錢，就進行一點兒改裝。改裝這間咖啡館總共花了四百萬日圓。這個價錢當然請不起專業建築工人，所有的工程都是在每天工作結束後，和妻子兩人在夜晚完成的。

川本和妻子理子在東京相遇，結婚後一起回到了島上，週末的咖啡館也由兩人共同經營。川本驕傲地把一樓的一張木頭長椅指給我看，說妻子大學時學的是家具設計，店裡的一些家具是她親手製作的。不過，我沒能見到理子，她有了身孕，最近回到老家山口縣待產去了。

養牛和咖啡館，很難想像會被放在一起的兩件事情，如今把川本的生活塞得密不透風。即便在咖啡館營業的週末，他也要在早上六點起床後先去餵牛，然後在八點半準時到達店裡，下午四點半關門後，再回到牛圈工作。

「養牛是工作，咖啡館是愛好。」川本如此總結他的生活。

咖啡館是遲來的愛好。川本直到前往東京上大學期間才接觸到咖啡館，很快便愛上了它。比起現代咖啡館，他更喜歡那些昭和風格的店，只要空閒下來，就會進行老鋪喫茶店巡禮。他還在其中一家店打過工——我在のらり感受到的那種都市復古風格，就是受到了那家有著四十年歷史的懷舊喫茶店的影響。

川本開咖啡館的動機很簡單，他喜歡咖啡館，但小島上一間也沒有，只好自己開。島上不僅沒有咖啡館，也沒有甜點店，想吃泡芙的時候只好自己做，於是他又開始研發甜點，一些成功的，寫進了咖啡館的菜單上。這天，我吃到了一份「本日推薦」的香蕉吐司，味道不錯。又聽說他做的布丁在周邊聲名漸起，常常售罄。

在知夫里島上，把開咖啡館作爲愛好其實是奢侈的。這個小島上目前準確的居民數量是六百五十人，其中超過一半是高齡者，除去未成年人和打工者，大概只有一百來人擁有正式工作。他們從事著離島上可以想像的有限職業類型：首先是公務員、老師、養老院看護，然後是養牛養羊以及少部分的漁業和農業。和相鄰的海士町完全不同，知夫里島上幾乎沒有企業，只有幾家小商店。因薪資收入有限，一個人從事幾份工作的情況很常見。過了退休年齡仍繼續打工的老年人也很多。退休金不夠用，也沒有子女可依賴，川本說，日本人將他們稱爲「銀髮人才」——一個描述人類悲哀現狀的日式造語。

但是，他又說：「日本的老年人充滿元氣，如果不工作的話，也許很快就痴呆了。」川本用來證明這一觀點的論據是他的爺爺，這位老人今年已經九十二歲了，還每天和他一起餵牛，「如果停下來的話，沒準立刻就上天堂了。」

過了一週，我又去了一次知夫里島。前一次坐在のらり，川本向我打聽中國咖啡，他從朋友那裡聽說，近來雲南種植的咖啡豆很有名氣。湊巧，我的行李裡剛好帶著一包雲南咖啡豆，我把它作爲伴手禮和宮崎家喝了半包，剩下的半包，打算帶給川本喝喝看。

這一天，沒有飯店的專車來接我。我按照川本給我的計程車公司的電話，提前一天預約了接送。如果不這麼做，我就得在港口租一輛電動自行車，騎二十分鐘才能到達咖啡館，沿途全是陡峭的坂道。相比之下，在知夫里島上搭計程車很划算，十分鐘之內一律按五百日圓收費——在這樣的小島上，不會堵車，這個價錢基本能到達一切想到達的地方。

這一天小島果然很熱鬧。我在沿途看見的不再只有牛群，還有一些騎車在島上環遊的外國遊客。川本的咖啡館裡也已經坐了兩桌人。我甚至還遇見了一位熟人：去過宮崎家的一位成人的島留學生。她帶著許多行李，專程來參加一家民宿在週末舉辦的瑜伽教室。每週做完瑜伽，她會在島上觀光，這天來到咖啡館之前，她還去吃了一碗拉麵。兩年前，有位從北海道移住到島上的拉麵名人在島上開了一間拉麵專門店。「離島上居然有了拉麵店！」這件事成為轟動的新聞。就連宮崎家也從海士町搭船來吃過一次，但是，美穗說，太久沒吃拉麵，她現在覺得這種食物味道太重了。

川本這一週都很忙，他給牛群進行了人工授精。決定繼承家業之後，他跑去兵庫縣接受了連續一個月的集中培訓，通過了考試，獲得了「家畜人工授精師」的資格證。在知夫里島上，總共只有四個人擁有這項資格，聽起來應該很搶手，但實際上，由於裝備過於昂貴，只有其中兩個人在專門從事此項工作。川本對我算了一筆帳：給一頭牛進行人工授精的費用大概是五千日圓，按照七百頭牛來算，總共是三百五十萬日圓，再平均分配到四個人身上，幾乎賺不了什麼錢。於是，他放棄了購買專業設備，總是委託其中一位專業人員來幫忙。

我察覺到一些數字上的誤差：「可是宣傳冊上說，島上一共有六百頭牛，六百個人，兩匹馬……」

「現在已經有七百頭牛了。」川本說。

「那兩匹馬是怎麼回事？」

「是島上有個人買的寵物。」川本笑道，在離島上，馬是可以成爲寵物的。離島有離島粗獷的寵物飼養法，兩匹馬的主人任由它們自由地放養在島上。因爲它們會吃掉一些牛不吃的雜木，反而讓島上的環境變漂亮了，就這一點而言，川本說，人們很感激那兩匹馬。

川本很關心我這一週在宮崎家的生活，他問我：「四個孩子的家庭，是不是像動物園一樣？」

在宮崎家，我向美穗提起知夫里島，孩子們聞言也加入了談話，表示：「我們也去過知夫里！」我好奇他們去幹什麼，他們說：「去吃蛋糕了！」我才知道，他們也去過のらり，把時尚的咖啡館搞得像是動物園一樣。而且，美穗原來是川本的高中英語老師。

知夫里島的小學生雖然只有區區三十人，但暫且還有小學和初中，人們可以一直到高中才去島外。和知夫里島所有的高中生去向一樣，川本是在島前讀的高中。他進入高中的第一年，恰好是魅力化項目開始的時候，每個年級雖然只有一個班級，但他班上的四十個學生之中，有二十人是來自島外的島留學生。起初本地高中生和島留學生小心翼翼保持著距離，互相觀察著對方，完全不像今天這樣融爲一體。川本說，他的情況有些特殊，他是本地人又不是本地人，每天搭船上學不便，選擇了住校，很快就和島留學生打成了一片。他回憶說，當時的宿舍只能住六十個人，隨著島留學生愈來愈多，最近又修建了一棟更大的宿舍樓，豪華氣派。

川本作爲一位親歷者，認爲島留學生的到來是一件雙向的好事，島內島外的年輕人，彼此都受到了異文化的衝擊。他的一位高中同學，如今成了成人的島留學項目的負責人。而另一位高中同學——幾天前我和美穗在一家魚店見到他——在高中畢業後去了本島的鳥取縣，三年前才回到島上來，如同川本選擇的那樣，繼承了家業，成爲魚店老闆。

這天下午，我和川本一起喝了雲南咖啡，也終於吃到了他做的布丁。布丁果然好吃，我想帶一些給宮崎家的孩子們做伴手禮，很遺憾，咖啡館還沒有開發出外賣服務。此後，我又喝了一杯夏天的調酒。

我從川本那裡得知了一些知夫里島的牛的故事。在這座島上養殖的肉牛，稍微長大一些，就會被送往日本各地。送去滋賀，它們會長成近江牛；送去神戶，會長成神戶牛；送去佐賀，會長成佐賀牛；到了長野，則會長成信州牛……全都是以日本最高等級肉質著稱的黑毛和牛品牌。看來，知夫里島上的「牛生」，都有一個好去處。不知道爲什麼，我突然想起過去離開小島的年輕人們，是不是也如同這些牛一樣，帶著一種揚名立萬的志向投身於城市，在距離他們最近的本島城市成爲「松江人」或是「鳥取人」，也許在更遙遠的國際大都市成爲「東京人」或是「大阪人」。當他們在那樣的地方死去，他們的下一代，將不會再被貼上「島民」的標籤，這將被視爲他們成功發跡的結論。如同那些牛，他們的人生也有了一個好去處。

但事情正在發生變化。這些年，知夫里島的小牛也被送到海士町，在那裡，它們將長成「隱岐牛」。隱岐牛擁有和其他黑毛和牛一樣不菲的身價，並且，它們毫不介意自己終生帶著小島的標籤。小島正在成爲好去處，從某種意義上，不只限於牛。

我感覺到隱岐那些讓我好奇的事情正在緩緩揭開謎底。總的來說，這是一個同時具備了「漂泊」與「穩定」的小島，無論你追求的是哪一種，總能在這個小島上得到你想要的。一方面，我在這裡感到輕鬆，因爲這裡沒有跟我談論穩定的人，那些成人的島留學生或是地域振興協力隊的隊員，他們太年輕了，在一個談論穩定還不現實的人生階段，他們多半是待了三五年就要離開的。如同那個即將啓程再度前往海外的女孩。而另一方面，那些漂泊許久的人們來到這，十年、二十年地留了下來。比如宮崎一家，比如福田，比如磯谷，比如亞紗美，比如川本。他們生活在這裡，是因爲小島允許他們親自建造一種他們所追求的穩定生活，這種生活往往以農業、漁業、自然、教育和文化爲基石。我感覺到生活在離島上的人們通常擁有一種非常厲害的生存技能：他們擅長創造和建設。這裡原本沒有隱岐牛、沒有圖書館、沒有出版社、沒有海參加工廠……但都被他們創造出來了。他們創造一切他們所需要的。就像川本這樣，沒有咖啡館和甜點店，就自己開。你可以稱之爲一種「拓荒」的精神。正是這種拓荒精神，讓小島變成了一個新生的地方。這也是我總覺得離島生機勃勃的原因。這也是我喜歡「與風與土」這個比喻的原因：好的風會把好的種子帶來，在恆久的土地上長出嶄新的果實來。只要有好風土。

我又想到：這樣富有創造力的海士町，還有什麼是沒有的嗎？

於是，我問川本：「什麼時候會特別想去島外？」

「想吃城市裡的美食的時候。」他回答。

「比如？」

「麥當勞。」這位養牛的咖啡館店主毫不猶豫地說。

11

面對宮崎家的孩子，我通常最難向他們解釋的一個問題是：「爲什麼你現在才起床？」每個早晨的七點半，我從房間走出來，經過玄關，都會遇見陽太正準備出門上學，我對他說「路上小心！」而他總是對我才起床這件事發出不滿的質疑。這種情況持續了幾天。然後，他開始表現出理解，問題換了一個：「你晚上是在寫書嗎？」對於我無法解釋的問題，我想，美穗替我找了一個好台階。

在島上，我已經盡量早起了。但這個家裡的孩子們，總是在六點半的廣播響起之前就起了床。即便在週末的早晨也沒有一個人睡懶覺，無論七歲的還是兩歲的。有時候我站在洗浴間刷牙，幾個孩子興奮地圍在周圍，爭先恐後地告訴我這天的早餐是什麼——他們已經吃過了，催促我快點兒。有時候一不留神，洗漱台上就會突然多出幾個枇杷來——他們一大早就在後院進行了愉快的摘枇杷活動。

早上六點半的廣播，慣例是播放舒緩的晨間音樂。除非遇上重要事項通報。一天，我躺在榻榻米上聽見通知重複了兩遍，大約是說診療所如何如何，到最後也沒聽明白。吃早餐的時候我問起美穗和雅也這件事，兩人抱歉地說，因爲忙著準備早餐，完全沒留意廣播。在忙碌的生活中，廣播宛如無意義的白噪音。但島上的生活重複循環，即便不認眞聆聽往往也不會錯失什麼。「一般情況下，」他們利用生活經驗判斷，多少能猜到廣播裡說的是什麼，「應該是島外的醫生今天來不了，天氣或是船的原因。又或者是診療所休息一天。」在這個小島上，看病就醫就是生活的頭等大事。診療所規模很小，不是所有病都能每天看，島外的醫生定期來到這裡坐診——耳科醫生每個月來兩次，眼科醫生每個月來一次——是一些人會標記在日曆上的重要日子。

每個下午的三四點，郵差會把車停在門前，擅自拉開門走進家，把一份報紙放在玄關。宮崎家訂閱了《山陰中央新報》，這是一份主要在島根縣、鳥取縣和廣島市發行的地方早報。因爲報社位於本島的松江市，每天要乘船來到島上，所以無法像在城市裡那樣，一大早就出現在人們眼前。宮崎夫婦總是利用傍晚前的碎片時間翻閱它。有一次，雅也翻看著報紙，突然驚呼一聲，恰好放學的陽太走進來，父子二人旋即討論起世界大事來：印度的一輛火車發生脫軌事故，死了兩百多人。我在前一晚睡前刷手機時，已經得知了這一消息——世界的頻率在宮崎家和我之間，有著微妙的錯位。他們的世界始終是一種下午三四點到來的報紙的頻率。在這個世界裡，孩子們不看電視、不玩遊戲機，夫婦兩人也不追劇、不看電影，雖然有手機，但極少通過它獲得情報——我日日目睹這個家手忙腳亂的生活，感到他們也確實沒有那樣的時間。

有些時候，雅也一早去海參加工廠，美穗送孩子們去山的教室，我就一個人待在家裡。一天，有個人砰砰砰敲著起居室的落地門，我告訴他，大家都出去了。他毫不介意：「那我就直接進來了！」然後拿著一把捲尺，丈量起家裡各處的門框尺寸來。原來是工班的人準備更換落地窗。後來美穗告訴我，這棟房子已經建造了四十幾年，由於建材老舊，冬天十分寒冷，他們去年已經裝了一個壁爐，現在計劃把落地窗換成兩層加厚的。這件事也有許多麻煩，美穗向在名古屋做建築師的弟弟諮詢過，得知島上的造價比島外貴了將近兩倍，這項工程總共需要花費一百五十萬日圓——島上的房子雖然便宜，裝修和翻新卻是一大筆費用，人們都已經習慣了這樣的規則。

儘管貴，但島上僅有的三個工班異常繁忙，完全排不上日程。隨著吸引外來移住者的計畫逐漸增多，政府工程猛然增加，工班現在忙著處理大量町營住宅訂單。這次翻新，宮崎夫婦還想把浴室和廚房一起改造了。這項計畫看起來前途未卜，不知道還要等多久——之前只是安裝起居室裡的那個壁爐，就足足等了一年。美穗有點兒發愁，廚房的改裝迫在眉睫，幾個孩子對做飯的參與欲非常強烈，每次都一窩蜂擠進來，可惜現在的空間太小，難以讓一家六口全部容身其中，最後只能對孩子們高喊：「一邊待著去！」美穗打心底不願意讓事情變成這樣，這不符合她的家庭觀，和孩子們一起在廚房的時間，在她看來應該成爲將一家人緊密聯繫在一起的最重要時間。美穗也考慮過是不是要將工程拜託給島後或者本島的工班，這樣也許能加快進度，材料費也會更便宜一些，但這也意味著要負責工人們的交通費和飲食費，又將是一大筆開銷。這些都是島生活的日常中讓人們束手無策的事情。

又有一天的下午三點，美穗從玄關拾起報紙放在起居室的桌子上，領著我出門去買菜。島上的小商店分布在各個聚居集落，其中以港口和町政府附近數量最多。我陪美穗去港口的魚店買過剛上市的鯖魚和釣魚用的魚餌，也一起去農協的商店買過豆腐和蔬菜。我漸漸摸清楚了一些規律：農協是國營商店，和其他那些個人店的進貨及運輸通路都不一樣，很多時候價格會便宜一些。我注意到來自島外的茄子——它們在港口的商店售價三百五十日圓，在農協的店只賣三百日圓。在一些店裡，我看到了雅也生產的米糀和海參加工品。無論哪一種類型的商店，都既售賣島上人們種植的蔬菜和加工品，也進口島外的蔬菜、冷凍肉類及牛奶飲品等等。島外的蔬菜，通常是島上水土不適宜栽種的，或者是非應季的蔬菜，由於加上了運輸費用，一般比島外昂貴。我看到了豆苗，價格是京都的兩倍多，還有草莓和芒果，注定在島上只能成為高級水果。在海士町的日子，我一次也沒有吃過番茄。本來我考慮給孩子們做一次番茄炒蛋，美穗說，島上現在沒有番茄，還沒有到成熟的季節，又提議用商店裡的番茄罐頭做替代品。這讓我覺察到了一種世界眞相：一種我以為每天在超市和餐桌上生長出來的蔬菜，原本也有其隨季節生長的生物規律。

那天，我和美穗買完菜，開車在回家途中，突然有一個光著上半身的男人騎自行車橫穿馬路而過。即便在島上，我也只見過兩個半裸的人。另一個是陽太。「那是個美國人，」美穗告訴我，「他在這裡造船，町政府給了他一些經濟補助。」海士町是這樣，對於來到這裡創業的移住者，只要計畫成立，無論日本人還是外國人，均給予一視同仁的支援。還有那位離婚後在島上經營蔬菜農園的德國男人，由於町政府正大力推行地產地消，也得到了一筆不少的補貼。

這個德國男人的名字叫弗蘭克。雖然我一次也沒見過弗蘭克，卻處處遇到他。我每次都在商店裡看見來自他農場的蔬菜。還有一天我坐在宮崎家的起居室，外面傳來轟隆隆的除草機聲音，美穗說，可能是弗蘭克，雖然他的農場在另外一處，但他去年買下了這附近的空地，好像要種點兒什麼。我知道弗蘭克也是英語會話小組的一員，我聽過他的離婚故事，還在阿瑪瑪萊的工作人員合照中見過他前妻的樣子。我甚至還聽聞了一個八卦，美穗和茜的種子會的另一個核心成員，一個來自大阪的女人，正是弗蘭克的現任女友。外國人也和本地人無二異地生活在這個小島上，探索著他們的理想生活，同時成爲閒話和八卦的一部分。我還聽說，在海士町有一個在觀光協會工作的斯里蘭卡人，隔壁的知夫里島也有一個經營法式甜點店的法國人，那間店正在成爲隱岐的人氣名店。

移住者在這個島上做著各種各樣的新鮮事，包括外國人。我又想起曾經問過福田的那個問題，於是也向美穗求證：「島上的原住民在幹什麼呢？」

「在町政府做公務員的最多，」美穗回答，「還有開煤氣公司的、開加油站的、開餐飲店的。社會福利相關的工作，例如老年人和身心障礙人士的收容和支援設施，也幾乎都是當地人在做。」

美穗和福田有一個觀點是相同的，他們都認爲在這個島上，比起移住者那種「強烈地想要改變什麼」的願望，原住民更願意維持其普通的寧靜生活，因此在各種活動中，很少見到原住民的身影，而且這之間還存在一些年齡差——原住民中高齡者的比例很高。

福田對我說過，在這個島上，移住者將一生都是移住者，直到他們的下一代，才會成爲本地人。美穗對此有更本質的認識，她認爲移住者之所以永遠貼著移住者的標籤，是因爲他們在這裡沒有親戚。在沒有被血緣關係聯結的土地上，移住者即便擁有穩定的生活也像是在漂泊。這種傳統的由血緣維繫的地緣關係，讓美穗學會了一些生存規則。

「如果你在背後跟一個島民說另一個島民的事情，沒準那人就是他的親戚，你的話會很快傳到他的耳朵。這樣的事情有很多。」她說，「生活在這裡之後，我漸漸學會了不隨便談論別人的事情。」

這符合典型傳統農村社會的組織構造。把島生活完全想像成一種自由的羅曼蒂克是不切實際的，一旦久居其中，就會發現其微妙的人際規則。不適應的人選擇離開，但留下的人，要努力找到平衡，以及自己存在的方式。在宮崎家住得愈久，我就愈發意識到，他們擁有隨著時間變化的、複雜多樣的生存方式。作爲較早的移住者，雅也從事著農業、漁業和加工業，這是很傳統的生活方式。但美穗辭掉高中老師的工作之後，正開始尋找在這個島上的新可能性。

我所認識的美穗，是一個狂熱有機生活的擁躉[21]。宮崎家對於吃的追求首先就是「有機」和「健康」。宮崎家餐桌上出現的食材，除了自己種植的稻米和蔬菜、自己捕撈的魚類，很多來自山口縣的一個大型有機牧場。美穗對它十分信任，在官網訂購了組合套裝，每個月定期收到正當季的蔬菜以及雞肉、豆製品或者是燒賣等冷凍食品。當這些食材到達島上的時候，美穗總是親自開車去港口取貨，其實也可以等待快遞員派送上門，但那意味著要再多等一天。

美穗對有機生活的追求，不是來到島上才發生的心態變化。畢竟她第一次來到海士町就是作爲WWOOF的志工，從很早之前就開始關心食品的健康問題，推廣固定種、種植有機稻米和蔬菜也是基於這一前提。她原本以爲島生活就是原生態，是天然和健康，到了海士町才發現現實根本背道而馳——海士町的農業種植方式，一直使用大量農藥。昭和時期，農藥種植方式

㉑ 編註：擁躉，常見於粵語，意指支持者，意同於台灣的粉絲。

在日本全國普及和流行，最後傳入各個離島。本島的農民更早地受到了健康問題的啓發，開始反思使用農藥的壞處，這種風潮卻未刮進小島。這也不是小島獨有的現象，愈是偏僻之地，人們愈是理所當然地吃著使用農藥的各種蔬菜。美穗去港口的商店買菜，看到標籤上是當地的老爺爺老奶奶種植的蔬菜，反而會望而卻步，因爲她無法判斷其中的農藥含量。

在島上共同生活的這十年，美穗和雅也一直在思考怎麼向原住民推廣無農藥種植方式。改變一個地區的集體觀念，不可心急，也不能打直球，如果直接宣傳「農藥是有害的！」「請停止使用農藥！」肯定不會被人們接受，反而會激怒他們。尤其，作爲移住者，對原住民趾高氣揚地說：「讓我們來改變吧！」只會招致反感。他們一點點從過去學習經驗，在失敗中找到了方法，盡量委婉迂迴，採取一種原住民樂於參與其中、更策略性的方式來做這件事。

美穗和茜的種子會首先找到了一個好方式。一開始，本地的農家漠視了她們的活動，很長一段時間裡，參與者全是移住者。

直到今年二月，種子會把長崎縣一位人稱「菌老師」的人物邀請到了海士町，舉辦了一次無農藥種植的講座。這位年過六旬的男人，早在一九九九年就創建了一個「大地與生命之會」，以九州爲基地，在日本全國掀起了一股「用生活垃圾種植蔬菜」的熱潮，其觀點是如果將生活垃圾轉化爲堆肥，任何人都可以輕易種出不使用農藥的美味蔬菜。這位「菌老師」出版過幾本暢銷書，在日本種植家庭菜園的人群中頗有人氣，也使種子會迎來了它第一次活動的高潮，竟有超過一百人前來參加！要知道，過去舉行這樣的活動，通常只有十來人的規模。這些突然多出來的人，很多是當地人，尤其是農家的老爺爺和老奶奶們。現場的踴躍場面讓美穗第一次明白，原來原住民農家也一直抱著「不使用農藥也可以」的想法，只是他們不知道具體應該怎麼做。種子會可以給這些人提供解決方法，美穗得到了啓發，她正在籌備六月底在島上舉辦紀錄片《我開動了，這裡是發酵的樂園》（いただきます ここは、発酵の楽園）的放映會——我在圖書館裡看到了活動宣傳海報，片子主要講述了日本國內幾所先驅小學正在掀起的「有機營養午餐」運動，以及爲它們提供食材的一些小規模有機種植農家。「菌老師」也在這部紀錄片中登場了。美穗計劃著，等到電影放映結束了，秋天要再邀請他來一次島上。

現在的海士町，也聚集起了一群希望在學校實現「有機營養午餐」的年輕移住者媽媽。受到她們健康理念的影響，山的教室已經率先嘗試了這一做法。但受預算所限，小學和中學還沒有完全實現有機化。美穗想的是，通過紀錄片放映，也許能讓更多人達成共識，尤其是學校和政府的負責人，如果由他們來主導推廣有機營養午餐，海士町的地產地消或許能得到更充分的實踐，沒準加入無農藥種植的農家也會多起來。

在這個島上，外來者比原住民更具有這樣的健康意識，他們正在努力引領這種生活方式。那些爲了讓孩子擁有更健康、更生態的生長環境而移住到島上的年輕媽媽們，有些已經在這裡居住了十幾年，有些才剛剛到來不過半年，目標一致的生活理念把她們團結在一起——有二十個移住者媽媽，最近結成了一個新的組織，她們正在努力遊說島上的各個小商店，希望後者在進貨商品單上增加一些有機產品。

美穗也是這個推廣小組之中的一員。我從她口中瞭解到小組成立的契機：島上的小商店，因爲批發商通路基本都一樣，賣的東西大同小異。十年前美穗剛來到這裡時，沒有一間店裡能找到無添加物的商品。這在關注健康的她看來，賣的全是些對身體不好的東西。當時的她甚至找不到一個共識者來抱怨這件事。這幾年來，事情發生了變化，許多志同道合的女性移住到了島上。一開始，她們互相交換網購資訊，日子久了，她們又發現了新的問題，大量網購爲海士町帶來包裝垃圾，更糟糕的是，如果所有的生活物品都通過網路購買，將會影響海士町的本地消費經濟。她們決定改變這一切。

因此，我每次和美穗去小商店買菜，她都是帶著作戰計畫去的。她總是拿著幾張剛列印出來的A4紙，上面列舉出各家商店最近都增加了哪些有機商品。我從那張單子上看到，已經有六家商店加入其中，上架商品多是：有機手工皂和牙膏、對皮膚溫和的生理衛生用品、公平貿易認證的黑巧克力、國產大豆製成的有機豆腐、義大利有機食品廠商的各種義大利麵醬，還有美穗定期購買的那家牧場的雞肉和無添加冷凍食品……全部加起來，大約有三十多種。美穗的作戰方式，就是把這張紙拿給那些還未參與或是參與程度較小的商店店主看，對他們說：「它們最近開始賣這樣的東西了哦！」她認為，這樣可以刺激商店之間的競爭意識，讓他們意識到有機商品的市場。

就在我離開海士町的兩天前，美穗專程去了某家小商店，回來興奮地給我看照片。那家商店新開設了一個「無添加．有機商品角落」，我從照片上看到，五層貨架堆得滿滿的。我能感受到美穗對此發自心底的開心。這些細小的改變，令她對小島的未來充滿希望。「雖然有好的地方也有壞的地方，但從這個層面來說，海士町是非常好的地方，」她對我說，「這裡是一個接受挑戰的地方，大家都擁有自己要挑戰的事情。」

海士町不是樂園，這個小島充滿了各種各樣的問題。但是，十年前那些讓美穗感到鬱悶、最終辭去高中教師工作的東西，確實正在一點點變好。沒有人比美穗更清楚這種變化，小島不再像從前那樣只想吸引城市的名人到來，生活在這裡的人們開始更重視島生活和島教育的本質，山的教室和小商店裡的有機產品都是佐證。還有一個例子很能說明問題，十年前在島上推進島教育和島魅力的岩本悠，即便打造了島前高中這樣的成功案例，在島上生活期間，卻一次也沒下過田。當時許多來到島上的城市名人都和他一樣，是有距離的規劃者。但是，岩本悠的繼任者，也是如今島前高校魅力化的負責人，美穗口中名叫「大野」的一位男性，她對他讚賞有加，說大野也在自己種植水稻和蔬菜，因此和島上的人們很合得來，能一起做很多事——這位大野，就是雅也在推廣家庭水田的時候，第一個報名參加的人。

「經過了十年，這個島終於變成了『剛剛好』的感覺。」美穗說。這是一個漫長的孕育期，她那些理念一致的島上朋友，這十年裡，漸漸在各自的職業領域有了一定地位，例如在町政府，他們開始擁有發言權，終於能夠實現他們對農業、食物和環境的一些先進決策。隨著島上的發言權和島外的移住者同時到來，這個島也漸漸轉變成對各種怪現狀可以直言說出「這很奇怪！」的氛圍，而美穗自己，也終於變得喜歡這個島了。

美穗是因爲對日本的教育存有諸多不解，才毅然辭去了她熱愛的教師工作，但她也沒打算從此做家庭主婦。結婚以後，夫婦二人達成共識：孩子的教育十分重要。他們約定，先由雅也獨自工作養家，美穗在家裡陪伴孩子，直到他們三歲為止。自己暫時不工作也沒有關係，是美穗做出的取捨。再過一年，最小的女兒就三歲了，那之後，美穗也打定主意不再回到學校的教育現場。她始終在思考「教育」，在海士町的十年，她的重心轉移到了食物上，開始反思日本學校倡導的「食育」，教育機構是否真的瞭解「食物」的本質？美穗今後想探索這方面。如果能把自己對食物的思考和小島的土地結合起來，同時又能成為新的收入手段，那就是最理想的未來了。

島生活十年後，宮崎家仍然在摸索，美穗也仍然在摸索。為了實現他們理想的生活形態，只能靠自己摸索，每一步都在摸索，每一個階段都在摸索。

最後一次和美穗去小商店，回來的路上我問她：「現在最希望島上有什麼商品？」

她想了一會兒，說：「麵包！」

我每天在宮崎家吃著日式早餐，強烈地共鳴了這種想吃麵包的心情。但是，在島上出現一間美味的麵包店之前，次日，美穗起得比往日更早了，她自己發酵烤了一大筐全麥麵包。

相比我把麵包視爲救命稻草一般的早餐，對宮崎家的孩子們來說它是受歡迎的零食。他們平日的零食基本就是這些，美穗做的麵包、餅乾和優格，有時候他們也自己動手做果醬。美穗從不在商店裡給孩子們買零食，我一次也沒見過他們喝自動販賣機裡的飲料。我聽聞陽太喝過的可樂屈指可數，於是打消了做可樂雞翅的念頭。雙胞胎和最小的孩子，甚至沒有吃過巧克力。有時候，雙胞胎從山的教室回來，手裡拿著島上的老人們送的小禮物，是那些小商店貨架上花花綠綠的糖果或者果凍，美穗會露出困擾的表情，對她們直言：「媽媽眞是不想給你們吃這些呢！」如何讓不健康的食物不要流傳到孩子們手上，美穗對此很是發愁。不過，她最近發現自從「菌先生」來了以後，島上一些老奶奶的想法也發生了改變，她們開始追求一些更健康的食物了。這對美穗來說是一個意外之喜，她認爲，這對於孩子的成長環境是一件好事。

離開宮崎家之前，我終於習慣了孩子們日常揮舞菜刀的景象，但依然有一些不解的事情。陽太發燒到第三天，美穗沒有要給他吃藥的意思，這個家裡對待所有發燒的孩子都是如此：靜靜注視著，若是沒有發展到十分嚴重的情況，就等他們自己好轉。有那麼幾天，孩子們被蚊子咬得渾身是包，瘙癢難耐，我聽見美穗說：「泡個澡就好了！」

這種時候，我很想擁有一台時光機，我特別想看一看宮崎家的未來。對鬼滅和姆明[22]一無所知、沒有玩過Switch和手機遊戲、沒被冰可樂和巧克力征服的孩子們，在二十年後會長成什麼樣的大人呢？雙胞胎纏著我讀繪本的時候，向我講起過她們的人生理想，天真樸素的職業理想：一個說長大了想當保育園老師，一個說長大了要當電視上的歌手。這是她們目前對世界的最大想像。我猜想在這個家裡，直到孩子們考上大學離開小島，沒有人的夢想是成為YouTube主播，這種最受當下日本小學生歡迎的職業。但在那之後呢？當他們離開小島去城市裡上大學，會不會受到強烈的文化衝擊？會不會像川本那樣，把麥當勞視為難以戒斷的城市最高美食？當外部世界與內部世界發生衝撞時，他們會表現出融合還是抗拒？又或者，隨著移住者愈來愈多，等他們讀到高中的時候，小島已經是另外的樣子了？我沒有時光機，所有的關心與好奇無法立刻得到答案。我只有繼續等待宮崎家的孩子慢慢長大。

㉒ 編註：姆明，即Moomins，台灣常見譯名包括姆米、嚕嚕米。

12

在宮崎家的最後一天，早餐是烤年糕。初來那天的年糕大會，我見證了糯米如何變成年糕，並且體驗了人生第一次搗年糕和磨黃豆粉，在接下來的幾天，我親眼看著陽太把它們切成塊狀、分成小包裝進儲存袋。這天，那些乾燥的年糕又被拿出來，表皮被烤出微焦的顏色。早晨我刷牙的時候，照例透過洗浴間的窗戶眺望著後院那棵高大的枇杷樹——我第一次這麼做時，它的枝頭掛滿了果實，此時我看見在梯子頂端觸手可及的範圍內，果子已經被摘光了。

前一個晚上，我和雅也坐在起居室喝完了一箱啤酒。這是引發那場火災的某個集落裡的男人在第二天送來的。爲了表示歉意與感謝，他給每一個參與救火的人家都送了一箱朝日啤酒。島上的生活密度如此之大，我想起那場火災，恍若隔世。

美穗在二樓陪孩子們睡覺，最小的女孩正發著燒，她整晚都抽不出身。雅也表示遺憾，說她應該很想下來的，在這個家裡，美穗其實是更愛喝酒的那一個。幾個孩子連續進入哺乳期，她的上一次大醉，已經是剛懷上了陽太還不自知的八年前。我於是問起雅也那次傳說中的突然求婚。他有點羞澀地笑起來，沒有告訴我求婚的理由，只是兀地說起美穗的外婆——他第一次和美穗聊天就聽說了這位外婆，一位性格奇特的有趣老太太。我猜測著，他是否因此感受到在有趣家庭裡成長起來的美穗，一定也會很有趣？

我認爲把雅也和美穗緊緊連在一起的是他們高度重合的價值觀和生活目標，這也是宮崎家的家庭感不時讓我感到羨慕的地方。但我無法判斷他們十年前就是如此，還是這十年來共同生活的結果。雅也對我談起他的生活目標，並且糾正了這些日子以來他數次想要指出我的一個錯誤觀點。

「我們沒有在過自給自足的生活，」他說，「也從來沒想過追求自給自足的生活。」他對我列舉日常生活中那些需要花錢購買的賴以生存的東西：電、汽油、各種食物。這些必需品爲他生活帶來了便利，他不打算捨棄。而那些我以爲是自給自足的東西，例如農業和漁業，蔬菜、稻米、魚類和各種加工品，他稱之爲：「我只是在尋找我擅長做的東西。」

「那你追求的是怎樣的生活？」我問他。

「用我擅長的東西去換取別人擅長的東西，找到一種能夠平衡它們的生活方式。」他又舉了個例子，說最近開始生產玄米，這種糙米在島上很少見，意外地受到了人們的歡迎，於是他便拿到市集上去販賣，用收入的錢再去購買其他人出售的東西，蔬菜、肉類，又或者咖啡豆。

「不必一定要過那種物物交換的生活，有金錢的參與也完全沒問題。」他說，他只是要找到一種「雙贏」的方式。自給自足需要凡事親自動手、從無到有，那樣的生活對他來說太辛苦了，也並非他對生活本質的理解。在生活裡，尤其是海士町這個小島上的生活裡，與他人聯結遠比孤軍奮戰更受歡迎。

我又問雅也：「在這樣的生活中，錢有多重要？」

「錢很重要，但不是最重要的。」他十分堅定，「如果把錢放在第一位的話，就不會過現在這樣的生活了。」

在那箱酒快要喝完時，雅也問我：「你覺得 Entô 怎麼樣？」

Entô 是海士町最新開業的一家高級飯店，來到宮崎家之前，我曾在那裡住了一晚。「我很喜歡那家飯店，它可以在我住過的飯店中排進前三，」我對雅也坦白說，「在那裡，我強烈地體會到了一種感性。」實際上，因為我確實喜歡它，決定在離開宮崎家之後再去住一次，在那裡度過在海士町的最後一夜。

「那麼，你要不要和青山聊兩句？」雅也提議。

青山是 Entô 的社長，也是雅也多年的好友。雅也告訴我，青山是岩本悠的大學學弟。海士町最早的一批移住人才大抵是這麼來的：一個帶一個，帶進來各種城市裡的精英人士。小島對他們的到來熱烈歡迎，但凡有新人來了，一定會舉辦大型歡迎會。青山來到小島，起先是在觀光協會工作，後來又擔任該協會旗下新創業的一家清洗業務的子公司負責人，再後來，當海士町為建造一間新飯店尋找合適的社長的時候，他代表島上的年輕力量接下了這個重任。

雅也說，他認為青山將成為海士町未來的領導者之一，和他聊一聊，能幫助我更好地認識這座小島。第二天一大早，我剛起床，雅也就告訴我，已經問過青山，我們可以在 Entô 見面。我又一次感受到了雅也在小島上強大的關係網和存在感，同時也再次確定了海士町難能可貴的特質：這個島上的任何人和任何人，無論熟人與陌生人，生活者與外來者，都處在一種隨時發生對話的可能性之中。這種開放性，成爲海士町活力的源泉。

如果說人對世界的認知必然存在某種偏見，那麼高級飯店就是我的偏見之一。我對它的偏見根深蒂固：在高級飯店會遇見有錢人，但絕對不會遇見有趣的人。我總認爲它不具備旅途中的故事性，也知道許多人的旅行方式就是躺在飯店裡，放任自己對當地風土一無所知。因此，最近幾年的旅行中，我總是刻意地繞開它。在我的偏見裡，高級飯店已經等同於無趣、虛榮、形式化和缺乏交流的代名詞。

我之所以帶著偏見還是選擇在 Entô 住一晚，是因爲在關於海士町的各種報導中，它總是作爲小島的玄關一再被強調。此地原有另一間「海港飯店」，我在網上看到一條它幾年前的招聘廣告：「這間飯店坐落於小泉八雲喜愛的菱浦入海口的山丘上，您想來工作嗎？」據說，一百多年前小泉八雲就是在此處目睹了菱浦港的美麗景色，並寫進了遊記。海港飯店由於老朽嚴重不得不改修重建，於是變身爲二〇二一年七月開業的 Entô。有一位年輕女孩告訴我，她一直想爲這間飯店前往隱岐旅遊。她熱愛「建築巡禮」，在一本雜誌的「日本值得一住的飯店」特輯裡見過它，所有的房間都有面朝海港的超大落地窗，景色絕佳。

坦白說，我對Entô的第一印象不太好。這間飯店有一個極簡風格的接待大廳，空蕩蕩的鋼筋混凝土房間中央，一個孤伶伶的前台，後面站著的工作人員身穿一絲不苟的白襯衫黑褲子。掃地機器人在大廳穿來穿去，發出嗡嗡的聲音。我認爲它是島上一處尤爲體現城市美學的地方，極簡風潮統治了這裡，你能從中看到日本人對「現代」一詞的理解，但它缺乏人的氣息。

改變我這個想法的是房間抽屜裡的一張卡片。那是一張名片大小的空白卡片。不是那種會經常出現在飯店裡的東西，直到我讀完旁邊的一段介紹文字，才明白它的用意。

那段文字的標題是海士町最著名的口號：「沒有的東西就是沒有。」（ないものはない）

沒有的東西就是沒有。

這既有「可以接受沒有」的態度，也有「已經擁有一切重要的事物」的意識，即察覺到已存在的魅力和幸福。

在流逝的日常生活中，你是否意識到那些你一直忽視的事情？
在你沐浴在隱岐風中的時候，你是否曾重新思考過「對我來說什麼是重要的」？
你希望藉以重置自己，並照亮未來生活的是什麼？
將你想要珍視的事情，變成這張空白卡片上「贈給自己的提問」，然後留在這個島上。如何呢？

我從來沒有住過一間這樣的飯店，它要求我對自己提出一個問題，並且寫下這個提問的理由。如果不是它提醒，我不會意識到我已經很久沒有跟自己對話。以至於那之後整個晚上我都在思考：我對自己有何疑問？我出於什麼目的要對自己提問？一個什麼樣的問題才足夠成爲給自己的贈禮？直覺告訴我，這或許該是一個關乎人生的提問。

那個晚上，我一邊思考著要在卡片上寫下什麼，一邊走下樓梯，穿過空蕩蕩的走廊去大浴場。在地下一樓，有一個關於隱岐地質景觀的小型博物館，作爲配套設施，走廊上展示著一些古生物化石，最大的一塊，以整面落地窗外的遼闊大海爲背景，標識上寫著：恐龍。這個空間被命名爲「連接幾十億年前的地方」。再晚些時候，當我從大浴場走回來時，窗外已經陷入徹底的黑暗，看不見海的表情。連接幾十億年前的地方空無一人。我的視線再次瞥過恐龍化石，再抬起眼來，突然瞥見混凝土牆面上寫著一段白色的文字。我停下來，緩慢地在心中翻譯它。

其中有這樣幾句話：

這顆星球，充滿了多少驚人的奇跡和奧祕。
「我」又是多麼微小的存在。
無論是眼前的景色還是「我」，終有一天都將消失。

不知為何，得知「我」終將會消失這一事實，觸動了我的內心。我繼續走過長長的走廊，在心裡不斷地默念著這段話，登上樓梯，透過玻璃窗，看見高空上掛著一輪朦朧的滿月。我感到被什麼深深打動了。回到房間，我迅速寫完了那張空白卡片。我開始思考旅途的意義，其本質或許是讓人們在與世界對話的同時，對自身提出問題。

這便是我喜歡上 Entô 的契機。一張感性的空白卡片，帶來對旅途和生命的思考，像宇宙源源不斷發射卻長期被屏蔽的信號，在這個島上突然被我接收到了。這也讓我在開啓海士町生活之前，對它稍微有了一點兒理解：這是一個鼓勵旅行者對自己提出問題的小島。

其實，在雅也向我介紹青山之前，我還聽另一個人提起過他。我在島上住過另一間商務型飯店，那裡的工作人員是一個二十五歲的愛知縣男孩，男孩說他來到島上之前試圖在東京生活，結果只待了一週就逃跑了，他不喜歡那個不管想幹什麼都要花錢的地方，每天看著電車上的人們面無表情地玩著手機，心裡只想：「他們好像一點都不快樂啊！」一年前，這個男孩通過成人的島留學計畫來到海士町，一年的計畫結束後，他還想繼續留在島上從事飯店業，便去找了青山商量，於是，從今年四月開始，他成了只有六個房間的商務型飯店的正式員工——這間飯店的負責人，也是青山。

我在 Entô 可以眺望海景的大廳見到了三十九歲的青山。自從大學畢業來到海士町，這是他在小島生活的第十五年。

最初十年，青山一直在觀光協會工作，負責推廣島上的民宿。也是在這期間，他和在但馬屋工作的雅也關係變得很好。幾年前，海港飯店在經歷四十年的營業後，終於老舊到了無法使用的地步。飯店的社長也隨飯店一起老去，只剩兩年就要退休了。海士町政府開始討論改建方案和繼任經營者的問題，理所當然找到了在觀光協會負責民宿的青山徵詢意見，聊著聊著，就決定由他來接下新飯店。

青山對我說，他完全是一個外行人在做飯店，接手 Entô 之前，不僅完全沒有在飯店的工作經驗，甚至作爲客人也沒住過多少飯店。彼時他的腦海中，只有一些模糊的、模式化的飯店印象，但直覺告訴他，那些大衆化的高級飯店不是海士町需要的。海士町不是一個觀光小島，島上的人們也並不期待湧進一大堆遊客。爲此，青山一直在思考：「島上眞正需要的飯店是什麼？」「眞正具有這片土地特色的飯店是什麼？」這樣的思考一直發展到，他開始問自己：「島上眞的需要飯店嗎？」

爲了解答心中的疑惑，青山開始找島上的各種人聊天，和他們探討這些問題。整整兩年時間，飯店的計畫沒有任何進展，他唯一做的事情，就是不停找人聊天。要感謝那些聊天，不僅使青山自己找到了答案，就連島民們也完全理解了他要做的是什麼。

「你的答案是什麼？」我問。

「絕對不是要打造單純的豪華奢侈飯店，招攬更多遊客，賺更多的錢……」青山說，「要建造一間眞正可以進行地域交流的、連接人和人的飯店。」他停頓了一會兒，又補充，「而且，應該是一個能讓人們探索到感性的場所，這樣他們才會再回來。這裡眞的是很遠的小島，爲了讓人們專門來到這裡，爲了讓他們再次回到這裡，要花一些心思。」

「這裡眞的是很遠的小島」，基於這一描述，Entô 有了名字，在日語裡寫成漢字，是「遠島」二字。在江戶時期，它是一個動詞，意味著「流放到島嶼」，意味著「流刑」。那個時代的人們還有個共識，流刑雖然比死刑輕，但比死更悲慘。用青山的話來說：「遠島，是一種罪。」但他最終決定採用一個罪名來給代表海士町玄關的飯店做名字。他想傳達一種對小島的自信——遠島，在今天是一項加分的價值指標。

但即便到了今天，Entô 已經成爲「日本值得一住的飯店」，青山仍沒有停止對自己提問：「這個島上眞的需要飯店嗎？」我覺得這很有意思。這間飯店從青山對自己提問時開始有了雛形，而現在它讓住進這裡的人們也對自己提問。我提及了那張空白卡片。青山說，他深感海士町的高中特別有意思，於是找到「魅力化」的負責人大野一起進行專案開發，卡片是島上高中生們提供的靈感——人們在這座島上的建設和參與無處不在，就連高中生也在高級飯店有一席之地，飯店也確實成了一個地域交流的結果。

提問，對一間飯店的必要性，恐怕並不是一種心血來潮。剛成爲 Entô 的社長時，青山翻閱了大量資料，溯源飯店的歷史，現在，他對我侃侃而談那時的發現：「在日本，飯店（旅館）這一形態，最初隨著古代人們參拜伊勢神宮而誕生。在歐洲，飯店則是在聖地巡禮的過程中出現的。因爲心中有要祈願的事情，人們必須長途移動，不得不找地方過夜，通常是在神社、寺院或者教堂。在途中也有生病或者受傷的人，需要長期停留進行治療和休息，於是就演變成了飯店。起初，它一半的機能屬於醫院，這在當今的飯店業演變成『盛情款待』這一主旨，而另一半機能，則是進行情報交換，即『詢問』和『對話』。」青山說，得出這個結論之後，他再環顧日本的高級飯店，發現它們全都努力在前半的機能上做到極致，「詢問」和「對話」的空間卻完全沒能得以體現。他希望 Entô 實現飯店最原始的機能，因此那張卡片至關重要。

「通過和自己對話，認清你是爲了什麼踏上旅途。」青山說，這樣一來，或許旅行也能回歸其原始的意義：人們原本是爲了心中重要的東西而踏上參拜或者巡禮之路的。而且，從前那些在飯店被治癒的參拜者將要前往下一個地方時，他們也會面臨「我要去哪裡？我爲什麼要去？我是誰？」的自我詢問。青山最後對我說，他希望 Entô 能眞正成爲一個「詢問」的場所，讓人們在重新啓程之時，認清心裡重要的東西。

在海士町的談話本該就此結束，讓青山成爲我在這座小島上的最後一個談話對象，讓對旅途及自我的思考，成爲一個圓滿的收尾。我原本是這麼認爲的。然而，在一個交流隨時會發生的小島，即便你沒有任何與人交談的想法，它們也會自作主張地改變你的計畫。

海士町最後一夜，我走去海岸散步。就是那個我在到達第二天去參加了市集的海岸。飯店門口的草坪上，傍晚時擺起了一圈椅子，中央有一個篝火架，一個穿著白衣黑褲制服的女孩正站在那裡，努力用兩塊金屬摩擦起火。我看了她一會兒，她笑著對我說：「你之前也來住過一晚吧？我記得你。」我與她簡單寒暄，然後繼續朝海邊走去，海岸上今年新開了一處高級帳篷露營設施，一些年輕的男男女女坐在明亮的帳篷外，正在喝酒吃烤肉。我隱約又聽見他們說起來一些熟悉的名字，例如：「那個時候，悠……」

我從海岸返回飯店時，戶外篝火已經在熊熊燃燒，椅子上也零散地坐著幾個年輕女孩，正熱鬧地聊著天。見我走近，那位生火的女孩大聲說：「我失敗了！最後是用打火機點的火！」她看起來還想繼續說些什麼，我於是坐了下來。

女孩從老家到兵庫縣來到海士町才剛剛一個月，還沒學會摩擦起火。我問她爲什麼來到島上，她說，正打算換工作，就看到一個報導新開業的 Entô 的電視節目，覺得「在那裡工作好像很有趣」，於是直接打通了飯店的電話。飯店告訴她：「你可以直接來工作，也可以參加成人的島留學生計畫，先體驗一年，再決定以後。」於是，她成了成人的島留學生中的一員，平日在飯店工作。在我們坐在一起的這個晚上，她的工作是不斷把木材扔進火堆，這與她的前一份工作——在一家大型通訊公司的手機行做店員——截然不同。

「在手機行工作，絕對不會有像這樣聊天的時候，」她說，儘管對這座小島還很陌生，但她已經感受到，「海士町眞有趣呢！日本全國的人們通過各種各樣的路徑來到這裡。」

她和其他三個圍繞在篝火前的女孩一樣，都是這座小島上的新鮮血液。一個群馬縣的女孩，還是大學生，打算利用暑假在島上待兩個月，體驗飯店工作。還有兩個計劃在島上生活三個月的島體驗生，她們平時在飯店和圖書館工作。新來的年輕人們交換著島上的生活情報，例如海士町的商店價格很貴，但島後的超市是和本島完全一樣的物價，很多年輕人每個月乘船去島後購物一次。又聊起島後新開的民宿，怎麼去隔壁的西之島一日遊。我向她們推薦了知夫里島的咖啡館。「那個養牛的咖啡店店主！」其中一位驚呼起來。原來，不久前成人的島留學項目安排前往知夫里島進行生活體驗，被帶去的正是川本家的養牛場，在那裡，他們幫忙清理了牛圈，並且爲牛準備了飼料。

我在這個晚上感受到了青山所期待的這間飯店的「交流」如何呈現。大家彼此分享為什麼來到小島上，交換著臨近的島嶼的情報：島後新開的喫茶店、拉麵名人的蝦拉麵、可以打工的咖啡館……最後說著「晚安」告別。我再次確定了我未曾在其他任何高級飯店遇見過這樣的場景。海士町處處瀰漫著一種「隨時交流」的氛圍，這是一個重視人和人之間聯繫的小島，於是這間飯店便也如此。一切都不是偶然發生的個例。戶外篝火原本就是為了讓交流發生而設置，它歡迎旅行者，工作人員和路過的島民也可以隨時加入，所有出現在小島上的人，都構成了觸發交流的開關。

許多在海士町遇到的人都會問我同一個問題：「你覺得這個島怎麼樣？」他們中的一些人說：「你去過那麼多離島，隱岐和它們果然不一樣嗎？」我總是很誠實地回答他們：「海士町是我去過的離島之中最有活力的一個。」這裡不是那種悠閒度假、等待養老送終的島。這裡也不是那種日漸消沉、因為年輕人的流失讓人感到觸目驚心的島。這裡是一個正在建設的島。我所感受到的海士町的活力，是因為新移民正在這裡試圖建造一個多樣性的社會組織結構，而它的框架已經初見雛形。這種雛形根植於土壤，但思維模式是十分世界化的，我想原因也在於這個小島的包容。一些想要尋求主流之外的生活方式的人們聚集在這裡，一些想要走沒有人走過的路的人聚集在這裡，海士町接納了一切有此意願的人們，允許他們同時開拓與探索。

離開海士町那天，雅也和美穗來港口送我，爲我帶來自家製的小點心作爲伴手禮。我和一些要去島後工作或購物的人以及一些牽著狗的人，一起走上了渡輪。常常往來的人們一上船就脫鞋躺下了。我趴在二樓船艙的窗戶上注視著小島漸行漸遠的風景，想像著岩本悠第一次離開海士町時，是不是也是這樣在船上遠眺島影，感到這個小島所具有的象徵性。這些日子以來，民俗學家宮本常一的一句話時時縈繞在我心頭，此時它又浮現上來。他說：「離島社會是日本社會的縮影，離島所面臨的問題是整個列島的問題。」

離島面臨的所有問題：高齡化、少子化、財政困難、年輕人流失、缺乏就業機會，正在成爲困擾整個日本社會的嚴峻問題。離島是日本的縮影，而日本這個小島，只是全世界人類社會一個搶先亮起的紅燈。海士町作爲日本地方振興的代表案例，常被認爲在克服這些問題上取得了矚目的成果。但身處其中的人們很冷靜，他們對我說，海士町正在嘗試，還談不上成功。許多問題還沒有被解決，前路仍然不明。一個現實的衡量指數是日本在二〇二二年發布了一份「自治體財政狀況」調查，其中以町村爲單位的「貧窮度排行榜」上，海士町高居第三，政府債務仍然高達八十七億日圓。

讓人們看見希望的，是新移民正在來到小島。

我又想起了後鳥羽天皇。二〇二一年，是他被流放到這個小島的八百週年，海士町把此事當成很大的觀光宣傳點，幽默地稱其爲這個島的「移住之父」，認爲從他開始，這個小島成爲一個接納並款待各種文化，土壤與文化相互融合發展的地方。但這只不過是後人經過美化的宣傳用語。直到江戶時期爲止，隱岐群島仍不斷有流放者到來，除了天皇，還有許多貴族和知識分子，他們都是在政治鬥爭中失敗的人。曾幾何時，流放之地的本質是失敗者的失意之地。

今天的海士町絕非如此。新移民們主動選擇將自己流放到離島，並不是因爲事業失敗和人生失意。恰恰相反，他們認爲在小島上可以探索日本城市裡不可能實現的生活方式，一種符合他們對教育、事業、食物和環境理想的方式。他們正在努力讓這種理想在海士町生根發芽。人們各自有各自的理想生活，宮崎家只是其中一個案例。有人在此創立新型企業，有人創造了移民和島民的交流場所，有人離開了又回來，有人正在體驗移住，有人成爲長久地與小島保持著親密交往的「關係人口」……海士町的活力和潛力是多樣性的，人們用各異的形式和小島的土地連接在一起。

我想這也就是爲什麼，我在這個小島上遇見的人，尤其是年輕的建設者，總是表現得元氣滿滿和幹勁十足。像面具一般固定在都市年輕人臉上的那種疲憊感和厭倦感，我一刻也未在他們臉上看到過。我看到他們對事物充滿希望和探索欲，這原本是全體年輕人應該擁有的特權。直到今天，每當我想起海士町的人們時，總會想起宮崎家的稻穗——他們就是像那樣的稻穗一樣舒展生長的人，一株一株，不被量產，很通風。這也正是爲什麼，以海士町爲契機，我開始對那些選擇在偏僻之地的生活的年輕人發生興趣。從海士町開始，我隱隱有了一個不確定的猜測：地方，或者說農村，將成爲日本未來的方向。

離島以後

從離島回到京都以後，我並沒有徹底割裂和它們的關係。一些東西變成了我的日常。

今年的新米季節，我又從網上購買了佐渡米。我收到的那袋米，包裝上有一隻桃紅色的朱鷺翱翔於天空之中，另一隻則低頭覓食於稻田中央，周遭圍繞著青蛙、蜻蜓和昆蟲，還有兩個雀躍的小人兒站在田埂上，那是佐渡島的人們想要傳達的美好願景，人與自然界全部生物和諧怡然生活的景象。佐渡大米成爲我家餐桌的日常，生長在讓鳥類和昆蟲安心的自然裡的食材，同樣讓我這個在城市裡的人類感到了些許的安心。

和福本爸爸在大曾教堂拿到的那張卡片一直放在我的錢包裡，儘管我不信仰任何宗教，但我決定珍藏那句話。那句話寫道：「凡勞苦擔重擔的人，可以到我這裡來，我就使你們得安息。」有時候我想起離島上的人們來，想起我揮手對他說「我還會再來」的時候，覺得它就是那麼一個讓我身心平靜、能夠短暫休息的地方。

但不可避免地，從離島回到京都以後，我又被裹挾進了網路的言論大潮，終日被綁定在手機和電腦上。偶爾我會想起海士町，想起那些早上六點半在廣播聲中醒來、晚上八點就躺在榻榻米上、一整天也抽不出時間來上網的生活。我最常想起的，是有一次和美穗去港口買菜，那天陽太也在，一直站在商店的電視機前盯著棒球比賽直播，怎麼喊也喊不走。因爲家裡沒有電視機，商店裡的電視對他來說總是這樣充滿吸引力。我問美穗爲什麼不在家裡也裝一台，她對我說，不希望孩子們對世界的判斷受到電視新聞的影響。孩子們不應該通過那些基於意識形態的報導認識世界，那個世界充滿偏見和假象，她認爲，他們應該直接觸摸實際的人事物，從而瞭解眞實的世界。

那之後有一天，美穗在 Facebook 上懷念起我們在海士町共度的時光。她寫下了這樣的話：「對於孩子們來說，中國的印象就是 Kiyo（宮崎家總是用這個名字稱呼我）。未來無論他們看到怎樣的負面報導，溫柔善待他們的 Kiyo，就是他們心中的中國。我覺得這樣很好。」

每當我被網路言論裹挾著時，總會想起美穗的話。我想著，應該遠離虛擬的幻境，去擁抱眞實的個體。這是離島給我個人的一個重要啓示。

離島：海的彼端，日本的未來

作者｜**庫索**
封面設計｜ Tsenglee
內頁排版｜**青春生技**
責任編輯｜**歐佩佩**

出版｜**離島出版有限公司**
總編輯｜**何欣潔**
地址｜ 108 **台北市萬華區中華路一段** 170 **之** 2 **號** 1 **樓**
網址｜ offshoreislands.online
電話｜ (02) 2371-0300

發行｜**遠足文化事業股份有限公司（讀書共和國出版集團）**
地址｜ 231 **新北市新店區民權路** 108-2 **號** 9 **樓**
電話｜ (02) 2218-1417　**傳眞**｜ (02) 2218-1142
電子信箱｜ service@bookrep.com.tw
郵政帳號｜ 19504465（**戶名：遠足文化事業股份有限公司**）
客服電話｜ 0800-221-029　**團體訂購**｜ 02-2218-1717 **分機** 1124
網址｜ www.bookrep.com.tw
法律顧問｜**華洋法律事務所／蘇文生律師**
印製｜**中原造像股份有限公司**
初版一刷｜ 2024 **年** 9 **月**

定價｜ 550 **元**
ISBN ｜ 978-626-98329-4-1
書號｜ 3KIT0003

國家圖書館出版品預行編目 (CIP) 資料

離島 : 海的彼端 , 日本的未來 ／ 庫索著 . -- 初版 . -- 臺北市 :
離島出版有限公司出版 ; 新北市 : 遠足文化事業發行 , 2024.09
496 面 ;14.8x21 公分 . --

ISBN 978-626-98329-4-1(平裝)

1.CST: 社會生活 2.CST: 島嶼文化 3.CST: 報導文學 4.CST: 日本
731.3　113013187